中國學術思想 研究輯刊

二三編
林慶彰 主編

第9冊

韓非道論思想研究

劉小剛 著

花木蘭文化出版社

國家圖書館出版品預行編目資料

韓非道論思想研究／劉小剛 著 — 初版 — 新北市：花木蘭文化
出版社，2016〔民 105〕
序 2+ 目 2+242 面；19×26 公分
（中國學術思想研究輯刊 二三編；第 9 冊）
ISBN 978-986-404-560-0（精裝）
1.（周）韓非 2.韓非子 3.學術思想 4.研究考訂
030.8   105002145

中國學術思想研究輯刊
二三編　第 九 冊   ISBN：978-986-404-560-0

韓非道論思想研究

作　　者　劉小剛
主　　編　林慶彰
總 編 輯　杜潔祥
副總編輯　楊嘉樂
編　　輯　許郁翎
出　　版　花木蘭文化出版社
社　　長　高小娟
聯絡地址　235 新北市中和區中安街七二號十三樓
　　　　　電話：02-2923-1455 ／傳真：02-2923-1452
網　　址　http://www.huamulan.tw 信箱 hml810518@gmail.com
印　　刷　普羅文化出版廣告事業
封面設計　劉開工作室
初　　版　2016 年 3 月
全書字數　207521 字
定　　價　二三編 24 冊（精裝）新台幣 46,000 元

韓非道論思想研究

劉小剛　著

作者簡介

劉小剛，男，1977 年生。陝西寶雞人。1996 ～ 2000 年在陝西‧寶雞文理學院政法系讀思想政治教育專業，獲法學學士學位。2001 ～ 2004 在蘇州大學政治與公共管理學院讀倫理學專業碩士研究生，獲哲學碩士學位。2006 ～ 2009 年在蘇州大學政治與公共管理學院讀中國哲學專業博士研究生，獲哲學博士學位。2015 年至今，在南京大學博士後流動站哲學系中國哲學站點學習。現爲江蘇理工學院思想政治理論課教學部馬克思主義原理教研室教師，副教授。主要從事馬克思主義中國化、中國傳統哲學的研究。先後在《河南社會科學》、《雲南行政學院學報》、《理論探索》、《管子學刊》、《華中師範大學學報》等刊物發表多篇學術論文。

提　要

　　作爲先秦法家思想的集大成者，韓非面對戰國末期的政治現實，繼承和發展了老子關於「道」的哲學思想，以「道」論及趨利避害的人性好利論和歷史進化觀作爲其哲學基礎，提出了法、術、勢結合的法治論。本書通過對其「道」論中「道」、「德」、「理」等基本範疇的分析，闡明了「道」在韓非思想體系中的意義及其邏輯展開，進而探討並指出了其法治論的內在缺陷及其積極影響，以期提供一個重新審視韓非哲學思想的視角和途徑。

　　本書由七章構成：

　　第一章交代了韓非思想產生的時代背景。春秋戰國是中國歷史上發生重大社會變革的時期，是社會大動盪、政治大轉折、經濟大變革、文化大繁榮的時代。也是中國文化的「軸心時代」。這一時期使中國社會產生了劇烈震盪，其經濟制度、政治制度、社會發展等都發生了深刻變化，諸如分封制、宗法制、井田制、世族世官制、禮制等都經歷了巨大衝擊。

　　第二章主要介紹了韓非和《韓非子》的相關研究狀況。從身世、求學經歷以及使秦的外交活動來簡介韓非生平；從名稱的變遷、篇目的眞僞認定、篇目卷數和版本等瞭解《韓非子》，並就其思想的古今研究現狀做了梳理。

　　第三章從先秦道家、儒家、稷下黃老之道的發展大背景出發，闡述韓非之道的歷史演變。比較而言，先秦道家的「道」論是側重於天道，重視「道」的客觀普遍性而輕視人的主體性；儒家的「道」論是側重於人道，重視闡發「道」的人倫涵義；稷下黃老的「道」則由天道推演人道，援道入法，道法結合，重視「道」的現實政治功效。它們爲韓非的「道」論提供了豐厚的思想資源。

　　第四章分析了韓非哲學中「道」、「德」、「理」、「性」、「情」等基本範疇的意義。韓非繼承和發展了老子的哲學思想，對老子「自然之道」進行了改造，使之轉化爲「必然之道」。「德」是指人的精神境界，神不淫於外物而安於自身就是「德」。「德」與「道」的聯繫本質上是一種精神聯繫，「德」是人在精神上守「道」，並表現於行動上循「道」而爲。「理」是作爲萬物之所然的「道」聯繫萬物的中介，是某物之所以成爲某物的條理和規則，其與「道」的關係可以被理解爲宇宙間的普遍規律與特殊規律的關係。「德」與「理」的聯繫也是一種精神聯繫，「德」是爲了精神上跟「道」保持一致而審察事物之「理」。「性」是指作爲一個基本事實存在著的人之好利惡害的自然傾向，「情」是指這種自然傾向的具體表現。韓非主張「以法制情」。

第五章對君、道關係做了辨析，進而分析了韓非政治理想中的「明君」形象。從老子開始，先秦諸子往往將天道與人君相比附，韓非亦然。在韓非看來，人類社會「君不同於群臣」的等級秩序，根本依據就在於「道不同於萬物」的自然秩序。他從道與萬物的一多關係充分論證了君臣之間尊卑貴賤的合理性，認爲君主相對於臣民的尊貴地位，就類同於「道」相對於「萬物」的關係。

　　第六章重點闡明道、法之結合演進過程。「道」與「法」的關係，在先秦經過了由「道生法」到「因道全法」的發展過程。「道生法」既爲「法」提供了合理性依據，同時通過「法」也體現了「道」的社會性。韓非認爲，法必須「因道」而立，才能從「道」那裏得到各種完美的屬性。所謂「因道全法」，是得「道」之君「因人之情」而制「法」，然後用「法」來管理人民，使人民覺得「禍福生乎道法，而不出乎愛惡，榮辱之責關乎己，而不在乎人」，從而對君主無怨惡之心，由此達致「無爲而治」。

　　第七章探討和分析了韓非的法治論。韓非法治論是以人性好利作爲其出發點，主張君主治國應該抱法、用術、處勢；無書簡之文，棄倫常之禮，以法爲教，以吏爲師；以刑去刑，嚴刑重罰；君主要集權，獨斷。其法治論乃一政治秩序的合理性設計，唯其缺乏仁義教化和權力的合法化說明而備受指責。

　　餘論部分簡要回顧了「道」在中國歷史上的基本發展路徑，並對本書的主要內容作了歸納和總結。

序　言

周可眞

　　劉小剛博士是蘇州大學 2009 屆畢業生，作爲他的博士生導師，我對他在學期間的學習表現有較深入的瞭解，他勤奮好學，學風端正，治學認眞，刻苦鑽研，在我指導下完成的博士學位論文《韓非道論思想研究》，是國內外韓非子學術研究領域的一項新成果，曾獲得了同行評議專家的普遍好評和答辯委員會的一致肯定。畢業後，劉小剛對韓非思想繼續進行深化性研究，並發表了《明君之道——韓非君主論思想研究》（《管子學刊》2010 年第 1 期）等一系列論文，在此基礎上對其博士論文略加修改而成此書。

　　春秋戰國時代，諸子蜂起，百家爭鳴，但在所謂「十家九流」的諸多學派中，其實只有儒、墨、兵、道、法五家影響較爲重大，而墨家在秦漢以後就逐漸走向衰落且長期湮沒不著，兵家對當時及後世的影響則主要局限在軍事領域，其歷史影響的時空範圍均不可與儒、道、法同日而語。其三家中，儒、道的影響自不待言，僅就法家來說，它在當時引領各國變法，其現實影響力實際超過儒、道；而秦始皇統一中國後所建立的那套以皇權爲核心的郡縣制帝國政治體系，其理論根據是法家提供的，其歷史根據則是來自商鞅變法以來法家政治理念在秦國的具體實踐，秦朝覆亡後，後人對所謂秦朝暴政多有抨擊，尤其是自以爲繼承了先秦儒家道統的學者、思想家，幾乎個個都把秦朝當作後世治國者的一個反面教材來予以評說，可是，秦始皇所開創和確立的那套郡縣制帝國政治體系，卻事實上是作爲一種政治衣鉢代代相傳，直至清朝滅亡而未曾發生過任何實質性變化，乃至於可以且足有理由說，自秦至清長達兩千一百餘年的郡縣制帝國歷史，本質上不過是先秦法家政治理想持續恒久的具體實踐過程。正是通過這種國家政治實踐形式，法家實際上

一直都對中國社會產生著幾乎是全方位的影響，只是歷來都鮮有人提及特別是崇儒者一般都不願提及這種影響罷了。

　　法家對傳統的郡縣制帝國社會的影響是如此持久、全面而深刻，以至於可以說，不瞭解法家的思想，簡直就無法眞正理解這兩千餘年的郡縣制帝國歷史。而韓非作爲先秦法家的集大成者，其思想實非僅僅集其一家之大成。他和李斯均曾投大儒荀卿門下，而荀卿曾作《非十二子》，以此足顯其學博思廣，韓、李受其益必多且深，而韓尤不似李直接參與現實政治事務，而是既關心現實政治又疏離於現實政治，而一心從事聯繫實際的學術研究，其學術思想之精深又遠非李所可比。《解老》《喻老》二篇更其表明，司馬遷所評韓非之學「歸本於黃老」之言乃非虛言。從老學或道學發展史角度看，韓非之學實是其不可或缺的一個重要環節，他在哲學上豐富了老子以「道」「德」爲基本範疇的原道學，將其發展爲以「道」「德」「理」爲基本範疇的新道學，這種新道學可以被理解爲從老子原道學到王弼新道學（正始玄學）的一個中間環節或過渡環節——「理」在王弼哲學範疇體系中也佔有相當重要的地位（參見拙文：《王弼哲學諸範疇之研究》，載拙著《哲學與文化研究》，江蘇人民出版社 2005 年版）。所以，從學術史和思想史角度來看，韓非並不只是一位法家人物，他在儒學發展史和道學發展史上均佔有重要地位。劉小剛此書主要是從道學發展史角度來研究韓非思想的，書中著重分析了韓非新道學中「道」「德」「理」等基本範疇，爲重新審視韓非哲學思想提供了一個新視角、新途徑。

　　劉小剛不僅勤奮好學，也有較好的哲學悟性，我對其科研能力和發展潛力抱有信心，對其學術研究的發展前景充滿期待。我希望小剛以更廣闊的視野繼續深化對韓非的研究——韓非是值得一個國學研究者終身研究的一個課題。

周可眞

2015 年十月五日書於蘇州大學北校區

目次

導　論

公元前 1046 年，以周武王爲統帥的諸多部落聯盟東渡黃河，陳兵牧野，攻克商都，建立了周朝。隨即分封大批子弟、姻親、少數異姓功臣和古帝王之後爲諸侯，一夜之間，數百個封國如雨後春筍般齊齊湧現，分區而治，共輔王室。然悠悠歲月，興盛交替，封國漸趨勢壯而王室日益衰微。政治腐敗、戎狄交侵、天災橫流，尤其平王東遷，拉開了中國歷史上早期諸侯爭霸、列強紛爭的局面。此時的尊王已無意義，崇禮尙信亦被拋棄。正如顧炎武在〈周末風俗錄〉中說的：「春秋時猶尊禮重信，而七國則絕不言禮與信矣；春秋時猶宗周王，而七國則絕不言王矣；春秋時猶言祭祀重聘享，而七國則絕無其事矣；春秋時猶論宗姓氏族，而七國則不聞矣。」〔註1〕沒有了王室之制，拋卻了社會之約，列國蠢蠢欲動，野心膨脹壯大。其目標已不再是自家封地，而是整個天下，代天子以自居。這是一個血腥搏鬥的時代，也是一個搶奪掠殺的時代。戰爭是封國間的主要交際手段，而實力則是列強趾高氣昂的資本。「強，則能攻人者也；治，則不可攻也。治強不可責於外，內政之有也。」〔註2〕爲了增強實力，爲了在兼併中獲得勝利，各國紛紛現求士之風。其時最興盛的派別之一便是道家，《莊子・天下篇》認爲當時天下道術一裂爲八，道家占其四：宋尹文、彭蒙、田駢、愼到、關尹、老聃、莊周；《荀子・解蔽篇》批評六家之說，道家占其三：宋子、愼子、莊子；《呂氏春秋・愼勢》主張「齊萬不同」，用各家之長，所列十一家，道家居其五：貴柔之老聃、貴清之關尹、貴虛之列子、貴齊之陳駢、貴己之陽生。道家是先秦最有活力最有影響的學

〔註 1〕《日知錄》卷十三
〔註 2〕《韓非子・五蠹》

－1－

派之一。而對於社會秩序的控制最爲得力，對於國家實力的增強最有成效的則是法家。儘管前期法家思想、學說不盡相同，但他們都在不同的程度上提出重法、重術、重勢、不尚賢的法治主張和獎勵耕戰的措施。前期法家的這些實踐和理論，是形成韓非法治學說的寶貴源泉，韓非總結了前期法家的思想和歷史的經驗，權衡了各個學派利弊得失，提出了法、術、勢一體的法治論。

　　韓非與此前其它思想家的思想淵源關係，歷來爲學界所關注和重視，無論就研究深度還是就研究廣度而言，都取得了豐碩的成果。概而言之，學界基本都認爲，韓非不僅繼承了前期法家諸如商鞅的「法治」、申不害的「術治」、愼到的「勢治」從而成爲法家「法、術、勢」思想之集大成者，而且繼承了儒家的「正名」思想、荀子的唯物論、性惡論及積習說；繼承了道家的自然天道觀、先王的否定論、仁義無是非論；繼承了墨家名理之說、尚同學說、非命強力及貴賤無常的平等思想；繼承了名家的「形名參同」和兵家冷靜理智的實用理性和功利思想。〔註3〕

　　韓非生活在一個諸侯失德逐力的時代。他的思想直面當時混亂的天下秩序。韓非作爲先秦諸子之後起代表者，也懷圖存天下，強國富民之理想。然直面現實，處處以力爭奪，時時爲利謀算，他與先秦諸子一樣將學說的最終歸依點置放於現實政治秩序的恢復與整合。而在面對禮崩樂壞，天下無道的社會現實時，諸子們政治哲學的思維出發點卻大相徑庭。老子以道爲核心，主張無爲而治；孔子復歸周禮，爲政以德；孟子倡性有四端，擴而行仁政；荀子言性惡，隆禮重法；及至韓非，摒棄仁義，以法爲本，嚴刑重罰，力馭天下。

　　優於韓國的處境，韓非力倡依法治國。韓非生活在韓釐王、韓桓惠王、韓王安當政之間，其時的韓國處於諸侯國的夾擊之中，西面「事秦三十餘年，出則爲扞蔽，入則爲席薦。」〔註4〕北臨魏趙，東靠齊國，南依楚國。韓國只一小國，卻被列國四圍，並且還要侍奉秦國，與郡縣無異，主辱臣苦，上下

〔註3〕可參照梁啓超.先秦政治思想史〔M〕，天津：天津古籍出版社，2003 年；胡適.中國古代哲學史〔M〕，合肥：安徽教育出版社，2006 年；郭沫若.韓非子的批判〔M〕，見《十批判書》，北京：東方出版社，1996 年；侯外廬等.中國思想通史〔M〕，北京：人民出版社，1957 年；李澤厚.中國古代思想史論〔M〕，天津：天津社會科學院出版社，2003 年等。

〔註4〕《韓非子·存韓》

皆憂。客觀的地理環境令韓非對國家的未來憂慮萬分，而韓國內部的矛盾更使這種擔心雪上加霜。韓王暗弱昏庸，臣子爭權逐利，法制廢弛，賞罰不明，「非見韓之削弱，數以書諫韓王，韓王不能用。於是非疾治國不務修明其法制，執勢以御其臣下，富國強兵，而以求人任賢，反舉浮淫之蠹，而加之於功實之上。以爲儒者用文亂法，而俠者以武犯禁。寬則寵名譽之人，急則用介冑之士。今者所養非所用，所用非所養。悲廉直不容邪枉之臣，觀往者得失之變，故作《孤憤》、《五蠹》、《內外儲》、《說林》、《說難》十餘萬言。」〔註5〕韓非認爲君權旁落導致臣子犯上作亂，而法治廢弛確是其中的關鍵。由是而提出了集法、術、勢於一體的法治論。韓非的法治論以其道論思想爲理論基礎，主張君主治國應該抱法、用術、處勢；無書簡之文，棄倫常之禮，以法爲教，以吏爲師；以刑去刑，嚴刑重罰；君主要集權，獨斷。他爲自己的法治論找到一個堅實的形而上基礎——道。他繼承和發展了老子的道，認爲道是萬物之始，弘大無形。道爲宇宙法則，君則是人間的主宰，貴獨道之容。道是法得以確立和發生作用的客觀根據，因道全法，才能更好的依法治國。

　　韓非思想集成於後人編訂的《韓非子》中。韓非的思想集中反應在「悲廉直不容邪枉之臣，觀往者得失之變」的《韓非子》中。先前諸子之著作大都由其弟子或後人考證完成，張覺認爲「《韓非子》是秦滅韓後至李斯被殺前（即公元前 230 年至前 208 年）秦朝主管圖書檔案的御史編訂的，而到漢朝文帝、武帝之時，它已廣爲流傳了。」〔註6〕從《韓非子》的內容來看，其書核心乃明道救世。所明之道即是以道爲形而上之基，以好利爲治國動力之源，以法、術、勢一體的法治論；所救之世乃諸侯不仁而爭於力的「無道」社會。

　　「原作者眞正意謂什麼？」這似乎就是無法尋問的。實際上我們許多時候無法面對「原作者」，而只能面對「本文」，把本文放回到創作它的那個時代的特定情境，瞭解「本文實際上說了什麼」。〔註7〕

　　本書將以陳奇猷的《韓非子新校注》作爲研究的藍本，因爲此書校勘以乾道本爲主，校以明正統道藏本及明趙用賢刊本，是進行其思想研究較好的本子。同時參考王先愼的《韓非子集解》、張覺的《韓非子校注》、南京大學校注組《韓非子校注》以及《韓非子淺解》、《韓非子選注》等其它各家的校注。

〔註5〕《史記・老子韓非列傳》
〔註6〕張覺：韓非子校注〔M〕，長沙：嶽麓書社，2006 年，第 7 頁。
〔註7〕劉小楓、陳少明：經典與解釋的張力〔M〕，上海：上海三聯書店，2003 年，第 189 頁。

第一章　韓非思想產生的時代背景

　　西周末年，「諸侯多畔王命」（《史記‧魯世家》），國人暴動，奴隸逃亡，至周幽王（前795年～前771年）時，政治愈加昏暗。公元前771年，申侯聯合西夷犬戎族，進攻宗周鎬京，幽王出逃，犬戎殺幽王於驪山之下，西周滅亡。幽王死後，太子宜臼即位爲平王。鑒於鎬京殘破，周平王元年（前770年），在鄭、秦、晉等諸侯的衛護下，遷都洛邑，史稱東周。平王東遷，東周伊始，周室衰微，只保有天下共主之名義，而無實際的控制能力。從公元前770年（周平王元年）到公元前476年（周敬王44年），這一段的歷史大體與孔子所修訂的《春秋》年代（前722年～前481年）相當，歷史上又稱爲春秋時期。經過春秋時期長期的兼併戰爭，窮弱滅小，列國形勢發生了急劇的變化。公元前403年，晉國世卿趙氏、韓氏、魏氏「三家分晉」列爲諸侯。戰國形勢已然確立（由前476年至前221)年，歷史上稱爲戰國時期。春秋戰國是中國歷史上發生重大社會變革的時期，是社會大動盪、政治大轉折、經濟大變革、文化大繁榮的時代。明末清初的著名思想家王夫之在其《讀通鑒論》中稱春秋戰國爲「古今一大變革之會」。這一變革使中國社會產生了劇烈震盪，其經濟制度、政治制度、社會發展等都發生了深刻變化，諸如分封制、宗法制、井田制、世族世官制、禮制等都經歷了巨大衝擊。

　　這一時期也是中國文化的「軸心時代」。在《歷史的起源與目標》一書中，雅斯貝爾斯把「軸心時代」作爲歷史哲學的核心範疇提出並予以闡述。他反對的是以黑格爾爲典型代表的西方中心主義的歷史觀。在他看來，歷史與哲學、精神生活具有同一根源。除希臘的思辨哲學和希伯萊的上帝宗教外，以孔子與老子爲代表的中國文化和以印度教與佛陀爲代表的印度哲學同樣具有

全人類的價值與影響力。在書中，雅斯貝爾斯注意到一個奇特的歷史現象，在前 800 年到前 200 年間，在古希臘、以色列、印度和中國幾乎同時出現了偉大的思想家，他們都對人類關切的問題提出了獨到的看法。古希臘有蘇格拉底、柏拉圖，中國有孔子、老子，印度有釋迦牟尼，以色列有猶太教的先知們，形成了不同的文化傳統，這個時代可以稱為人類文化的「軸心時代」。在這數百年的時間裏，人類至今賴以自我意識的世界幾大文化模式（中國、印度、西方）大致同時確立起來，從此，「人類一直靠軸心時期所產生的思考和創造的一切而生存，每一次新的飛躍都回顧這一時期，並被它重燃火焰……軸心期潛力的蘇醒和對軸心期潛力的回歸，或者說復興，總是提供了精神的動力。」〔註1〕西方文化的軸心期是古希臘時代，印度文化的軸心期是佛陀時代，而中國文化的軸心期則是春秋戰國時代。對於「軸心時代」的開啓，國外學者有一種解釋，叫作「哲學的突破」。余英時先生敘述美國當代社會學家帕森思的觀點說：「『哲學的突破』的觀念可以上溯至韋伯有關宗教社會學的論著之中。但對此說最爲清楚的發揮者，則當推美國當代社會學家帕森思。帕氏的說法大致如下：在前一千年之內，希臘，以色列，印度和中國四大古代文明，都曾先後各不相謀而方式各異地經歷了一個「哲學的突破」階段。所謂「哲學的突破」即對構成人類處境之宇宙的本質發生了一種理性的認識，而這種認識所達到的層次之高，則是從來都不曾有的。與這種認識隨而俱來的是對人類處境的本身及其基本意義有了新的解釋。」〔註2〕

綜觀春秋戰國時期的大動盪、大發展、大變革，主要表現在：第一，社會制度大變革。這一時期奴隸社會向封建社會轉化。奴隸制經歷了西周盛世，完成了歷史使命，開始衰落，領主的土地所有制轉化爲地主的土地所有制，貴族政治轉化爲官僚政治，奴隸制轉化爲封建制，統一的中央集權式的封建制逐漸形成。第二，生產力大發展。這一時期開始使用鐵，鐵的使用帶來了生產工具的變革，加上牛耕的推廣，施肥人工灌漑等農業生產技術的提高，使當時在社會經濟各部門中占重要地位的農業得到迅速發展，同時，它又促進了手工業和商業的發展。從而，奴隸制的那種「千耦其耘」和「十千維耦」的集體勞動形式和生產關係已經不再適應新的生產力水準的要求，而一家一

〔註1〕〔德〕雅斯貝爾斯：歷史的起源與目標〔M〕，魏楚雄.俞新天譯，北京：華夏
　　　　出版社，1989 年，第 14 頁。
〔註2〕余英時：士與中國文化〔M〕，上海：上海人民出版社，1987 年，第 28 頁。

戶爲單位的個體生產方式，有了成爲社會經濟基礎的可能。這一時期，從田制、賦稅、剝削方式、生產方式到社會的階級結構等都發生了歷史大轉變。新興的封建制度代替了腐朽的奴隸制度，進一步推動了社會生產力的發展。如冶鐵業的發達，包括煉鐵、煉鋼和鑄造、鍛造等。戰國時期各國都興建了冶鐵手工業中心，如趙國的邯鄲、楚國的宛、韓國的棠溪等都是著名的冶鐵手工業中心。當時的農業和手工業生產也都普遍使用鐵製工具。第三，國家逐漸統一。春秋時期，奴隸制生產關係已成爲阻礙社會前進的桎梏，廣大奴隸迫切要求從奴隸制的枷鎖中擺脫出來，奴隸的反抗、起義和奴隸戰爭不斷發生，而且規模越來越大，從根本上動搖了奴隸主的統治。在這種形勢下，代表新的封建生產關係的新興地主階級乘勢向奴隸主階級展開了奪權鬥爭。這種鬥爭從西周末年一直持續到春秋末際。經過反覆較量，終於在戰國時代，各諸侯國內普遍確立了封建制。而後，社會主要矛盾就由反抗奴隸制而轉向封建制的統一。據古文獻記載，夏禹的時候是萬國，商的時候是三千國，西周時是一千二百國，到春秋時就剩下一百六十多國了。到了戰國，主要的只剩下七雄：齊、楚、燕、趙、韓、魏、秦，最後以秦統一六國而告結束。第四，經濟出現空前繁榮。隨著國家的統一，郡縣制的出現，生產管理、經營上有了很大發展。工具改進、耕作效率提高。興修水利、修堤開渠，使農業產量比過去有了較大幅度的提高。手工業除冶鐵業外，紡織業、煮鹽業、木工業、漆器業、陶器業都有很大進步。商業也發達起來，打破了過去「小國寡民」的封閉狀態，出現了許多商業城市，較大的不下數十個。這些城市成爲當時商品交換的中心地，如齊國臨淄已經成爲一個擁有七萬戶的城市，像周的洛邑（今洛陽）、魏的大樑（今河南開封）、韓的陽翟（今河南禹縣）、趙的邯鄲、宋的陶（今山東定陶）、衛的濮陽（今河由濮陽）、楚的郢（今湖北江陵）、燕的薊（今北京東北），既是政治中心，又是有名的商業城市。第五，思想文化上的「百家爭鳴」。隨著社會的變革和經濟的繁榮，出現了我國歷史上一個思想文化大發展時期。此時，打破了奴隸社會「學在官府」的局面，文化教育普及於民間，社會上湧現出大量的文學遊說之士。各國爲了富國強兵，都爭著招賢養士。結束列國的紛爭，謀取統一的局面是當時政治界、學術界，軍事界都在討論的話題和思考的中心。爲此湧現出一批傑出的哲學家、政治家、法學家、軍事家、外交家、科學家，像孔子、孟子，老子、墨子、管子、晏子、孫子、孫臏、吳起等，他們著書立說，各抒己見，形成了中國歷史上一個異彩紛呈的百家爭鳴時代。

第一節　春秋戰國時代的經濟發展

　　恩格斯在《反杜林論》一文中指出「一切社會變遷和政治變革的終極原因，不應當在人們的頭腦中，在人們對永恆真理和正義的日益增進的認識中去尋找，而應當在生產方式和交換方式中去尋找，不應當在時代的哲學中去尋找，而應當在有關的時代的經濟學中去尋找。」〔註3〕春秋戰國時期的劇烈變化，其根本在於生產力的發展促使井田制瓦解和私田制出現。

春秋戰國時期社會經濟發展簡表

			春　秋	戰　國
社會經濟	農業	工具	鐵農具開始出現 開始用牛犁耕並推廣	鐵農具使用範圍擴大 （鐵器時代到來）
		水利	楚：孫叔敖修芍陂	秦：李冰修都江堰 秦：鄭國（魏國人）修鄭國渠 魏：西門豹修西門豹渠
	手工業	冶鐵		鑄鐵柔化處理技術 （比歐洲早 2000 年）
		鑄銅	蓮鶴方壺（春秋）、金銀錯技術	
		紡織		麻織品纖維相當細密
		煮鹽	山西的池鹽、山東的海鹽、四川的井鹽	
		釀酒	用麴造酒	
		專著		《考工記》
	商業		商業發達，出現商業中心，如齊國的臨淄、趙國的邯鄲、楚國的郢	

　　鐵農具開始出現並得到大範圍的使用。春秋後期，農業生產已開始使用鐵製農具。鐵農具的使用，使生產力有了顯著的提高。「今鐵官之數曰：一女必有一鍼一刀，若其事立；耕者必有一耒一耜一銚，若其事立；行服連軺輂者必有一斤一鋸一錐一鑿，若其事立。不爾而成事者，天下無有。今鍼之重加一也，三十鍼一人之籍；刀之重加六，五六三十，五刀一人之籍也；耜鐵

〔註3〕恩格斯：反杜林論，馬克思恩格斯選集第 3 卷〔M〕，北京：人民出版社，1995年，第 617～618 頁。

之重加七，三耜鐵一人之籍也。其餘輕重，皆准此而行。然則舉臂勝事，無不服藉者。」〔註4〕春秋時期，發明了生鐵柔化處理技術，能把硬脆的生鐵加以柔化技術處理，使之變成可鍛造鐵，用來製造鐵工具。這對提高鐵製工具水準，促進鐵器廣泛使用，具有重要作用。同時，這一時期還創造了獨特的煉鋼技術——滲碳製鋼技術，能夠使用固體滲碳製鋼技術煉製鋼材並鍛造武器和各種生產工具。恩格斯認為鐵在人類社會發展史上具有非常重要的作用，他說：「鐵已在為人類服務，它是在歷史上起過革命作用的各種原料中最後的和最重要的一種原料。……鐵使更大面積的農田耕作，開墾廣闊的森林地區，成為可能；它給手工業工人提供了一種其堅固和銳利非石頭或當時所知道的其它金屬所能抵擋的工具。」〔註5〕

牛耕技術得到進一步推廣。西周初期，基本的耕作方式主要靠人力，勞動生產率比較低下。《詩‧周頌‧載芟》中稱：「載芟栽柞，其耕澤澤。千耦其耘，徂隰徂畛。」可作為當時生產狀況的真實寫照。春秋中後期牛耕已較為普遍，《國語‧晉語九》記載晉國范氏、中行氏的子孫逃到齊國後，把原來祭祀宗廟的牛改用於耕地：「今其子孫將耕於齊，宗廟之犧為畎畝之勤。」戰國時期，牛耕進一步推廣並開始使用鐵犁，與耒耜、石犁相比較，牛耕和鐵製工具的使用是耕作技術上的重大進步，促進了深耕細作，加快了荒地開墾。同時，吳國邗溝、秦國岷江水利工程、鄭國渠等水利工程的修建，灌溉技術、施肥技術的進步和一年兩熟技術的推廣，大大提高了農業產量。春秋戰國時期已形成了比較科學的農業生產管理，出現了「農學之家」許行和農學專著《農書》，《呂氏春秋》等書中也都有專講農業的篇章。《呂氏春秋‧士容論‧上農》曰：「上田夫食九人，下田夫食五人，可以益，可以損，一人治之十人食之，六畜皆在其中矣。」這在一定程度上反映了戰國時代農業發展的基本水準。

隨著生產力水準的提高，手工業和商業也得到了較快發展。西周時期實行「工商食官」制度，商人和手工業者都隸屬於官府。《呂氏春秋‧士容論‧上農》：「凡民自七尺以上屬諸三官，農攻粟，工攻器，賈攻貨。」春秋戰國時期私營工商業有了較快的發展。手工業如冶金、木工、漆工、陶工、皮革

〔註4〕《管子‧海王》
〔註5〕恩格斯：家庭、私有制和國家的起源，馬克思恩格斯全集第21卷〔M〕，北京：人民出版社，1995年，第186頁。

工、煮鹽、紡織等都有長足進步，青銅鑄造技術和青銅工藝技術得到進一步發展。與小農經濟結合的家庭手工業和個體經營的小手工業普遍存在，官營手工業也達到一定規模。手工業發展為商業的出現和繁榮奠定了基礎。西周時代的井田「耦耕」農業和「工商食官」的格局，到春秋戰國之際逐步發展成為個體農業自然經濟與私營工、商業市場經濟相結合的經濟形式。《管子‧乘馬》云：「方六里命之曰暴，五暴命之曰部，五部命之曰聚，聚者有市，無市則民乏」。《史記》卷一百二十九《貨殖列傳》載：「《周書》曰：『農不出則乏其食，工不出則乏其事，商不出則三寶絕，虞不出則財匱少。』財匱少而山澤不闢矣，此四者，民所衣食之原也。……太公勸其女功，極技巧，通魚鹽，則人物歸之，繈至而輻湊。故齊冠帶衣履天下，海岱之間斂袂而朝往焉。」

隨著商業的繁榮發展，戰國時期的全國市場已初步形成，各地物產開始在全國範圍內流通。《史記》記載：「夫山西饒材、竹、穀、纑、旄、玉石；山東多魚、鹽、漆、絲、聲色；江南出柟、梓、薑、桂、金、錫、連、丹沙、犀、瑇瑁、珠璣、齒革；龍門、碣石北多馬、牛、羊、旃裘、筋角；銅、鐵則千里往往山出棊置：此其大較也。皆中國人民所喜好，謠俗被服飲食奉生送死之具也。故待農而食之，虞而出之，工而成之，商而通之。此寧有政教發徵期會哉？人各任其能，竭其力，以得所欲。故物賤之徵貴，貴之徵賤，各勸其業，樂其事，若水之趨下，日夜無休時，不召而自來，不求而民出之。豈非道之所符，而自然之驗邪？」〔註6〕市場的蓬勃發展帶動了城市的繁榮。《戰國策‧趙策三》記載說：「且古者，四海之內，分為萬國‧城雖大，無過三百丈者；人雖眾，無過三千家者……今千丈之城，萬家之邑相望也，而索以三萬之眾，圍千丈之城，不存其一角，而野戰不足用也。」《戰國策‧齊策一》中說：「齊南有太山，東有琅邪，西有清河，北有渤海，此所謂四塞之國也。齊地方二千里，帶甲數十萬，粟如丘山。齊車之良，五家之兵，疾如錐矢，戰如雷電，解如風雨，即有軍役，未嘗倍太山、絕清河、涉渤海也。臨淄之中七萬戶，臣竊度之，下戶三男子，三七二十一萬，不待發於遠縣，而臨淄之卒，固以二十一萬矣。臨淄甚富而實，其民無不吹竽、鼓瑟、擊筑、彈琴、鬥雞、走犬、六博、蹹鞠者。臨淄之途，車轂擊，人肩摩，連衽成帷，舉袂成幕，揮汗成雨；家敦而富，志高而揚。夫以大王之賢與齊之強，天下不能當。」

〔註6〕《史記‧貨殖列傳》

　　市場的擴大，城市的繁榮，也凸顯了商人的地位和作用。《史記》記載：「凡編戶之民，富相什則卑下之，伯則畏憚之，千則役，萬則僕，物之理也。夫用貧求富，農不如工，工不如商，刺繡文不如倚市門，此言末業，貧者之資也。通邑大都，酤一歲千釀，醯醬千瓹，漿千甔，屠牛羊彘千皮，販穀糶千鍾，薪稾千車，船長千丈，未千章，竹竿萬个，其軺車百乘，牛車千兩，木器髹者千枚，銅器千鈞，素木鐵器若巵茜千石，馬蹄躈千，牛千足，羊彘千雙，僮手指千，筋角丹沙千斤，其帛絮細布千鈞，文采千匹，榻布皮革千石，漆千斗，蘖麴鹽豉千荅，鮐鮆千斤，鯫千石，鮑千鈞，棗栗千石者三之，狐貂裘千皮，羔羊裘千石。旃席千具，佗果菜千鍾，子貸金錢千貫，節駔會，貪賈三之，廉賈五之，此亦比千乘之家，其大率也。佗雜業不中什二，則非吾財也。」〔註7〕

　　周代實行的是井田制，井田制的瓦解是春秋戰國時期社會變革中最重要的變革之一。史籍中對井田制有許多記載。《孟子》中關於井田制的論述是：「卿以下必有圭田，圭田五十畝，餘夫二十五畝。死徙無出鄉，鄉田同井，出入相友，守望相助，疾病相扶持，則百姓親睦。方里而井，井九百畝，其中為公田，八家皆私百畝，同養公田。公事畢，然後敢治私事，所以別野人也。此其大略也。」〔註8〕《漢書》卷二十四《食貨志》亦云：「理民之道，地著為本。故必建步立畝，正其經界。六尺為步，步百為畝，畝百為夫，夫三為屋，屋三為井，井方一里，是為九夫。八家共之，各受私田百畝，公田十畝，是為八百八十畝，餘二十畝以為廬舍，出入相友，守望相助，疾病相救，民是以和睦，而教化齊同，力役生產可得而平也。」實行井田制度時，農戶對土地只有使用權，而無所有權。春秋之前通過分封，無論是殷商時代的舊方國首領，還是周王新封諸侯，都承認周王為「天下共主」，周王對全部統治區域的土地享有最高所有權。「溥天之下，莫非王土；率土之濱，莫非王臣。」周王雖然在法律上對全部領土享有主權，實際上周王直接管轄的區域只是千里王畿，王畿以外的大片領土，周王授權各國諸侯去管轄。諸侯對本國領土享有使用權和管理權。對已經分封給諸侯的土地，周王是不能隨意收回的，這些土地將世世代代由各國諸侯統治、管理。東遷後王室衰微，周王對全部領土的最高所有權因不斷遭到侵

〔註7〕《史記‧貨殖列傳》
〔註8〕《孟子‧滕文公上》

犯而逐漸喪失。那些實力強大的諸侯無視王權，通過兼併、擴張而佔據了大片領土，這些原本屬於周王的土地被諸侯占爲己有。諸侯事實上已成爲用暴力掠奪來的大片領土的所有者。隨著這些大國諸侯領土擴大，采邑制度開始出現。采邑主是采邑內最高統治者，正如諸侯在諸侯國內是最高統治者一樣，采邑內的臣民稱采邑主爲「君」或「主」。采邑之內仍實行井田制度。井田中公田收穫物不交諸侯，而是直接交采邑主，采邑內公田收入全部歸采邑主所有。但采邑主往往不滿足於已有采邑，四處擴張，於是其采邑迅速膨脹起來。他們憑藉實力威逼公室，操縱朝政。《論語》有言：「孔子曰：天下有道，則禮樂征伐自天子出；天下無道，禮樂征伐自諸侯出。自諸侯出，蓋十世希不失矣；自大夫出，五世希不失矣；陪臣執國命，三世希不失矣。天下有道，則政不在大夫·天下有道，則庶人不議。」這樣，原本屬諸侯的土地所有權落入了卿大夫手中。

井田制的破壞主要有兩個原因：其一，由於農具和耕作技術的改進，農民的勞動生產率有所提高，除耕種自己的私田和共同耕種公田以外，勞動力還有剩餘，於是便在井田以外開墾荒地。其二，由於各國統治者生活日益奢侈以及兼併戰爭日益頻繁、激烈，僅僅依靠井田的「什一」地租或軍賦已無法維持局面，各國統治者爲了增加賦稅，加重了對廣大農民的剝削，不得不改變原先井田的疆界，增加農田面積，承認農夫在井田以外開墾的荒地爲合法之田。如晉國在局部廢除井田。「作州兵」與「作爰田」，目的是擴大晉國的軍隊編制，增強晉國的軍事實力，同時以承認農夫對土地的佔有權激勵其生產積極性。《呂氏春秋·審分覽·審分》記載：「今以眾地者，公作則遲，有所匿其力也；分地則速，無所匿遲也。主亦有地，臣主同地，則臣有所匿其邪矣，主無所避其累矣。」各國認識到井田制的弊端，爲了改變「民不肯盡力於公田」的局面，各國諸侯競相採取新的賦稅制度以充實國庫，給養軍資。公元前 685 年，齊國實行「相地而衰徵」，根據土地好壞「按田而稅」。公元前 594 年，魯國實行「初稅畝」，不論公田、私田一律納稅。其它各國也先後進行了類似的賦稅改革。公元前 548 年，楚國實行「書土田」，公元前 408 年，秦國實行「初租禾」。最有代表性的是，秦孝公時用商鞅推行土地私有制。這些改革，都是適應土地制度和土地經營方式變化而對國家財政經濟制度進行的調整和改革。

第二節　春秋戰國時代的政治形勢

在西周分封制和宗法制的基礎上形成的政治傳統，到春秋中期以後，隨著井田制和宗法制的瓦解而逐步衰落。至戰國時期，被新的官僚制度所代替。

伴隨周室東遷後王權的衰落，春秋戰國時期一些實力較強的諸侯通過兼併、擴張，領土不斷增加，經濟和軍事實力不斷膨脹，從「春秋五霸」到「戰國七雄」，各諸侯國進行了長期的爭霸和兼併戰爭，從而形成了紛爭不已、諸侯稱霸的局面。正如劉向所說：「仲尼既沒之後，田氏取齊，六卿分晉，道德大廢，上下失序。至秦孝公，捐禮讓而貴戰爭，棄仁義而用詐譎，苟以取強而已矣。夫篡盜之人，列爲侯王；詐譎之國，興立爲強。是以傳相放效，後生師之，遂相吞滅，并大兼小，暴師經歲，流血滿野；父子不相親，兄弟不相安，夫婦離散，莫保其命，愍然道德絕矣。晚世益甚，萬乘之國七，千乘之國五，敵侔爭權，蓋爲戰國。貪饕無恥，競進無厭；國異政教，各自制斷；上無天子，下無方伯；力功爭強，勝者爲右；兵革不休，詐僞並起。當此之時，雖有道德，不得施謀；有設之強，負阻而恃固；連與交質，重約結誓，以守其國。」〔註9〕

這種諸侯稱霸形勢，對當時和後世的政治、經濟和文化產生了重要影響。著名學者顧炎武有一段關於春秋戰國時期社會制度的論述，從一個方面反映了這一時期深刻的社會政治變革。他說：「《春秋》終於敬王三十九年庚申之歲，西狩獲麟。又十四年，爲貞定王元年癸酉之歲，魯哀公出奔；二年，卒於有山氏。《左傳》以是終焉。又六十五年，威烈王二十三年戊寅之歲，初命晉大夫魏斯、趙籍、韓虔爲諸侯。又一十七年，安王十六年乙未之歲，初命齊大夫田和爲諸侯。又五十二年，顯王三十五年丁亥之歲，六國以次稱王，蘇秦爲從長。自此之後，事乃可得而紀。自《左傳》之終以至此，凡一百三十三年，史文闕軼，考古者爲之茫昧。如春秋時，猶尊禮重信，而七國則絕不言禮與信矣；春秋時，猶宗周王，而七國則絕不言王矣；春秋時，猶嚴祭祀，重聘享，而七國則無其事矣；春秋時，猶論宗姓氏族，而七國則無一言及之矣；春秋時，猶宴會賦詩，而七國則不聞矣；春秋時，猶有赴告策書，而七國則無有矣。邦無定交，士無定主，此皆變於一百三十三年之間。史之

〔註9〕《戰國策·劉向書錄》

闕文，而後人可以意推者也。不待始皇之并天下，而文武之道盡矣。馴至西漢，此風未改，故劉向謂其『承千歲之衰周，繼暴秦之餘弊，貪饕險詖，不聞義理。』觀夫史之所錄，無非功名勢利之人，筆札喉舌之輩，而如董生之言正誼明道者，不一二見也。蓋自春秋之後，至東京而其風俗稍復乎古。吾是以知光武、明、章果有變齊至魯之功，而惜其未純乎道也。自斯以降，則宋慶曆、元祐之間爲憂矣。嗟乎，論世而不考其風俗，無以明人主之功。余之所以斥周末而進東京，亦《春秋》之意也。」〔註10〕

　　井田制的破壞，新的經濟與政治不平衡的出現，是導致宗法等級秩序破壞的首要原因。井田制廢壞的直接結果是動搖了周天子的權威。周王是土地的最大佔有者，在以力役地租爲特點的井田制中，他獲得的力役最多。在「民不肯盡力於公田」，力役地租流於形式之後，周王所受損失最大。經濟上入不敷出不僅使王權衰弱，而且使周王在祭祀、君臣關係等方面經常作出違禮之事，從而引起諸侯不滿和不敬。《禮記‧郊特牲》中說：「大夫而饗君，非禮也。大夫強而君殺之，義也，由三桓始也。天子無客禮，莫敢爲主焉。君適其臣，升自阼階，不敢有其室也。覲禮，天子不下堂而見諸侯。下堂而見諸侯，天子之失禮也。由夷王以下。」至春秋時期，這一趨勢更是一發而不可收。經過周鄭交質、祝聘射肩、齊楚窺鼎諸事，諸侯之勢日盛，政令出自方伯，周王不僅失去了禮樂征伐的政治權力，也失去了封國祚土的宗法能力，甚至在周襄王二十年，晉文公召襄王會之於河陽、踐土。「平王之時，周室衰微，諸侯彊并弱，齊、楚、秦、晉始大，政由方伯。……十三年，鄭伐滑，王使游孫、伯服請滑，鄭人囚之。鄭文公怨惠王之入不與厲公爵，又怨襄王之與衛滑，故囚伯服。王怒，將以翟伐鄭。富辰諫曰：「凡我周之東徙，晉、鄭焉依。子穨之亂，又鄭之由定，今以小怨棄之！」王不聽。十五年，王降翟師以伐鄭。王德翟人，將以其女爲后。富辰諫曰：「平、桓、莊、惠皆受鄭勞，王棄親親翟，不可從。」王不聽。十六年，王絀翟后，翟人來誅，殺譚伯。富辰曰：「吾數諫不從。如是不出，王以我爲懟乎？」乃以其屬死之。初，惠后欲立王子帶，故以黨開翟人，翟人遂入周。襄王出犇鄭，鄭居王於氾。子帶立爲王，取襄王所絀翟后與居溫。十七年，襄王告急於晉，晉文公納王而誅叔帶。襄王乃賜晉文公珪

〔註10〕顧炎武著，黃汝成集釋：日知錄集釋卷十三，〈周末風俗〉條，〔M〕，長沙：嶽麓書社，1994年，第461頁。

弓矢，爲伯，以河內地與晉。二十年，晉文公召襄王，襄王會之河陽、踐土，諸侯畢朝，書諱曰『天王狩於河陽』。」〔註11〕

　　宗法制度是西周統治者爲防止血緣關係對王權和君權的干擾，對血緣關係進行改造、限制和利用，使之爲王權和君權服務而創立的一種宗族制度。在周代宗法制度下，一個大宗族裏，族人同時有五個宗子，其中一個是大宗，四個是小宗，大宗百世不遷，小宗五世則遷。大宗是宗族裏的最高主宰。每宗之內可能有若干族。這些在《左傳》、《禮記・大傳》中有相同記載。族的主宰由小宗擔任，小宗要尊大宗爲宗。大宗有權祭祀祖先，因爲大宗是祖先的代表。宗族之內有大事必須找大宗商議，有糾紛最終要由大宗裁決。大宗有權代表全宗族與其它宗族打交道。大宗死後，全宗之人，包括五服之外的族人，都要爲大宗服齊衰三月之服，與庶人爲國君所服之服相同。可見，大宗的族權與諸侯的君權是相似的，只是權利的適用範圍不同而已。在西周嚴格的宗法制度框架下，造就了以血緣族團爲單位、以親疏等級爲紐帶的層迭式社會結構。《左傳・桓公二年》云：「天子建國，諸侯立家，卿置側室，大夫有貳宗，士有隸子弟，庶人、工、商，各有分親，皆有等衰。是以民服事其上，而下無覬覦。」其中秩序繁雜，等級森嚴。《左傳・昭公七年》云：「王臣公，公臣大夫，大夫臣士，士臣皁，皁臣輿，輿臣隸，隸臣僚，僚臣僕，僕臣臺，馬有圉，牛有牧，以待百事。」各級貴族、平民，乃至奴僕都被束縛在社會等級結構之中。

　　周初大分封時，周王利用血緣和宗族關係以維護王權，這對鞏固周人的政治統治確實發揮了重要作用。血緣關係在西周時代非常重要，西周時代實行的各種制度無不體現著宗法制度，宗法制不僅與嫡長子繼承制關係密切，與分封制、世卿世祿制、等級制也有不可分割的聯繫。隨著時間的推移和宗族的繁衍，分封諸侯與周王的血緣關係日益疏遠，雖然周天子仍稱同姓諸侯爲「伯父」、「叔父」。實際上僅依靠這種同姓關係已很難起到「藩屏周」作用了。如晉國始封之君是周成王之弟唐叔虞。周王室東遷以後，晉國爲擴張領土，不斷蠶食王畿，把王畿大片領土據爲己有。《左傳・僖公五年》記載：「晉侯復假道於虞以伐虢。宮之奇諫曰：「虢，虞之表也，虢亡，虞必從之。晉不可啓，寇不可玩，一之爲甚，其可再乎？諺所謂『輔車相依，唇亡齒寒』者，其虞、虢之謂也。」公曰：「晉，吾宗也，豈害我哉？」對曰：「大伯、虞仲，

〔註11〕《史記・周本紀》

－15－

大王之昭也，大伯不從，是以不嗣。虢仲、虢叔，王季之穆也，爲文王卿士，
勳在王室，藏於盟府。將虢是滅，何愛於虞？且虞能親於桓、莊乎，其愛之
也？桓、莊之族何罪，而以爲戮，不唯逼乎？親以寵逼，猶尙害之，況以國
乎？」公曰：「吾享祀豐潔，神必據我。」對曰：「臣聞之，鬼神非人實親，
惟德是依。故《周書》曰：『皇天無親，惟德是輔。』又曰：『黍稷非馨，明
德惟馨。』又曰：『民不易物，惟德繄物。』如是，則非德民不和，神不享矣。
神所馮依，將在德矣。若晉取虞，而明德以薦馨香，神其吐之乎？」弗聽，
許晉使。宮之奇以其族行，曰：「虞不臘矣，在此行也，晉不更舉矣。」冬，
晉滅虢。師還，館於虞，遂襲虞，滅之，執虞公。」公元前 655 年，晉獻公
借道於虞以伐虢。虞公不聽宮之奇諫阻，晉國大軍滅掉虢，虢公醜逃亡。晉
軍班師途中，發動偷襲，順便滅掉虞國。這樣，王畿自澠池迄靈寶以東大片
領土都被晉國攫取。尤爲重要的是，晉國控制了崤函天險，使秦國不敢東向
出兵，這爲晉國霸權的建立奠定了堅實基礎。

在各國統治階級內部，政治局面也非常混亂，據《左傳》載，成公十八
年，晉國欒書、中行偃弑晉厲公；襄公二十五年，衛國孫林父、甯殖逐衛獻
公；襄公二十五年，齊國崔杼弑齊莊公；昭公二十五年，魯國季孫如意逐魯
昭公；哀公十四年，陳國桓弑陳簡公，出現了「社稷無常奉，君臣無常位」，
「臣弑其君者有之，子弑其父者有之」。雖有孟子說的「孔子成《春秋》而亂
臣賊子懼」，但這只是儒家的理想局面而已，它並不能阻止該現象的再度發
生。這說明西周以來的「禮治」不能改變當時的社會現象，只有尋求另一種
方式和途徑，那就是「法治"。新興地主階級奪取政權後，爲避免重蹈前任的
覆轍，著力鞏固自己的統治，也要求尋找新的統治方針。

第三節　春秋戰國時代的文化呈現

在春秋時期，諸侯各國「弑君三十六，亡國五十二」。戰國時期發生大小
戰 220 餘次，這是社會的急劇動盪與變革時期，也是文化思想的活躍與發展
時期。春秋戰國時期的文化爲什麼能達到中國文化的顛峰狀態，主要有以下
幾點原因：第一，社會大變革，爲思想家們發表自己的主張提供了歷史舞臺。
由於戰爭不斷，在戰爭中衰敗的諸侯大臣們，他們畜養的家庭文人樂師流落
四方，促使了學術下移，形成了從「學在官府」到「學在四夷」的轉變。因

而形成了諸子百家。諸子百家紛紛著書立說，廣收門徒，互相爭辨成為可能。第二，禮崩樂壞的社會大動盪，使士階層迅速崛起。士階層的崛起意味著一個以「勞心」為務，從事精神生活創造的專業文化階層從此形成。在周代，統治者分為四個等級，天子、諸侯、卿大夫、士，士是處於最低層的統治者。到了春秋戰國時期，士取得了獨立的地位，再加上諸侯爭霸，渴求人才，養士之風大盛，更助長了士階層的聲勢。戰國「四君子」即齊國孟嘗君、趙國平原君、魏國信陵君、楚國春申君，在當時都是以培養賢士，用人所長而聞名。第三，激烈的兼併戰爭，提供了文化重組的機會。在相互兼併過程中，不同的文化相互滲透，相互傳播和影響，各種不同的新文化應運而生。第四，竟相爭霸的諸侯列國，尚未形成統一的文化觀念。學術環境活潑濃厚，滋養了不同的文化學派。第五，宮廷文化官員周遊列國，走向民間，推動了私人學術集團的興起。也進一步促進了當時諸子峰起，學派林立的局面。正是由於以上幾個原因，所以在春秋戰國時代，出現了中國文化史上最為輝煌的一頁。

所謂「百家」，是諸子蜂起、學派林立的文化現象的一種概說。班固的《漢書》卷三十《藝文志》有言：「凡諸子百八十九家，四千三百二十四篇。諸子十家，其可觀者九家而已。皆起於王道既微，諸侯力政，時君世主，好惡殊方，是以九家之術蠭出並作，各引一端，崇其所善，以此馳說，取合諸侯。其言雖殊，闢猶水火，相滅亦相生也。仁之與義，敬之與和，相反而皆相成也。《易》曰：『天下同歸而殊塗，一致而百慮。』今異家者各推所長，窮知究慮，以明其指，雖有蔽短，合其要歸，亦《六經》之支與流裔。使其人遭明王聖主，得其所折中，皆股肱之材已。仲尼有言：『禮失而求諸野』，方今去聖久遠，道術缺廢，無所更索，彼九家者，不猶愈於野乎？若能修六藝之術。而觀此九家之言，舍短取長，則可以通萬方之略矣。」《藝文志》根據西漢劉歆的《七略》，把儒家經典列入《六藝略》中，另在《諸子略》中把先秦至漢初各學派分為儒、道、陰陽、法、名、墨、縱橫、雜、農、小說等十家，並著錄各家著作。後據此概括為「諸子百家」。

諸子的興起，具有鮮明的文化目的性，這就是「救時之弊」。梁啟超在《中國古代學術流變研究》中談到《淮南子》「尚論諸家學說發生之所由來」時說：「自莊、荀以下評騭諸子，皆比較其同異得失，獨淮南則尚論諸家學說發生之所由來，大指謂皆起於時勢之需求而救其偏敝，其言蓋含有相當之真理。」

胡適在分析戰國諸子時，也說：「吾意以爲諸子自老聃、孔丘並於韓非，皆憂世之亂而思有以拯救之，故其學皆應時而生。」〔註12〕由於社會地位、思考方式和學統繼承上的差異，先秦諸子在學派風格上各具有鮮明的個性特徵。

儒家思想以孔子爲創始者，其核心主張是「仁政」和「德治」。據《論語·顏淵》載：顏淵問仁。子曰：「克己復禮爲仁。一日克己復禮，天下歸仁焉。爲仁由己，而由仁乎哉？」顏淵曰：「請問其目？」子曰：「非禮勿視，非禮勿聽，非禮勿言，非禮勿動。」《論語·雍也》云：子貢曰：「如有博施於民而能濟眾，何如？可謂仁乎？」子曰：「何事於仁！必也聖乎！堯舜其猶病諸！夫仁者，己欲立而立人，己欲達而達人。能近取譬，可謂仁之方也已。」《論語·爲政》云：子曰：「爲政以德，譬如北辰居其所而眾星共之。」……子曰：「道之以政，齊之以刑，民免而無恥；道之以德，齊之以禮，有恥且格。」《論語·子路》云：「上好禮，則民莫敢不敬；上好義，則民莫敢不服；上好信，則民莫敢不用情。夫如是，則四方之民繈負其子而至矣；焉用稼？」儒家提倡忠恕和中庸之道，重血親人倫，重現世事功，重實踐理性，重道德修養，對鬼神持存疑態度。孟子繼承和發展了孔子的思想。《漢書》對儒家的概括是：「儒家者流，蓋出於司徒之官。助人君，順陰陽，明教化者也。游文於六經之中，留意於仁義之際。祖述堯、舜，憲章文、武，宗師仲尼，以重其言，於道最爲高。孔子曰：『如有所譽，其有所試。』唐、虞之隆，殷、周之盛，仲尼之業，已試之效者也。然惑者既失精微，而闢者又隨時抑揚，違離道本。苟以譁眾取寵。後進循之，是以五經乖析，儒學寖衰。此闢儒之患。」

法家以管仲、李悝、吳起、商鞅、申不害、慎到、韓非等爲代表。發展經濟、尚法明刑、君主專制是其主要思想主張。李悝明確提出了「盡地力之教」，以充分利用土地，提高糧食產量。《商君書》云：「及至文武，各當時而立法，固事而制禮；禮法以時而定，制令各順其宜。」《韓非子·揚權》亦云：「事在四方，要在中央，聖人執要，四方來效。」法家要求鞏固土地私有制，建立統一的君主國家。提出重農抑工商的觀點，提倡耕戰政策，以農致富，以戰求強；屬行嚴刑峻法，監察官吏職守，建立官僚制度。韓非是法家思想的集大成者，主張統治者要綜合運用法、術、勢，建立君主專制。《漢書》對法家的概括是：「法家者流，蓋出於理官，信賞必罰，以輔禮制。易曰『先王

〔註12〕姜義華：胡適文存，卷2〔M〕，北京：中華書局，1991年，第596頁。

以明罰飭法』，此其所長也。及刻者為之，則無教化，去仁愛，專任刑法而欲以致治，至於殘害至親，傷恩薄厚。」

　　道家以老子和莊子為代表，道家學說以老莊自然天道觀為主，認為「天法道，道法自然」。強調人們在思想、行為上應效法道的「生而不有，為而不恃，長而不宰。」政治上主張「無為而治」，「小國寡民」，以為「夫禮者，忠信之薄而亂之首」。與儒墨之說形成明顯對立。《老子》云：「不尚賢，使民不爭；不貴難得之貨，使民不為盜；不見可欲，使民心不亂，是以聖人之治，虛其心，實其腹；弱其志，強其骨。常使民無知無欲，使夫智者不敢為也。為無為，則無不治。」《老子》第十九章說：「絕聖棄智，民利百倍；絕仁棄義，民復孝慈；絕巧棄利，盜賊無有。此三者，以為文不足，故令有所屬，見素抱樸，少私寡欲。」其後，道家思想與名家、法家相結合，成為黃老之學。道家思想對中國的政治、思想、科技、文化、藝術等方面，都有深刻影響，是中國傳統文化中的重要組成部分。《漢書》對道家的概括是：「道家者流，蓋出於史官，歷記成敗存亡禍福古今之道，然後知秉要執本，清虛以自守，卑弱以自持。此君人南面之術也·合於堯之克攘，《易》之嗛嗛，一謙而四益，此其所長也。及放者為之，則欲絕去禮學，兼棄仁義，曰獨任清虛可以為治。」

　　墨家以墨子本人所主張的「兼愛」、「非攻」、「尚賢」、「尚同」、「天志」、「明鬼」、「節葬」、「節用」、「非樂」、「非命」等為中心，與儒家展開一系列的政治學術思想鬥爭。到戰國末期，墨子後學克服了墨子學說中宗教迷信成分，對認識論、邏輯學以至自然科學中的幾何學、力學、光學等，都有一定研究和貢獻。墨者組成的團體有嚴格的紀律，領袖稱為「鉅子」。相傳其徒都能赴湯蹈火，以自苦為極。《漢書》對墨家的概括是：「墨家者流，蓋出於清廟之守。茅屋采椽，是以貴儉；養三老五更，是以兼愛；選士大射，是以上賢；宗祀嚴父，是以右鬼；順四時而行，是以非命；以孝視天下，是以上同：此其所長也。及蔽者為之，見儉之利，因以非禮，推兼愛之意，而不知別親疏。」

　　陰陽家流行於戰國末期到漢初，齊人鄒衍是其代表人物。《史記》稱其：「深觀陰陽消息，而作迂怪之變。」《呂氏春秋》則直接受到鄒衍學說的影響。大體而言，鄒衍的陰陽家思想表現在將自古以來的數術思想與陰陽五行學說相結合，並試圖進一步的發展，用來建構宇宙圖式，解說自然現象的成因及其變化法則。古代的天文學、氣象學、化學、算學、音樂和醫學，都是在陰

陽五行學說的基礎上發展起來的。《漢書》對陰陽家的概括是：「陰陽家者流，蓋出於羲和之官，敬順昊天，歷像日月星辰，敬授民時，此其所長也。及拘者爲之，則牽于禁忌，泥於小數，舍人事而任鬼神。」

　　春秋末，鄭國大夫鄧析「操兩可之說，設無窮之辭」（劉向序《鄧析書》）爲名家先驅。戰國時名家人物有尹文、田巴、桓團等人。足以代表名家的有兩位，一位是惠施（約前 370 年～前 310 年），戰國時期的宋國人，與莊子同一時代，並且兩人既是好友又是論敵。莊周在《莊子》一書中說：「惠施多方，其書五車。」另一位是公孫龍（約前 325～前 250 年），趙國人。生平事蹟不詳。《史記·仲尼弟子列傳》中，太史公認爲，公孫龍是孔子的弟子，字子石，楚人或衛人。據說公孫龍遊說各國，與人論辯，經常獲勝，而莊子評論說：「能勝人之口，不能服人之心。」惠子和公孫龍分別代表名家的兩個基本派別，前者傾向於合萬物之異（合異同），後者傾向於離萬物之同（離堅）。《漢書》對名家的概括是：「名家者流，蓋出於禮官。古者名位不同，禮亦異數。孔子曰：『必也正名乎！名不正則言不順，言不順則事不成。』此其所長也。及訐者爲之，則苟鉤鈲析亂而已。」

　　縱橫家出現於戰國至秦漢之際，多爲策辯之士，可稱爲中國五千年中最早也最特殊的外交政治家。其祖乃鬼谷子，又名王禪，戰國時代衛國（今河南省鶴壁、新鄉一帶）人，常入雲夢山採藥修道。因隱居清溪之鬼谷，故自稱鬼谷先生。其長於持身養性和縱橫術、精通兵法、武術、奇門八卦，著有《鬼谷子》兵書十四篇傳世。曾授蘇、張、孫、龐四大弟子，皆戰國時風雲人物。其後習鬼谷縱橫術者甚多，著名者十餘人，如蘇秦、張儀、甘茂、司馬錯、樂毅、范雎、蔡澤、鄒忌、毛遂、孫臏、龐涓、酈食其、蒯通等。縱橫家所崇尚的是權謀策略及言談辯論之技巧，其指導思想與儒家所推崇之仁義道德大相徑庭。因此，歷來學者對《鬼谷子》一書推崇者甚少，而譏詆者極多。其實外交戰術之得益與否，關係國家之安危興衰；而生意談判與競爭之策略是否得當，則關係到經濟上之成敗得失。即使在日常生活中，言談技巧也關係到一人之處世爲人之得體與否。當年蘇秦憑其三寸不爛之舌，合縱六國，配六國相印，統領六國共同抗秦，顯赫一時。而張儀又憑其謀略與遊說技巧，將六國合縱土崩瓦解，爲秦國立下不朽功勞。所謂「智用於眾人之所不能知，而能用於眾人之所不能。」潛謀於無形，常勝於不爭不費，此爲《鬼谷子》之精髓所在。《孫子兵法》側重於總體戰略，而《鬼谷子》則專於

具體技巧，兩者可說是相輔相成。《漢書》對縱橫家的概括是：「從橫家者流，蓋出於行人之官。孔子曰：『誦詩三百，使於四方，不能專對，雖多亦奚以為？』又曰：『使乎！使乎！』言其當權事制宜，受命而不受辭，此其所長也。及邪人為之，則上詐諼而棄其信。」

　　雜家是戰國末至漢初兼採各家之學的綜合學派。特點是「採儒墨之善，撮名法之要」。雜家雖只是集合眾說，兼收並蓄，然而通過採集各家言論，貫徹其政治意圖和學術主張。代表著作有《呂氏春秋》和《淮南子》。唐‧韓愈《讀〈儀禮〉》：「百氏雜家尚有可取，況聖人之制度邪？」清龔自珍《古史鈎沈論三》：「方讀百家，好雜家之言，未暇也。」郭沫若《中國史稿》中說：「《荀子》攝取諸家之說，創立自己的理論，已有雜家的氣味。但真正說得上雜家的，還是《呂氏春秋》……書中力圖綜合先秦諸子，『兼儒墨』，『合名法』，以『見王治之無不貫』。」《漢書》對雜家的概括是：「雜家者流，蓋出於議官。兼儒、墨，合名、法，知國體之有此，見王治之無不貫，此其所長也。及盪者為之，則漫羨而無所歸心。」

　　農家是先秦時期反映農業生產和農民思想的學術流派，奉神農為祖師，祖述神農，主張推行耕戰政策，獎勵發展農業生產，研究農業生產問題。農家對農業生產技術經驗之總結與其樸素辯證法思想。《漢書‧藝文志》列為「九流」之一。著錄其代表人物與著作，如《神農》二十篇、《汜勝之》十八篇等，共九家百十四篇，但今多已失傳。《孟子》中載有許行其人，亦屬農家者流。針對當時不少學派鄙視農業生產，許行提出賢者應該與民同耕而食，饔飧而治，反映了古代社會中農民的一種社會政治理想。由於儒家輕商農漢朝中期以後農家迅速衰落。呂思勉先生在其《先秦學術概論》中，把農家分為兩派：一是言種樹之事；二是關涉政治。農家對農業生產技術也作了總結。《管子》中《地員》，《呂氏春秋》中《上農》、《任地》、《辯土》、《審時》等篇，皆為研究先秦農家的重要資料。後世《齊民要術》、《農書》、《農政全書》等著作，為先秦農家學說的繼承和發展。《漢書》對農家的概括：「農家者流，蓋出於農稷之官。播百穀，勸耕桑，以足衣食，故八政一曰食，二曰貨。孔子曰『所重民食』，此其所長也。及鄙者為之，以為無所事聖王，欲使君臣並耕，誖上下之序。」

　　小說家是先秦與西漢雜記民間故事的學派，指的是一類記錄民間街談巷語的人。小說家雖然自成一家，但被視為不入流者，劉歆列九流十家，惟小

說家不在九流之列，影響甚小。然而小說家反映了古代平民思想的側面，卻是其它九流學派都無法所能代替的。故有九流十家之說。小說家著作有《伊尹說》二十七篇，《鬻子說》十九篇，《周考》七十六篇，《青史子》五十七篇等等，均已佚。今據存目觀之，小說家著作體例似外史、別傳、筆及之類，其立說託諸古人者有《伊尹說》、《鬻子說》、《師曠》、《務成子》、《天乙》、《黃帝說》；雜記古事者有《周考》、《青史子》、《虞初周說》、《百家》等共十五家一千三百八十多篇。《漢書》對小說家的概括：「小說家者流，蓋出於稗官。街談巷語，道聽塗說者之所造也。孔子曰：『雖小道，必有可觀者焉，致遠恐泥，是以君子弗為也。』然亦弗滅也。閭里小知者之所及，亦使綴而不忘。如或一言可採，此亦芻蕘狂夫之議也。」

　　春秋戰國時期的先賢學者，以他們巨大的熱情、雄偉的氣魄和無畏的勇氣，開創學派，並對宇宙、社會、人生等無比廣闊的領域發表縱橫八極的議論，開創了中國歷史上學術文化的黃金時代。諸子百家各抒己說，相互爭鳴，推動著思想文化走向繁榮，成為這一時期思想文化領域最大的成就，為博大精深的中華文化奠定了基礎。「諸子十家，其可觀者九家而已。皆起於王道既微，諸侯力政，時君世主，好惡殊方，是以九家之術，蠭出並作，各引一端，崇其所善，以此馳說，取合諸侯。其言雖殊，闢猶水火，相滅亦相生也。仁之與義，敬之與和，相反而皆相成也。《易》曰：『天下同歸而殊途，一致而百慮。』今異家者，各推所長，窮知究慮，以明其指，雖有蔽短，合其要歸，亦六經之支與流裔。使其人遭明王聖主，得其所折中，皆股肱之材已。仲尼有言：『禮失而求諸野。』方今去聖久遠，道術缺廢，無所更索，彼九家者不猶愈於野乎？若能修六藝之術，而觀此九家之言，舍短取長，則可以通萬方之略矣。」〔註13〕

〔註13〕《漢書‧藝文志‧諸子略》

第二章　韓非與《韓非子》

　　韓非的思想，不僅僅集先秦法家的大成，而且也是先秦各種思想成果在他頭腦中激蕩的產物，更是戰國時代激烈的政治鬥爭與複雜詭詐的社會道德在理論界的投影。因此，有關韓非思想的研究和探討始終是學界研究領域的一個核心話題。

第一節　韓非其人其事

　　關於韓非生平事蹟的記載，最為詳盡的是《史記・老子韓非列傳》。可供參考的資料有《秦始皇本紀》、《韓世家》、《六國年表》、《李斯列傳》、《韓非子》中的《存韓》、《問田》、《戰國策・秦策五》等。

　　《史記・老子韓非列傳》記載：「韓非者，韓之諸公子也。喜刑名法術之學，而其歸本於黃老。非為人口吃，不能道說，而善著書。與李斯俱事荀卿，斯自以為不如非。非見韓之削弱，數以書諫韓王，韓王不能用。於是韓非疾治國不務脩明其法制，執勢以御其臣下，富國彊兵而以求人任賢，反舉浮淫之蠹而加之於功實之上。以為儒者用文亂法，而俠者以武犯禁。寬則寵名譽之人，急則用介冑之士。今者所養非所用，所用非所養。悲廉直不容於邪枉之臣，觀往者得失之變，故作《孤憤》、《五蠹》、《內外儲》、《說林》、《說難》十餘萬言。然韓非知說之難，為說難書甚具，終死於秦，不能自脫。……人或傳其書至秦。秦王見孤憤、五蠹之書，曰：「嗟乎，寡人得見此人與之遊，死不恨矣！」李斯曰：「此韓非之所著書也。」秦因急攻韓。韓王始不用非，及急，乃遣非使秦。秦王悅之，未信用。李斯、姚賈害之，毀之曰：「韓非，

韓之諸公子也。今王欲並諸侯，非終爲韓不爲秦，此人之情也。今王不用，久留而歸之，此自遺患也，不如以過法誅之。」秦王以爲然，下吏治非。李斯使人遺非藥，使自殺。韓非欲自陳，不得見。秦王後悔之，使人赦之，非已死矣。」〔註1〕

　　根據上述記載，我們將從韓非的身世、求學、使秦予以闡述其生平。

一、身世

　　有關韓非的身世，目前所能作爲直接證據的應是《史記‧老子韓非列傳》所說的「韓非者，韓之諸公子」一句。「公子」本指諸侯之庶子。《禮記‧玉藻》：「公子曰臣孽」，陳澔《集說》云：「適（嫡）而傳世者謂之世子，餘則但稱公子而已。」孫希旦《集解》云：「公子，謂諸侯庶子也。木之旁蔭者曰孽，故以爲庶子之稱。」〔註2〕「諸公子」與「公子」基本同義，「諸公子」的說法，《史記》中亦復見。〔註3〕《平原君列傳》載：「平原君趙勝者，趙之諸公子也。」〔註4〕從《史記》中這種相同的用法推測，韓非爲當時韓國的宗室之後。施覺懷先生更推斷出韓非的具體身份，「韓非可能是韓襄王的孫子，韓釐王的侄子，韓桓惠王的堂兄弟，韓王安的叔父或伯父……很可能是公子蟣蝨的後裔。」〔註5〕

　　韓非的生年，目前並無史料可證。相較而言，其卒年倒大體可確定下來。故只能由卒年來推測其生年。《史記‧韓世家》云：「王安五年，秦攻韓，韓急，使韓非使秦，秦留非，因殺之。」韓王安五年爲前 234 年。而《秦始皇本紀》則云：「（始皇）十四年，韓非使秦，秦用李斯謀，留非，非死雲陽。」《六國年表》秦欄亦載：「韓使非來，我殺非。」始皇十四年爲韓王安六年（前

〔註1〕　《史記‧老子韓非列傳》
〔註2〕　《韓非子》中亦多此種用法。如《揚權》：「公子既眾，宗室憂吟。」舊注：「庶子既眾，勢凌適適（嫡）子，故憂吟也。」《八姦》：「側室公子，人主之所親愛也。」太田方注：《禮記》：「公庶子生，就側室。」《左傳》注：「側室，支子。公子，母弟以下非嫡者也。」
〔註3〕　《韓非子‧說林下》：「管仲鮑叔相謂曰：『……齊國之諸公子，其可輔者，非公子糾，則小白也。」《內儲說下》：「荊王欲宦諸公子於四鄰。」《外儲說右上》：「荊莊王有茅門之法……群臣大夫諸公子入朝……」皆可證。
〔註4〕　按：《魏公子列傳》：「魏安釐王二十年……（魏）公子姊爲趙惠文王弟。」故《集解》引徐廣語：「《魏公子傳》曰：趙惠文王弟。」又，《魏公子列傳》：「魏公子無忌者，魏昭王少子而魏安釐王異母弟也。」
〔註5〕　施覺懷：韓非評傳〔M〕，南京：南京大學出版社，2002 年，第 32 頁。

233 年）。這裏，《秦始皇本紀》、《六國年表》所載與《韓世家》相差一年。何者為是，學者們理解各不相同。〔註6〕比較諸說，王先慎先生所說很有道理，且《紀》、《表》均載韓非使秦與被殺在始皇十四年，則應以為是。也就是說，韓非之卒年為前 233 年。

　　與卒年相比，生年就只能是推測了。對於韓非子出生年，基本有三種意見，一種意見以錢穆先生為代表，根據韓非子與李斯同學於荀卿的歷史記載，假定韓、李年齡都在 30 歲左右，及至韓非子在韓王安五年使秦並被迫自殺（前 233 年），李斯已在秦 15 年，據此推斷韓非子生於韓釐王十五年（前 280 年）前後。〔註7〕另一種觀點以陳千鈞先生為代表，根據《韓非子·問田》中棠谿公曾與韓非子對話的記載，然後再參照《外儲說右上》棠谿公與韓昭侯（前 358～前 330 在位）同時的文獻，假定青年棠谿公在前 330 年左右見到晚年韓昭侯時大致年齡在二三十歲，如果他活到 90 歲，那麼在前 270 年左右，這樣就完全存在和時年大約 25 歲左右的韓非子探討人生問題的可能性，據此推斷韓非子生年應在前 295 年，死時大約六十餘歲。〔註8〕第三種觀點以陳奇猷先生為代表，他認為李斯入秦時韓非在學術上已經小有成就，年紀應在 50 歲左右，根據李斯在秦國從政 15 年推斷，死於前 233 年韓非壽命應為 65 歲左右，由前 233 倒推 65 年，所以韓非生年應在前 298 年左右，生在韓襄王末年。〔註9〕

〔註 6〕　注：王先慎以《紀》、《表》為是：「《史記·秦本記》、《六國表》並以韓非使秦在始皇十四年，《韓世家》屬之王安五年。案：秦攻韓，《紀》、《表》未書。始皇十年用兵於趙，十四年定平陽、武城、宜安，而後從事於韓。則非之使秦當在韓王安六年，《紀》、《表》為是。吳師道以非為韓王安五年使秦，據《世家》言之，不知作五年者，史駁文也。」（見王先慎：韓非子集解〔M〕，北京：中華書局，1998 年）；陳啟天則認為，韓非使秦與其被害不在同一年，他說：「《世家》就非使秦之年言，故說韓王安五年，而連帶記其見害。《紀》、《表》就非見害之年言，而連帶記其使秦，故若為駁文也。《策》吳注說：「始皇十三年上書，次年見殺。」亦依非使秦與見害之年不同而分，極是」。（見陳啟天：韓非及其政治學〔M〕，北平：獨立出版社，1940 年）；錢穆則云：「《韓世家》非使秦在王安五年，《始皇紀》、《年表》皆在十四年，即王安六年。疑非以王安五年十月後至秦，史公據秦紀則在望年也。」（見錢穆：先秦諸子繫年〔M〕，石家庄：河北教育出版社，2002 年）。

〔註 7〕　錢穆：先秦諸子繫年〔M〕，石家庄：河北教育出版社，2002 年，第 511～513 頁。

〔註 8〕　陳千鈞：韓非新傳，學術世界〔J〕，第一卷第二期，1935 年。

〔註 9〕　陳奇猷：韓非子新校注〔M〕，上海：上海古籍出版社，2000 年，第 1211～

本書傾向認同錢穆先生的觀點，即韓非生於韓釐王十五年（前 280 年）前後，壽 48 歲左右。

二、求學

「李斯者，楚上蔡人也。年少時，爲郡小吏，見吏舍廁中鼠食不絜，近人犬，數驚恐之。斯入倉，觀倉中鼠，食積粟，居大廡之下，不見人犬之憂。於是李斯乃歎曰：『人之賢不肖譬如鼠矣，在所自處耳！』乃從荀卿學帝王之術。學已成，度楚王不足事，而六國皆弱，無可爲建功者，欲西入秦。辭於荀卿曰：『斯聞得時無怠，今萬乘方爭時，游者主事。今秦王欲吞天下，稱帝而治，此布衣馳騖之時而游說者之秋也。處卑賤之位而計不爲者，此禽鹿視肉，人面而能彊行者耳。故詬莫大於卑賤，而悲莫甚於窮困。久處卑賤之位，困苦之地，非世而惡利，自託於無爲，此非士之情也。故斯將西說秦王矣。』至秦，會莊襄王卒，李斯乃求爲秦相文信侯呂不韋舍人。」〔註10〕由以上文字可推斷出，李斯之求學地點正在楚國。李斯學成入秦時適逢秦莊襄王卒。莊襄王卒於前 247 年，因此，他從師荀卿可在此前。韓非與李斯既爲同學，則其求學亦在楚國。

汪容甫作《荀卿子年表》，對荀子的考據較爲精覈。「荀子，趙人，名況，年五十始遊學來齊……則自齊襄王十八年以後，荀卿去齊遊秦也。其明年，趙孝成王元年，本書荀卿與臨武君議兵趙孝王前，則荀子入秦不遇復歸趙也。後十一年，當齊王建十年，爲楚考烈王八年，楚相黃歇以荀卿爲蘭陵令……後八年，春申君徙封於吳，而荀卿爲令如故。又十二年，考烈王卒，李園殺春申君，盡滅其族。《本傳》云：『春申君死而荀卿廢，因家蘭陵，列著數萬言而卒，因葬蘭陵。』」

楚考烈王八年爲前 255 年，據此，則荀子任楚蘭陵令當在此年，錢穆先生在《先秦諸子繫年》中認爲荀子適楚爲前 286 年後，其任楚蘭陵令在楚頃襄王十五年（前 284）後，而齊襄王六年（前 278 年）時已返齊爲「稷下老師」。此後或去齊至秦（前 264 年）或自秦返趙（前 261 年），終老於趙，終未再適楚。胡元儀認爲楚考烈王八年任蘭陵令後，曾一度被讒去楚

1213 頁。

〔註10〕《史記・李斯列傳》

之趙，時亦在考烈王八九年。後春申君復邀之於趙，重爲蘭陵令，時在考烈王二十二年（前 241 年）之後。錢氏說荀卿適楚在齊王十五、十六年（前286、285 年），梁啓雄《荀子簡釋・年表》也認爲在前 285 年，其說是。但荀卿並非再未入楚，其入楚也並非如胡氏所說在前 241 年後。由《李斯列傳》可知李斯從師荀卿時年尙輕，其學成後即入秦，時在前 247 年。若荀卿於前 284 年任蘭陵令，後再未入楚，則李斯求學只能在此時。假定李斯求學在二十歲，則其生年當在前 310 年左右，至其被腰斬時（前 208 年）已百歲，殊不可能。若從胡元儀說，荀卿初任蘭陵令後即被讒去楚，時間不過一二年，則李斯求學只能在荀卿再度任蘭陵令後（前 241 年），而此時李斯已入秦六年，更不可能。趙速夫師說：春申君相楚八年，任荀卿爲蘭陵令，時當在公元前 255 年，則荀卿於前 285 年至楚後，確實曾離開楚國，至前 255 年之前又返楚。他離開楚國的原因，當如《戰國策・楚策四》所說，是由於有人在春申君前書目發之故⋯⋯，荀況寄春申君之賦正作於在趙國之時，當在前 255 年前的幾年中。荀卿在前 255 年前的幾年中尙在趙國，並寄春申君賦（即今《荀子・賦篇》之《詭詩》），後重返楚，任蘭陵令，因此韓非與李斯求學當在此時。〔註 11〕

三、使秦

「人或傳其書至秦。秦王見《孤憤》、《五蠹》之書，曰：『嗟乎，寡人得見此人與之遊，死不恨矣！』李斯曰：『此韓非之所著書也。』秦因急攻韓。韓王始不用非，及急，乃遣非使秦。秦王悅之，未信用。」〔註 12〕

又有記載曰：「秦始皇十四年（戊辰，公元 233 年），韓王納地效璽，請爲藩臣，使韓非來聘。韓非者，韓之諸公子也，善刑名法術之學，見韓之削弱，數以書干韓王，王不能用。於是韓非疾治國不務求人任賢，反舉浮淫之蠹而加之功實之上。寬，則寵名譽之人；急，則用介冑之士。所養非所用，所用非所養。悲廉直不容於邪枉之臣，觀往者得失之變，作《孤憤》、《五蠹》、《內外儲》、《說林》、《說難》五十六篇，十餘萬言。王聞其賢，欲見之。非爲韓使於秦，因上書說王曰：『今秦地方數千里，師名百萬，號令賞罰，天下

〔註 11〕馬世年：韓非師從荀卿考論〔J〕，河南師範大學學報（哲學社會科學版），2008（6）：188～192。
〔註 12〕《史記・老子韓非列傳》

不如。臣昧死願望見大王，言所以破天下從之計。大王誠聽臣說，一舉而天下之從不破，趙不舉，韓不亡，荊、魏不臣，齊、燕不親，霸王之名不成，四鄰諸侯不朝，大王斬臣以徇國，以戒爲王謀不忠者也。』王悅之，未任用。李斯嫉之，曰：『韓非，韓之諸公子也。今欲并諸侯，非終爲韓不爲秦，此人情也。今王不用，久留而歸之，此自遺患也。不如以法誅之。』王以爲然，下吏治非。李斯使人遺非藥，令早自殺。韓非欲自陳，不得見。王後悔，使人赦之，非已死矣。」〔註13〕

　　韓非的政治活動，最爲完整的便要算是出使秦國的經歷了。無論是容肇祖《韓非子年表》、陳千鈞《韓非新傳》，還是錢穆《先秦諸子繫年・李斯韓非考》、郭沫若《十批判書・韓非子的批判》、陳奇猷《韓非年表》，乃至張覺《韓非子全譯・前言》等著述，均持此論。在此不復贅述。

第二節　《韓非子》

一、《韓非子》名稱的變遷

　　《韓非子》一書，歷史上有稱爲《韓子》，有稱爲《韓非子》。歷代正史中，藝文志、經籍志皆稱《韓子》，如：《漢書・藝文志》諸子法家類；梁・阮孝緒《七錄》（七錄已佚，此據《史記正義》所引）；《隋書・經籍志》子書法家類；《舊唐書・經籍志》，《新唐書・藝文志》；《宋史・藝文志》子書法家類；明焦竑《國史・經籍志》法家類；清《四庫全書》總目及簡目子部法家類等。宋代以後，古文家韓愈被稱爲「韓子」，爲了避免與韓非書相混，有人就改稱韓非的書爲《韓非子》，如：宋晁公武《郡齋讀書志》；清孫星衍《孫氏祠堂書目》與《廉石居藏書記》；黃丕烈《士禮居藏書題跋記》；張之洞《書目答問》；梁啓超《要籍解題及其讀法》等。現在大多數人稱韓非的書爲《韓非子》，只有少數人稱《韓子》，如尹桐陽《韓子新釋》、梁啓雄《韓子淺解》等。本書沿襲現今大多數人的使用，以《韓非子》爲題。

二、《韓非子》的篇目和卷數

　　關於《韓非子》一書的篇目和卷數，在記載上也稍有差異。《史記・老子

〔註13〕《資治通鑒・秦紀一》

韓非列傳》云：「非爲人口吃，不能道說，而善著書……作《孤憤》、《五蠹》、《內外儲》、《說林》、《說難》十餘萬言。」沒有具體說明《韓非子》到底有多少篇多少卷，只是列舉了若干篇目而已。《漢書・藝文志》諸子法家類稱有「五十五篇」。張守節《史記正義》引梁阮孝緒《七錄》稱有「二十卷」。《隋書・經籍志》子書法家類稱有「二十卷，目一卷」。現在流傳的《韓非子》各種版本都是二十卷五十五篇，篇數和《漢書・藝文志》記載的相同，卷數和《隋書・經籍志》、張守節《史記正義》記載的相同。

三、《韓非子》篇目的眞僞

　　關於《韓非子》的眞僞問題直到宋代才提起，各家對《韓非子》眞僞的懷疑主要集中在《初見秦》、《存韓》、《主道》、《有度》、《揚權》、《解老》、《喻老》、《飾令》、《用人》、《功名》、《大體》、《難四》、《難勢》、《人主》、《忠孝》以及《制分》等篇上。而在這些篇目的眞僞問題上，現今各家的意見並不統一，但大家越來越趨向於認爲，《韓非子》中的僞作很少。比如高亨就認爲，「韓非子五十五篇，其中有可以斷定非韓非所作者，如《初見秦》、《存韓》後半篇、及《有度篇》是也。」〔註14〕而周勳初還否定了《有度》篇是僞作的說法，他說：「《有度》之中詳記安釐王的戰功。這裏不但提到了魏滅衛事，而且一直敘述到魏安釐王之死，寫作時間也是明確的。魏安釐王享國三十四年，死在公元前243年，《有度》作於是年之後，已是韓非晚期的作品了。」〔註15〕其實高亨還曾經認爲《初見秦》篇列舉秦破趙、破魏、破楚及五國入齊事，而未明言破韓，是韓非爲祖國諱，不必提及韓，故《初見秦》篇以出於韓非爲是。〔註16〕陳奇猷對有關《韓非子》篇目眞僞問題的討論作了一下整理，并進行了駁議，最後結論說：「總上所述，《韓非子》中，的確有不是韓非的作品。已有定論的是《存韓》篇後半，那是李斯的言論。的確可疑的有《人主》、《制分》，以及《難四》、《難勢》中反駁責難的段落。其它篇章，除《初見秦》爭論較大尙須謹愼對待外，一般的篇章，即使有個別詞句有問題，我們都不宜否定它們是韓非所作。我們不要再被那些危言聳聽的結論弄

〔註14〕高亨：諸子新箋〔M〕，濟南：齊魯書社，1980年，第189頁。

〔註15〕周勳初：韓非子札記〔M〕，南京：江蘇人民出版社，1980年，第127頁。

〔註16〕高亨：韓非子初見秦篇作於韓非考，古史辯（第四冊）〔M〕，上海：上海樸社，1933年，第686～687頁。

得疑慮重重了。」〔註17〕但陳奇猷也曾經主張《初見秦》篇是韓非所作。施覺懷對《初見秦》、《存韓》、《主道》、《有度》、《揚權》、《解老》、《喻老》、《傷令》、《用人》、《功名》、《大體》、《忠孝》諸篇逐一進行了考證後，認爲，「《韓非子》中各篇，除《初見秦》或有可疑之處外，其它各篇均可信爲韓非所作。」〔註18〕張覺通過史實、文章風格、問題特點等考證後認爲「除《初見秦》爭論較大尚需謹慎對待外，一般的篇章，即使有個別詞句有問題，我們都不宜否定他們是韓非之作。司馬遷說韓非的著作有《孤憤》等十餘萬字，班固說《韓子》有五十五篇，都是可靠的。現今的本子，篇數、字數與他們的說法相合，應該就是秦漢時代的傳本。」〔註19〕筆者贊成這一觀點。

四、《韓非子》版本

　　《韓非子》明代以前的刻本、抄本，都已失傳，明代萬曆以後刻本較多。較重要的有三種：一是萬曆六年（1578）的《韓子迂評》本，原文五十三篇。由吳郡人門無子（姓俞）在何犿原校本的基礎上，做了訂正、評注。二是萬曆十年（1582）的「趙用賢本」或「管韓合刻本」，計五十五篇。趙用賢用宋本《韓非子》，參考當時流行的各種本子校勘改定後與《管子》一起刊出。由於它是五十五篇的足本，後世翻刻者很多，清代校勘學家更稱之爲「今本」。三是正統十年（1445）的《道藏》，該書脫文與《迂評》初刻本基本相同。裏面《和氏》和《姦劫弒臣》都有殘缺，聯成了一篇；《說林》下有殘缺，和《說林》上聯成了一篇。這就是所謂五十三篇本，是現在所能看到的五十三篇本中最早的本子。明代還有很多評本或節錄類編本流行，像託名歸有光輯評的《諸子匯函》本，焦竑注釋、翁正春點評的《注釋九子全書》本，陳深的《諸子品節本》，陳仁錫的《諸子奇賞》等。

　　清代人的刻本當中，目前能見到的反映宋刻本面貌的影抄本及仿刻本主要有三種：一是張敦仁在乙丑年（1805）借到了李奕疇所藏的宋刻本後請人影抄的，後未刊行，影響不大。二是吳鼐在丙子年（1816）借到李書後叫人影抄的，次年付梓，由顧廣圻負責校刊，於戊寅年（1818年）刻成，顧廣圻所做的《韓非子識誤》也附刊於後。這個本子文字比較完整，竄亂較少，是

〔註17〕陳奇猷、張覺：韓非子導讀〔M〕，成都：巴蜀書社，1990年，第78～79頁。
〔註18〕施覺懷：韓非評傳〔M〕，南京：南京大學出版社，2002年，第83頁。
〔註19〕張覺：韓非子校注〔M〕，成都：嶽麓書社，2006年，第16頁。

五十五篇的足本。由於吳鼐將其題名爲《乾道本韓非子廿卷》，所以習稱「乾道本」，是學術界公認的善本。三是清代錢曾述古堂影抄的乾道本《韓非子》，黃丕烈曾用李書年所藏的原印本對它做過精心的校勘。此書基本保存了宋刻本的原貌，學術價值較高。後爲上海涵芬樓所藏，1919 年被編入《四部叢刊子部》影印出版，俗稱「四部從刊本」。此外，王先愼於光緒丙申（1896 年）撰成並刊行的《韓非子集解》也很值得重視。此書也是足本，校釋雖然較爲粗疏，但還是有所發明的，特別是它彙集了多家校釋，便於閱讀，成爲本世紀最通行的版本之一。

第三節　韓非思想的研究現狀

就目前所瞭解的研究成果而言，大致有五類：第一類，針對其法、術、勢的法治觀點展開的哲學思想研究。第二類，對《韓非子》一書進行校勘、注釋和翻譯的研究。第三類，對《韓非子》一書的版本源流和篇目眞僞的問題進行探討；第四類，對其文字特點，行文語言特色的研究。第五類，與政治學、管理學等交叉形成的政治哲學、管理哲學研究。

關於韓非思想的研究，按照歷史探究時間的界限，可以分爲以下幾個階段。

秦代時期。這是《韓非子》研究的開端時期。據《史記・李斯列傳》記載，秦二世和李斯都曾徵引《韓非子》以證成己說，其對韓非子思想的熟悉程度可見一斑。當然李斯的評論多出於政治上的需要，而非純粹的學術研究。

漢代時期。《韓非子》在漢代始編撰成書，並非韓非子親手編定。漢代學者對韓非及其著作多有評述，司馬談《論六家要旨》、司馬遷《史記・老子韓非列傳》、班固《漢書・藝文志》、《淮南子・泰族訓》、《鹽鐵論》中《刑德篇》、《周秦篇》和《申韓篇》、揚雄《法言・問道篇》及《問明篇》、王充《論衡・非韓篇》、劉陶《反韓非》（已亡佚），孔子後裔孔鮒《孔叢子・答問篇》之《韓非非聖人辯》等都曾論及韓非人格、身世、思想。其中司馬遷的《史記・老子韓非列傳》一直是韓非思想研究中的重要資料，他不但對韓非的生平爲人、《韓非子》篇目以及在當時的政治影響有所記述，而且還總結了韓非的寫作意圖、文章風格、學術思想及學術淵源。

魏晉南北朝時期。適逢亂世，雖受推崇，但鮮有突出的學術研究者。其中北魏的劉昞曾注過《韓非子》，南朝齊梁時期的劉勰也在《文心雕龍》中論及了《韓非子》的文學技巧，算是開闢了一個新的研究領域。

隋、唐時期。這一時期的研究除了關注《韓非子》的文辭外，主要集中在對《韓非子》的注釋上。唐尹知章也有《韓子注》（《新唐書·藝文志》），並佚。又據元代何犿《校韓子序》謂有李瓚注，學者們多以爲是今本存之舊注。中唐之後，人們以「韓子」稱韓愈，爲了區別，遂改稱爲《韓非子》。

宋、元時期。從北魏降至宋代以前，學者對《韓非子》的研究主要集中在《韓非子》的校勘和注解方面。及至宋代，一大批學者對韓非其人及其思想進行了研究，歐陽修《論申韓》、蘇軾、蘇轍《韓非論》、朱熹《朱子語類》、王應麟《困學紀聞》、高似孫《子略》、晁公武《郡齋讀書志》、黃震《黃氏日鈔》、司馬光《資治通鑒》等，大都以對韓非子的思想評論爲主，元代何犿曾有《韓非子注》。

明、清時期。《韓非子》研究掀起了新的熱潮，大量學者如明代的趙用賢、楊愼、門無子、焦竑、陳深；清代的王念孫、顧廣圻、孫詒讓、王先愼、俞樾等，均在《韓非子》的整理、校勘、考訂方面用力甚勤，成就斐然。

清末民初，《韓非子》研究呈現繁榮局面。梁啓超、陳三立、章太炎、嚴復等都有相當細緻的分析探究。劉師培、林語堂、胡適、陳啓天、曹謙、馮友蘭、郭沫若、高亨等對《韓非子》進行了全面的研究。

解放前。「五四」以後，在疑古思潮的影響下，韓非的生平與《韓非子》篇目的眞僞受到更多關注，出現了一些很有價值的考證論著，如容肇祖《韓非子年表》、《韓非子考證》、錢穆《先秦諸子繫年·李斯韓非考》、陳祖犖《韓非別傳》、陳千鈞《韓非子研究》、陳啓天《韓非的生平》、蔣伯潛《諸子通考·李斯韓非考》、郭沫若《青銅時代》、《十批判書·韓非子的批判》等。另外，梁啓超、胡適、謝无量、孫楷第、劉汝霖、高亨、馮友蘭等人也有專門的論述。校釋方面，則有尹桐陽《韓子新釋》、葉玉麟《韓非子白話句解》、陳啓天《韓非子校釋》、《韓非子今注今譯》等。以上很多也是綜合研究，對韓非的思想學說作了全新的考察，這也是本時期研究的一個特點。此外，陳千鈞《歷代韓學述評》、陳啓天《韓非子參考書輯要》爲研究史之研究。

50～70 年代。學界基本沿著唯物史觀的研究思路和理論框架，對韓非子的階級屬性、基本思想、韓非思想與先秦諸子的思想關聯等諸多理論問題展

開討論。這時期的研究主要集中在注釋與思想上。陳奇猷《韓非子集釋》、梁啓雄《韓子淺解》、王煥鑣《韓非子選》是前者的代表之作，學術價值很高；梁啓雄《韓非思想述評和探源》、楊榮國《韓非思想探微》、任繼愈《韓非子》等則是後者的力作。而另一方面，在 60 年代中期以後，思想研究則受政治影響太大，完全脫離了正常的學術軌道，呈現出一種不正常的局面，也幾無學術價值可言。值得注意的是臺灣地區的研究。熊十力《韓非子評論》、潘重規《韓非子考證》、封思毅《韓非子思想散論》、王靜芝《韓非思想體系》、趙海金《韓非子研究》、張素貞《韓非子思想體系》等均有較高的價值。

　　80 年代至 21 世紀初。這是《韓非子》研究的新階段，在各個方面都有大的成就。其間也有少量優秀著作問世，如周勳初的《〈韓非子〉札記》、《韓非子》校注組的《韓非子校注》、周鍾靈等主編的《韓非子索引》、陳奇猷、張覺的《韓非子導讀》、張純、王曉波的《韓非思想的歷史研究》、谷方的《韓非與中國文化》、蔣重躍的《韓非政治思想研究》、施覺懷的《韓非評傳》、韓東育的《日本近世新法家研究》等專著對於深化韓非子思想研究亦有所貢獻。同時，朱伯崑的《先秦倫理學概論》、童書業的《先秦七子研究》、李澤厚的《中國古代思想史論》和劉澤華的《中國古代政治思想史》等著作中，也都以相當篇幅對韓非子思想進行了研究和闡釋。

　　進入二十一世紀以來，《韓非子》的研究繼續向縱深發展。法治論、管理論、倫理思想、交際論等交叉研究相繼進行。蔣重躍先生《韓非的道理論及其在諸子天道觀中的地位》（求是學刊，1999）、《論法家思想中的變法與定法》（中國哲學史，2002）、《試論道法兩家歷史觀的異同》（文史哲，2004）分別闡明了韓非子的本體論、歷史觀以及法術思想；研究倫理思想方面的論文主要有：羅世烈的《韓非的倫理思想》（中華文化論壇，2002）、於霞的《韓非以「公」爲核心的仁義觀》（學術研究，2005）和《韓非倫理思想研究述評》（燕山大學學報，2006）、王倩的《荀韓爲性惡論者的質疑──讀周熾成〈荀子韓非子的社會歷史哲學〉》（孔子研究，2004）、馮國超的《人性論、君子小人與治國之道──論韓非子〉的內在邏輯》（哲學研究，2000）、張俊相的《韓非的理欲觀剖析》（求是學刊 2001）等論文，主要對韓非子的人性論、道德觀、公私觀、功利主義等做了理論上的探討和研究。

　　這些研究成果，都不斷地推動著韓非子思想研究的發展。僅就中國大陸而言，各級學術刊物公開發表的論文可謂卷帙浩繁，茲不詳列。

　　當代港臺及日本的「韓非學」研究亦取得了很好進展。港臺地區的鄭良樹、王邦雄、封思毅、趙海金、王贊源、高柏園、姚蒸民、張素貞、盧瑞鍾、林緯毅等學者撰寫的專著就有三十多部，這些研究均有獨到的分析和見解。有關日本學界的「韓非學」研究主要集中於《韓非子》的校勘及考釋方面，也有部分日本學者對韓非子的人格、身世和思想有所評論，日本近世學者荻生徂徠所著的《讀韓非子》，堪稱日本學界《韓非子》早期注釋本的代表作。

第三章　道在先秦的發展脈絡

太史公在《史記》中之所以將老、莊、申、韓四子合傳的深層原因即在於道家與法家在哲學思想上「皆原於道德之意」。「老子所貴道，虛無，因應變化於無爲，故著書辭稱微妙難識。莊子散道德，放論，要亦歸之自然。申子卑卑，施之於名實。韓子引繩墨，切事情，明是非，其極慘礉少恩，皆原於道德之意，而老子深遠矣。」其傳文又曰：「莊子者……其學無所不窺，然其要本歸於老子之言」，「申子之言本於黃老而主刑名」，「韓非……喜刑名法術之學，而其歸本於黃老。」〔註1〕據此可知，司馬遷是由於道家與法家在思想上具有淵源和承變關係，因而將老、莊、申、韓四子合爲一傳。以老子爲代表的道家思想在周季的發展演變大致可以分爲兩股流向：一股流向以莊子爲代表，偏重於繼承發展老子的形上之道，注重在精神世界中追求價值理想；另一股流向以稷下黃老爲代表，偏重於繼承發展老子的形下之道，積極用世，注重現實的政治和人生。莊子與申不害、韓非雖然「皆原於道德之意」，但在思想的淵源和繼承方面是有所不同的，莊子是直接源於老子，而申、韓則是承源於黃老道家。申、韓就是通過「本於黃老」，亦即遠紹老子，近承戰國黃老之學，而形成其法家思想的。

有鑒於此，本章就道在先秦道家、儒家、稷下黃老學派的發展略陳管見。

第一節　先秦道家之道

「道」在《說文解字》釋作：「道，所行道也。從辵，從首，一達謂之道。」

─────────────

〔註1〕《史記・老子韓非列傳》

《釋名・釋道》曰：「一達曰道路。道，蹈也；路，露也。言人所踐蹈而露見也。」阮元認爲道本字爲導。「導字見石鼓文，銘中數導字皆讀爲道，地名也。」〔註2〕道本指行走之路，後來泛指人們遵行的宗旨、主張、方法；引入哲學領域，意謂事物運行的軌道、法則，宇宙之本根等。

　　道作爲行走之道路的用法，在周秦文獻中多次出現，這也是最基本的意思。《易經》多次提及道，皆做道路意講。「復自道，何其咎？」〔註3〕「履道坦坦，幽人貞吉。」〔註4〕「有孚在道，以明，何咎？」〔註5〕「反覆其道，七日來復。」〔註6〕由於道路是人行走出來的，又引導著人們行走，所以道字又用作動詞表示行走、經過、疏導、引導等動作。《尚書・夏書・禹貢》：「九河既道。」此道即開闢、疏導義。《荀子・王霸》：「故古之有大功名者必道是也」，《注》云：「道，行也。」《釋名・釋言》語：「道，導也，所以通導萬物也。」借助於道路，人們可以從所在的地方通往某個目的地，達到某個目標，從這個意義上又引申出道作爲比較抽象的途徑、手段、方法的意義。如「誕后稷之穡，有相之道。」〔註7〕此道即指種植的方法。在此基礎上進一步抽象提升，道又具有道理規則的意義。《易・係詞上》曰：「一陰一陽謂之道。」於是有天道、人道、王道等說法。如《尚書・洪範》言：「無有作好，遵王之道；無有作惡，遵王之路。無偏無黨，王道蕩蕩；無黨無偏，王道平平；無反無側，王道正直。」

　　老子是道家學派的開創者。學界一般都將所謂的先秦道家合而言之爲老莊學派；分而言之爲老聃學派和莊周學派。所以本節論先秦道家主要以老莊爲主。

　　道家總的基調是自然、無爲、爲我、貴生、養性、全形，追求個體自由和個性的自然發展，在自發的天然秩序中各有所屬、各有所得。因此，道家對一切人爲的文化和文明創造，尤其是妨礙自然天性發展的政治倫理始終保持一種否定性的批判態度，盡力揭示其異化現象和負面影響。無論是知識智慧、科學技術、政治制度、道德倫理、人文教育，道家都力圖作一種置於「自

〔註2〕　張立文：中國哲學範疇發展史（天道篇）〔M〕，北京：中國人民大學出版社，
　　　　　1988 年，第 392 頁。
〔註3〕　《周易・小畜・初九》
〔註4〕　《周易・履・九二》
〔註5〕　《周易・隨・九四》
〔註6〕　《周易・復・卦辭》
〔註7〕　《詩經・大雅・生民》

然天性」下的價值重估，力主絕聖棄智、絕仁絕義、絕巧棄利、返璞歸眞、復歸於嬰兒，在純任自然、無知無欲的「小國寡民」或「至德之世」中實現個體的自在發展和社會的「自然之治」。

對於道家之道，已有多家論述。

高亨：「紬繹《道德經》文，得道之主要性質十端：一曰道爲宇宙之母；二曰道體虛無；三曰道體爲一；四曰道體至大；五曰道體長存而不變；六曰道運迴圈而不息；七曰道施不窮；八曰道之體用是自然；九曰道無爲而無不爲；十曰道不可名不可說。」〔註8〕

方東美：「『道』之概念，乃是老子（約紀元前五六一～四六七年）哲學系統之無上範疇，約可分四方面而討論之。就『道體』而言，道乃是無限的眞實存在實體（眞梵、或本體）。就『道用』而言，無限偉大之『道』，即是周溥萬物、遍在一切之『用』（或功能），而取之不盡，用之不竭者。就『道相』而言，道之屬性與涵德，可分兩類，屬於天然者，與屬於人爲者。就『道徵』而言，凡此種高明至德，顯發之而爲天德，原屬道。而聖人者，道之具體而微者也，乃道體之當下呈現，是謂『道成肉身』。」〔註9〕方東美通過對道的四個層面的分析，認爲在老子哲學中，道是無限眞實存在的太一或元一，它是天地之根、萬物之宗，它周溥萬物，遍在一切，其性無盡，其用無窮，旣是萬物之所由生，也是萬物之最後歸趨。他指出：「老子的根本哲學，不能夠拿尋常的本體論來概括，而應當在本體論上面有所謂的超本體論。」〔註10〕

傅偉勳認爲：「依照我所瞭解的老子思想的哲理本末次序，道的六大層面是：道體、道原、道理、道用、道德以及道術。從道原到道術的五個層面，又可以合稱爲『道相』。」〔註11〕

張立文主張：「道是天地萬物的本原或本體，以及最後的根源或依據；道是自然界事物發展變化的過程，即氣化的進程，亦是人類社會運動演化的過程；道無所不包，無處不在，其大無外，其小無內，其自身蘊含著陰陽、有

〔註8〕　高亨：老子正詁〔M〕，北京：古籍出版社，1956年，第2～3頁。
〔註9〕　方東美：原始儒家道家哲學〔M〕，臺北：黎明文化事業股份有限公司，1985年，第167～170頁。
〔註10〕　蔣國保、余秉頤：方東美思想研究〔M〕，天津：天津人民出版社，2004年，第330頁。
〔註11〕　傅偉勳：從西方哲學到禪佛教〔M〕，北京：三聯書店，1989年，第384～385頁。

無、一兩、動靜、理氣、道器等等的矛盾對待統一；道相對於具體規律、特殊規律是一個普遍規律、一般規律或總規律；道是整體世界的本質，亦是人類社會的本質；道是認識世界的指向，亦是處世治國的方法以及倫理道德規範。」〔註12〕

余英時認為：「道家之道是整體性的，在本質上既不可界定也不可言說。對道的不可界定和不可言說的適當解釋是：道不能以任何對象來限定，也不能將其特性有限的表達出來。這也就是說，沒有一種對象和特徵能代表道而對於道不會產生偏頗和錯誤的概念。……道並不是一靜止的或不變的實體，而是運轉和變遷的一種過程。」〔註13〕

「道」是老子哲學的最高範疇。「道」字在《老子》中出現了七十多次，其意義、內容各有區別，現歸納如下：

> 道可道，非常道。〔註14〕
>
> 道沖而用之，或不盈。淵兮似萬物之宗。〔註15〕
>
> 水善利萬物而不爭，故幾於道。〔註16〕
>
> 功遂身退，天之道也。〔註17〕
>
> 執古之道，以御今之有。能知古始，是謂道紀。〔註18〕
>
> 古之善爲道者，微妙玄通，深不可識。……保此道者，不欲盈。〔註19〕
>
> 知常容，容乃公，公乃全，全乃天，天乃道，道乃久。〔註20〕
>
> 大道廢，有仁義。〔註21〕

〔註12〕張立文：中國哲學範疇發展史（天道篇）〔M〕，北京：中國人民大學出版社，1988年，第48～49頁。

〔註13〕余英時：從中西互釋中挺立——中國哲學與中國文化的新定位〔M〕，北京：中國人民大學出版社，2005年，第11頁。

〔註14〕《老子·一章》

〔註15〕《老子·四章》

〔註16〕《老子·八章》

〔註17〕《老子·九章》

〔註18〕《老子·十四章》

〔註19〕《老子·十五章》

〔註20〕《老子·十六章》

〔註21〕《老子·十八章》

孔德之容，惟道是從。道之爲物，惟恍惟惚。〔註22〕

故從事於道者，同於道；德者，同於德；失者，同於失。同於道者，道亦樂得之。〔註23〕

企者不立，跨者不行；自見者不明；自是者不彰；自伐者無功；自矜者不長。其在道也，曰：餘食贅形。物或惡之，故有道者不處。〔註24〕

有物混成，先天地生。寂兮廖兮，獨立而不改，周行而不殆，可以爲天下母。吾不知其名，強字之曰道，強爲之名曰大。大曰逝，逝曰遠，遠曰反。故道大，天大，地大，人亦大。域中有四大，而人居其一焉。人法地，地法天，天法道，道法自然。〔註25〕

以道佐人主者，不以兵強天下。……物壯則老，是謂不道，不道早已。〔註26〕

夫兵者，不祥之器，物或惡之，故有道者不處。〔註27〕

道常無名樸。雖小，天下莫能臣。……譬道之在天下，猶川谷之於江海。〔註28〕

大道氾兮，其可左右。萬物恃之以生而不辭，功成而不有。〔註29〕

道之出口，淡乎其無味，視之不足見，聽之不足聞，用之不足既。〔註30〕

道常無爲而無不爲。侯王若能守之，萬物將自化。〔註31〕

前識者，道之華，而愚之守。〔註32〕

〔註22〕《老子·二十一章》
〔註23〕《老子·二十三章》
〔註24〕《老子·二十四章》
〔註25〕《老子·二十五章》
〔註26〕《老子·三十章》
〔註27〕《老子·三十一章》
〔註28〕《老子·三十二章》
〔註29〕《老子·三十四章》
〔註30〕《老子·三十五章》
〔註31〕《老子·三十七章》
〔註32〕《老子·三十八章》

反者道之動，弱者道之用。〔註33〕

上士聞道，勤而行之；中士聞道，若存若亡；下士聞道，大笑之。不笑不足以爲道。故建言有之：明道若昧；進道若退；夷道若纇……道隱無名，夫唯道善貸且成。〔註34〕

道生一，一生二，二生三，三生萬物。〔註35〕

天下有道，卻走馬以糞。天下無道，戎馬生於郊。〔註36〕

不出戶，知天下；不窺牖，見天道。其出彌遠，其知彌少。〔註37〕

爲學日益，爲道日損。損之又損，以至於無爲。〔註38〕

道生之，德蓄之，物形之，勢成之。是以萬物莫不尊道而貴德。道之尊，德之貴，夫莫之命而常自然。故道生之，德蓄之；長之、育之；成之、熟之；養之、覆之。生而不有，爲而不恃，長而不宰。是謂玄德。〔註39〕

使我介然有知，行於大道，唯施是畏。大道甚夷，而民好徑；朝甚除，田甚無，倉甚虛；服文采，帶利劍，厭飲食，財貨有餘；是謂盜誇，非道也哉。〔註40〕

知和曰常，知常曰明。益生曰祥。心是氣曰強。物壯則老，謂之不道，不道早已。〔註41〕

是謂深根固柢，長生久視之道。〔註42〕

以道莅天下，其鬼不神。〔註43〕

道者萬物之奧。……人之不善，何棄之有？故立天子，置三公，

〔註33〕《老子・四十章》
〔註34〕《老子・四十一章》
〔註35〕《老子・四十二章》
〔註36〕《老子・四十六章》
〔註37〕《老子・四十七章》
〔註38〕《老子・四十八章》
〔註39〕《老子・五十章》
〔註40〕《老子・五十三章》
〔註41〕《老子・五十五章》
〔註42〕《老子・五十九章》
〔註43〕《老子・六十章》

雖有拱璧以先駟馬，不如坐進此道。古之所以貴此道者何？不曰：
求以得，有罪以免邪？故爲天下貴。〔註44〕

古之善爲道者，非以明民，將以愚之。〔註45〕

天下皆謂我道大，似不肖。〔註46〕

天之道，不爭而善勝，不言而善應，不召而自來。〔註47〕

天之道，其猶張弓歟？高者抑之，下者舉之；有餘者損之，不
足者補之。天之道，損有餘而補不足。人之道，則不然，損不足以
奉有餘。〔註48〕

天道無親，常與善人。〔註49〕

天之道，利而不害；聖人之道，爲而不爭。〔註50〕

由上可以發現，一章、四章、十四章、二十一章、二十五章、三十二章、三
十四章、四十二章、五十一章等皆就形而上之「道」而言的，其餘各章之「道」，
皆就人生、社會政治而言。老子多言「天之道」以推「人之道」，這是以上道
論中的突出反應。

　　筆者對老子之道的理解是：「道」既是生育萬物的本體，也是作爲事物運
動變化的規律。換言之，「道」兼具宇宙的本原和根本法則這兩種意義。作爲
宇宙本源的「道」，「有物混成，先天地生。寂兮寥兮，獨立而不改，周行而
不殆，可以爲天下母。吾不知其名，強字之曰道，強爲之名曰大。」〔註51〕
具體表現在：第一，道是有無的統一體。「道之爲物，惟恍惟惚。惚兮恍兮，
其中有象；恍兮惚兮，其中有物；窈兮冥兮，其中有精，其精甚眞，其中有
信」。〔註52〕第二，道體虛無，其用無窮。「道，而用之不盈。淵兮似萬物之
宗，湛兮似或存。吾不知誰之子，象帝之先」。〔註53〕道體虛狀，但它作用無

〔註44〕《老子・六十二章》
〔註45〕《老子・六十五章》
〔註46〕《老子・六十七章》
〔註47〕《老子・七十三章》
〔註48〕《老子・七十七章》
〔註49〕《老子・七十九章》
〔註50〕《老子・八十一章》
〔註51〕《老子・二十五章》
〔註52〕《老子・二十一章》
〔註53〕《老子・四章》

窮，蘊藏無盡的創造力，是萬物的根源。第三，道是無始無終，超越時空無限存在，獨立不改，唯一常存，變動不居的；同時也是先天地而存，自本自根，萬物之母，超越了我們的感覺知覺，為我們的感官無法把握。作為根本法則的「道」，「人法地，地法天，天法道，道法自然。」〔註54〕「道法自然」就是說道的運動以「自然」為法，以自然為歸，道的本性就是自然。道以它自己的狀況為依據，以它內在的原因決定了本身的存在和運動，而不必靠外在其它的原因。〔註55〕道作用於萬物時則輔萬物之自然而不敢為，道對於萬物是居於輔助的立場，只是依照萬物本然狀態去發展，而天地萬物的生成、變化發展都是自然而然發生的。以至於萬物都不知道這是道的作用。所以說「道常無為而無不為」。〔註56〕「無為」即是對萬物不有，不持，不宰；「無不為」即是長之、育之、宰之、養之、覆之。正是任萬物自生，讓萬物以自己本然的狀態自由呈現，才無物不生。道正是以這種「無為而無不為」的方式創生和發展萬物，被萬物尊崇。

老子之「道」的意義在於從理論上直接否定了殷商流傳下來的天地創世說。在其時，儒家信奉天命，宣揚死生有命，富貴在天。墨子崇尚天志，認為天有意志，能行賞罰，「故天子者，天下之窮貴也，天下之窮富也。故於富且貴者，當天意而不可不順。順天意者，兼相愛，交相利，必得賞；反天意者，別相惡，交相賊，必得罰。然則是誰順天意而得賞者？誰反天意而得罰者？子墨子言曰：「昔三代聖王禹、湯、文、武，此順天意而得賞也；昔三代之暴王桀、紂、幽、厲，此反天意而得罰者也。」然則禹、湯、文、武，其得賞何以也？子墨子言曰：「其事上尊天，中事鬼神，下愛人，故天意曰：『此之我所愛，兼而愛之；我所利，兼而利之。愛人者此為博焉，利人者此為厚焉。』故使貴為天子，富有天下，業萬世子孫，傳稱其善，方施天下，至今稱之，謂之聖王。」然則桀、紂、幽、厲，得其罰何以也。子墨子言曰：「其事上詬天，中詬鬼，下賊人，故天意曰：『此之我所愛，別而惡之；我所利，交而賊之。惡人者，此為之博也；賤人者，此為之厚也。』故使不得終其壽，不歿其世，至今毀之，謂之暴王。」〔註57〕他們都把天尊奉為最高人格神。

〔註54〕《老子・二十五章》

〔註55〕陳鼓應：老子哲學系統的形成，老莊論集〔M〕，濟南：齊魯書社，1987年，第68頁。

〔註56〕蔣錫昌：老子校詁〔M〕，成都：古籍出版社，1988年，第240頁。

〔註57〕《墨子・天志上》

對於這種天神崇拜，老子認為，天不是至高無上的，在天帝之先還有一個道，它先於天帝而存在，世間的一切，也不是由天帝來安排，而是由道派生出來的。這就從根本上否定了天是最高人格神的地位。「老子的最大發明，便是取消了殷商以來人格神的天之至上權威。」〔註58〕更有張松如指出：「老子是中國古代第一個以理論形式宣傳無神論的思想家，他提出了道這個至高無上的宇宙本體，批判了殷商以來的帝、天、鬼神觀為基礎的宗教神學宇宙觀。他的道論的出現，標誌著春秋以來無神論思想，發展到了一個理論化的階段。」〔註59〕

莊周派是莊子及其後學而形成的道家派別。莊子也是老子之後先秦道家的集大成者。莊子思想主要集中載《莊子》中，今本《莊子》33 篇，內 7 篇，外 15 篇，雜 11 篇，這是晉人郭象注《莊子》時所定。內篇代表莊子本人的思想，外篇和雜篇是其後學的繼續。

莊子之學本歸於老子之言，也以「道」為其哲學最高範疇，將「道」作為產生世界萬事萬物的最後本體。「夫道有情有信，無為無形；可傳而不可受，可得而不可見；自本自根，未有天地，自古以固存；神鬼神帝，生天生地；在太極之先而不為高，在六極之下而不為深，先天地生而不為久，長於上古而不為老。豨韋氏得之，以挈天地；伏戲氏得之，以襲氣母；維門得之，終古不忒；日月得之，終古不息；勘壞得之，以襲崑崙；馮夷得之，以遊大川；肩吾得之，以處大山；黃帝得之，以登雲天；顓頊得之，以處玄宮；禺強得之，立乎北極；西王母得之，坐乎少廣，莫知其始，莫知其終；彭祖得之，上及有虞，下及及五伯；傅說得之，以相武丁，奄有天下，乘東維、騎箕尾而比於列星。」〔註60〕在莊子看來，「道」儘管無為無形，但卻是一種真實的存在，但這種真實的存在是超越時空的，它不表現為具體的事物，人們靠感官無法感應它的存在，只有用心靈才能對之加以體悟。這種感官無法感應的道無處不在，無時不有，並非高不可攀，而是內附於萬物之中。莊子指出，「道」雖然產生天地萬物，但「道」產生萬物的過程卻沒有任何意識性和目的性，萬物生長都是自然，自發，無任何主宰和創造。「道無終始，物有死生，不恃

〔註58〕郭沫若：郭沫若全集歷史篇第一卷〔M〕，北京：科學出版社，2002 年，第351 頁。

〔註59〕張松如：老子校讀〔M〕，長春：吉林人民出版社，1981 年，第 455 頁。

〔註60〕《莊子·大宗師》

其成。一虛一滿，不位乎其形。年不可舉，時不可止。消息盈虛，終則有始。是所以語大義之方，論萬物之理也。物之生也，若驟若馳。無動而不變，無時而不移。何爲乎，何不爲乎？夫固將自化。」〔註61〕這與老子「道法自然」是一致的。

後期莊子學派對老子道的本體實在意義也做了較多的繼承和發展。首先，在宇宙生成論上，莊子學派繼承了老子「道生一，一生二，二生三，三生萬物，萬物負陰而抱陽，沖氣以爲和」的道造天地萬物過程，提出「泰初有無，無有無名。一之所起，有一而未形。物得以生謂之德；未形者有分，且然無間謂之命；留動而生物，物成生理謂之形；形體保神，各有儀則謂之性；性修反德，德至同於初。同乃虛，虛乃大。合喙鳴。喙鳴合，與天地爲合。其合緡緡，若愚若昏，是謂玄德，同乎大順。」〔註62〕即宇宙始原是「無」。沒有「有」沒有「名」，呈現混一狀態，還沒有成形體。萬物得道生成，即是「德」，沒有成形體卻有陰陽之分且流行無間，稱之爲「命」；陰陽之氣運動又產生了萬物，萬物生成有了各種形態，就叫做「形」，形得而保有精神，各有規律；就稱爲「性」。顯然莊子學派宇宙創造說，受了老子宇宙生成論的影響，老子道生的「一」是渾然一體的狀態，二是陰陽二氣，三是陰陽交和的沖氣產生萬物。其次，宇宙始原終極上，莊子學派沿襲了老子的思想，以「無」爲終極觀念：「道通其分也，其成也毀也。所惡乎分者，其分也以備。所以惡乎備者？其有以備。故出而不反，見其鬼。出而得，是謂得死。滅而有實，鬼之一也。以有形者象無形者而定矣！出無本，入無竅，有實而無乎處，有長而無乎本剽，有所出而無竅者有實。有實而無乎處者，宇也；有長而無本剽者，宙也。有乎生，有乎死；有乎出，有乎入。入出而無見其形，是謂天門。天門者，無有也。萬物出乎無有。有不能以有爲有，必出乎無有，而無有一無有。聖人藏乎是。」〔註63〕即萬物都是有，所以都出於無有，以及上文泰初有無，無有無名都說明了莊子學派把宇宙的始源看作無。但莊子本人卻不把「無」看作宇宙本源，而以「無」爲相對狀態。他說：如果無是有的根本，無無是無的根本，未有無無，又是無無的根本。「有始也者，有未始有始也者，有未始有夫未始有始也者；有有也者，有無也者，有未始有無也者，

〔註61〕 《莊子・秋水》
〔註62〕 《莊子・天地》
〔註63〕 《莊子集釋・庚桑楚》

有未始有夫未始有無也者。俄而有無矣，而未知有無之果孰有孰無也。今我則已有有謂矣，而未知吾所謂之其果有謂乎？其果無謂乎？」〔註64〕按莊子思路上溯下去乃至於無無無，宇宙無所謂終極。

　　老子談及道作爲規律的方面比較多，老子所說的作爲規律的道與萬物關係是：道作爲規律是存在於萬物之上的，道作爲一種萬物之上的規律，運作萬物，萬物只能無條件的遵從。而在莊子本人思想中總體上來說是沒有把道作爲規律來談的。萬物之所以那樣，是萬物自化與外界無關，「子游曰：『地籟則眾竅是已，人籟則比竹是已，敢問天籟。』子綦曰：『夫吹萬不同，而使其自己也，咸其自取，怒者其誰邪？』」〔註65〕萬物發出不同的聲音，不是由於風吹的原因，而是因爲萬物本身的因素使其在受到風吹時發出不同的聲音。

　　外篇中道在很多時候是作爲「規律」來論述的。這個規律不再是存在萬物之外了，而是存在於萬物之內，正是由於這個道萬物才能按本身的原理特性去生成發展。「東郭子問於莊子曰：「所謂道，惡乎在？」莊子曰：「無所不在。」東郭子曰：「期而後可。」莊子曰：「在螻蟻。」曰：「何其下邪？」曰：「在稊稗。」曰：「何其愈下邪？」曰：「在瓦甓。」曰：「何其愈甚邪？」曰：「在屎尿。」東郭子不應。莊子曰：「夫子之問也，固不及質。正獲之問於監市，履狶也，每下愈況。汝唯莫必，無乎逃物。至道若是，言大亦然。周、遍、咸三者，異名同實，其指一也。嘗相與游乎無何有之宮，同合而論，無所終窮乎？嘗相與無爲乎？澹而靜乎？漠而清乎？調而閒乎？寥矣吾志，既往焉，而不知其所至；去而來，而不知其所止。吾已往來焉，而不知其所終，彷徨乎馮閎。大知入焉，而不知其所窮。物物者，與物無際；而物有際者，所謂物際者也。不際之際，際之不際者也，謂盈虛長殺。彼爲盈虛，非盈虛；彼爲長殺，非長殺；彼爲本末，非本末；彼爲積散，非積散也。」〔註66〕這說明道是普遍內附在萬物裏的。「冉求問於仲尼曰：未有無地可知耶？仲尼曰：可，古猶今也。無古無今。無始無終，未有子孫而有子孫可乎？……物物者非物，物出不得先物也。」〔註67〕「物物者非物」就表明物之所以成爲物的原理，根據不是外物而是其內在規律理則。正是由於內化萬物中作爲萬物的自身原理的道，萬物變化才表現爲自身的本然性、固然性、自然性，即

〔註64〕《莊子集釋・齊物論》
〔註65〕《莊子集釋・齊物論》
〔註66〕《莊子集釋・知北遊》
〔註67〕《莊子集釋・知北遊》

「自化」。「天地固有常矣，日月固有明矣，星辰固有列矣，禽獸固有群矣，樹木固有立矣。夫子亦放德而行，循道而趨，已至矣；又何偈偈乎揭仁義，若擊鼓而求亡子焉？」〔註68〕這說明天地高廣且永遠長存，日月運行發光，星辰有其序列等，萬物之所以千姿百態，是其自身自然性，固然性的結果，而萬物自然性，固然性是道使之然的。《則陽》篇中，借批評季眞，接子的兩種觀點引出作者自己的觀點：萬物的存在變化，有其內在原因和相互關係，這種內在原因和相互關係就是道。道是存在萬物中不得不然的理法，是萬物的生成變化之所以如此的內在原理，根據。「死生非遠也，理不可睹。或之使，莫之爲，疑之所假。吾觀之本，其往無窮；吾求之末，其來無止。無窮無止，言之無也，與物同理；或使莫爲，言之本也，與物終始。道不可有，有不可無。道之爲名，所假而行。或使莫爲，在物一曲，夫胡爲於大方？言而足，則終日言而盡道；言而不足，則終日言而盡物。道物之極，言默不足以載；非言非默，議有所極。」〔註69〕

莊子之「道」是個整體，任何事物的本質都是「道」，因而可以齊萬物，齊是非，齊物我。他把「道」與個人的體驗修養緊密聯繫在一起，把體道之人稱之爲至人、聖人、神人、眞人，並描述了其不同的體道境界。至人「上闚晴天，下潛黃泉，揮斥八極，神氣不變」；〔註70〕聖人「不從事於務，不就利，不違害，不喜求，不緣道，無謂有謂，有謂無謂，而遊乎塵垢之外」；〔註71〕神人「藐姑射之山，有神人居焉；肌膚若冰雪，淖約若處子；不食五穀，吸風飲露；乘雲氣，御飛龍，而遊乎四海之外；其神凝，使物不疵癘而年穀熟」；〔註72〕眞人「古之眞人，其狀義而不朋，若不足而不承；與乎其觚而不堅也，張乎其虛而不華也；邴邴乎其似喜乎，崔乎其不得已乎！滀乎進我色也，與乎止我德也；厲乎其似世乎！謷乎其未可制也；連乎其似好閉也，悗乎忘其言也。以刑爲體，以禮爲翼，以知爲時，以德爲循。以刑爲體者，綽乎其殺也；以禮爲翼者，所以行於世也；以知爲時者，不得已於事也；以德爲循者，言其與有足者至於丘也，而人眞以爲勤行者也。故其好之也一，其弗好之也一。其一也一，其不一也一。其一與天爲徒，其不一與人爲徒。天

〔註68〕《莊子集釋・天道》
〔註69〕《莊子集釋・則陽》
〔註70〕《莊子・田子方》
〔註71〕《莊子・齊物論》
〔註72〕《莊子・逍遙遊》

與人不相勝也，是之謂眞人。」〔註73〕這種理想境界達到了「天地與我並生，而萬物與我爲一」，「獨與天地精神往來」的目的。

老莊密切相連，老無莊無以揚其波，莊無老無以溯其源。關於二者思想之差異，世之學者已有眾多深入研究。值得一提的是周可眞教授從老、莊思想的出發點、宇宙觀、社會觀、人生觀、知行觀、自由觀等具體條目進行了同異研究。〔註74〕筆者甚以爲是。

老莊思想的比較

	老　子	莊　子
出發點	治國	治身
宇宙觀	氣爲道之實體	道爲氣之本原
社會觀	小國寡民	至德之世
人生觀	嚴肅認眞	玩世不恭
知行觀	不行而知	以無知知
自由觀	行動上的無不爲	思想上的逍遙遊

概而言之，先秦道家之道可從以下三方面理解：（一）本根之道。即道是天地萬物的總根源和構成天地萬物最原始的混沌未分的始基或材料。（二）法則之道。也就是把道看作自然界的內在秩序和必然性，具有客觀法則和規律的意義。（三）無爲之道。「道常無爲而無不爲」，無爲並非無所作爲，而是無爲無不爲，是爲無爲，是不亂爲，是無所爲而爲。前兩種理解就道本身之特性而言，無爲之道則就道的現實政治意蘊而言。

（一）本根之道。在道家看來，道是天地萬物之本原。老子認爲：「有物混成，先天地生。寂兮寥兮，獨立而不改，周行而不殆。可以爲天下母，吾不知其名，字之曰道。強爲之名曰大，大曰逝，逝曰遠，遠曰反。」〔註75〕周行無所不至而免殆，能生全大形也，故可以爲天下母也。莊子亦有是論：「夫道，有情有信，無爲無形；可傳而不可受，可得而不可見；自本自根，未有天地自古以固存；神鬼神帝，生天生地；在太極之上而不爲高，在六極之下

〔註73〕《莊子·大宗師》
〔註74〕參見周可眞：哲學與文化研究〔M〕，南京：江蘇人民出版社，2005 年，第98～111 頁。
〔註75〕《老子·二十五章》

而不爲深，先天地生而不爲久，長於上古而不爲老。」〔註76〕道是先於天地之本原之存有。「道之爲物，惟恍惟惚，惚兮恍兮，其中有象，恍兮惚兮，其中有物。窈兮冥兮，其中有精，其精甚眞，其中有信。自古及今，其名不去。以閱眾甫。」〔註77〕道作爲先天地而在之在，只是一種在，只是一種純粹的存有。道作爲純粹之在，只是一邏輯上之抽象，所以其爲「無狀之狀，無物之象。」〔註78〕這種「自本自根」、「生天生地」之原始存在，在天地未有之前是獨一無二、無以名狀的。你不能說它是什麼，或不是什麼，是什麼不是什麼對於道均不適用，道就是道，道除了是道之外什麼也不是。就此而言，道也可以說是「大」。「大」即太，太者，無以復加、無有應對之謂也。所以，《呂氏春秋》曰：「道也者，至精也，不可爲形，不可爲名，強爲之（名），謂之太一。」〔註79〕道是太，是太一。太是極至，一是獨一無二，所以太是一，一也是太，太一既是太，也是一。道名爲太或太一，不是表明道與太或太一有別，而是表明道就是它自身，道無有制約、無有限制，道只能自己設定自己，自己限定自己。所以《淮南子》曰：「凡物有朕，唯道無朕；所以無朕者，以其無常形勢也。」〔註80〕「朕」即徵兆、痕跡。道無朕，亦即道無形無狀，無以復加，無以應對。所以，嚴遵曰：「故道之爲物，窺之無戶，察之無門，搏之無體，象之無容，意不能盡而言不能通。萬物以生，不爲之損；物皆歸之，不爲之盈。上下不窮，廣大無涯，消息贏詘，不可度訾。遊於秋毫，不以爲少；包裹萬天，不以爲多。青紫光耀，不爲易志；幽冥枯槁，不爲變化。運行並施，無所愛好，稟授性命，無所不爲。德流萬物而不可復，恩結澤締而不可歸。瞻足天下而不費，成功遂事而不衰。其於萬物也，豈直生之而已哉！生之形之，設而成之，品而流之，停而就之，終而始之，先而後之。」〔註81〕這種無形無狀、無物之象、無以復加、無以應對之在，這種所謂先天地而生、「自本自根」、「生天生地」的道，既可說是有，亦可說是無，它是有與無的統一。

（二）法則之道。道固然是無形而不可見，恍惚而不可隨，但它作用於

〔註76〕《莊子·大宗師》
〔註77〕《老子·二十一章》
〔註78〕《老子·十四章》
〔註79〕《呂氏春秋·仲夏紀·大樂》
〔註80〕《淮南子·兵略訓》
〔註81〕《老子指歸·道生篇》

事物時，卻表現了某種規律。「反者道之動」。老子認爲自然界中事物的運動
變化莫不依循著某些規律，其中之一就是「反」。事物向相反的方向運動發展，
同時，其運動發展總要回到原來基始的狀態。「有無相生，難易相成，長短相
行，高下相傾，音聲相和，前後相隨」。〔註82〕人的存在價值也是相對形成的。
「天下皆知美之爲美，斯惡矣；皆知善之爲善，斯不善矣」，〔註83〕老子還指
出「天之道，損有餘而補不足。人之道則不然，損不足以奉有餘。孰能有餘
以奉天下？唯有道者」。〔註84〕按照老子的思想，作爲宇宙本源的道具有周流
不息運行的特點，它當然應該有其運行的法則。所謂道法自然便是說道是遵
從自然法則而周行的，這個自然其實也就是宇宙法則意義上天之道的根本內
容。

　　（三）無爲之道。有、無是先秦道家論道的兩個方面。主張守無，反對
執有，是老子哲學思想方法論的核心。所謂爲無爲，貴柔，守雌，無不是在
守無。反應在具體的治國理路上，「其安易持，其未兆易謀；其脆易泮，其微
易散。爲之於未有，治之於未亂。合抱之木，生於毫末；九層之臺，起於累
土；千里之行，始於足下。爲者敗之，執者失之。是以聖人無爲故無敗，無
執故無失。民之從事，常於幾成而敗之。愼終如始，則無敗事。是以聖人欲
不欲，不貴難得之貨，學不學，復眾人之所過，以輔萬物之自然而不敢爲」。
〔註85〕所謂無爲，並非無所作爲，而是無爲無不爲，是爲無爲，是不亂爲，
是無所爲而爲。換句話說，無爲是爲而不爭，這裏的爭是爭名爭主而言。天
下莫能與道爭名爭主，道作爲天下母的名分和地位是不爭的，絕對的。周可
眞教授認爲：「無不爲是老子所追求的自由，無爲則是實現其自由的條件。無
爲和無不爲是老子自由觀的兩個基本範疇……無爲是作爲一種政治主張提出
來的，它有以下幾個要點：1，無爲是大爲，即一般的、籠統的爲，是爲全域
範圍之事；2，無爲即是抓根本大事，而不拘小節；3，無爲是以柔制剛，是
以順從客體的手段來達到支配客體的目的，亦即是從對象出發，根據對象的
客觀要求和實際情況來採取相應的措施；4，無爲即無名，也就是給被管理者
以充分的自由度，對他們的行爲不做過細的具體規定，而只做一般的原則規

〔註82〕《老子・二章》
〔註83〕《老子・二章》
〔註84〕《老子・七十七章》
〔註85〕《老子・六十四章》

定；並且一旦規定下來，即保持相對的穩定，而不隨意經常的變動。」〔註86〕認為道家哲學是消極無為，無所作為的觀點，其實並未把握道家哲學的眞諦。

第二節　先秦儒家之道

人們一說起道，馬上就聯想到道家，因爲道是道家哲學的最高範疇，是建構其思想體系的理論基石。然而，道並非是道家的專利品，在先秦哲學中，道是一個極爲普遍的範疇，各家各派都用道以說明自己的理論。儒家亦不例外，道在儒家哲學中也佔有及其重要的地位。

儒家強調道的人倫涵義。主張「人能弘道，非道弘人」〔註87〕，「道不遠人，人之爲道而遠人，不可以爲道。」〔註88〕道是離不開人的，所以「言近而指遠者，善言也；守約而施博者，善道也。君子之言也，不下帶而道存焉。君子之守，修其身而天下平。人病捨其田而芸人之田——所求於人者重，而所以自任者輕。」〔註89〕在早期的儒家經典中，孤立的講道的並不多，更多的是講「聖人之道」、「堯舜之道」、「君子之道」等等。儒家之道從本質上講就是人道，正如荀子所說：「先王之道，人之隆也，比中而行之，曷謂中？曰：禮義是也。道者，非天之道，非地之道，人之所以道也，君子之所道也。君子之所謂賢者，非能遍能人之所能之謂也；君子之所謂知者，非能遍知人之所知之謂也；君子之所謂辯者，非能遍辯人之所辯之謂也；君子之所謂察者，非能遍察人之所察之謂也；有所止矣。相高下，視磽肥，序五種，君子不如農人；通貨財，相美惡，辯貴賤，君子不如賈人；設規矩，陳繩墨，便備用，君子不如工人；不恤是非然不然之情，以相薦撙，以相恥怍，君子不若惠施、鄧析。若夫謫德而定次，量能而授官，使賢不肖皆得其位，能不能皆得其官，萬物得其宜，事變得其應，愼墨不得進其談，惠施、鄧析不敢竄其察，言必當理，事必當務，是然後君子之所長也。」〔註90〕先王之道，是仁的最高表現，它是依順著中正之道實行的。什麼叫做中正之道呢？禮義即是。道，不是指天地的運動和變化規律，而是人們所遵循的禮義準則，君子應遵循的法

〔註86〕周可眞：哲學與文化研究〔M〕，南京：江蘇人民出版社，2005年，第109頁。
〔註87〕《論語·衛靈公》
〔註88〕《中庸》
〔註89〕《孟子·盡心下》
〔註90〕《荀子·儒效》

則。君子所說的賢能，並不是說能全面做到所有人所能做到的所有事情；君子所說的明智，並不是完全能知道別人所知道的一切；君子所說的分辨，並不是說能夠完全分辨別人所能分辨的事物；君子所說的詳察，並不是完全能夠詳察別人所詳察的意思。君子的才能與知識是有限度的。察看田地地勢的高低，識別土質的貧瘠肥沃，安排五穀種植的順序，君子不如農民；流通錢財貨物、鑒定貨物的優劣，爭討價格的高低，君子不如商人；設置圓規曲尺，陳設墨線，熟練運用工具，君子不如工人；不顧是非，對與不對的實際情況，互相貶抑、相互譏羞，君子不如惠施、鄧析。至於比較德行來確定他的等級次序，衡量人的才能而授予官職，使賢者與不賢的各安其位，有才能的和沒有才能的人都能得到相應的官職，萬物都能得到恰當的利用，各種突發變化都得到相應的處理，慎到和墨翟也不能發表他們的議論，惠施、鄧析不能滲透他們的詭辯，說話一定要合符理性，做事要有緩有急，這些就是君子所見長的。

　　就孔子而言，對其道思想的研究有不同的看法。有學者認為，孔子「道」的思想可以分為天道觀和人道觀兩大範疇，而人道觀是其重心所在。〔註91〕也有學者認為，人道表現為忠恕之道，為人處事要依「禮」而行。〔註92〕還有學者認為，孔子的道是「天道」、「仁道」和「人道」，其中「仁道」是「天道」和「人道」的交融體現。〔註93〕筆者較贊同第三種觀點。孔子之道基本聚集在人生觀、道德觀、社會觀等方面。在《論語》中，孔子論及「道」的地方多達八十九次。除少數是指「道路、路途」及「言說」的意義外，大多是被作為抽象的理論概念來使用的。就其抽象意義而言，孔子的「道」範疇具有豐富的內涵，但又不同於老子哲學中以形上本體為旨歸的「道」範疇。孔子的「道」範疇更多地反映出一種人文主義的現實關懷，它以構建完善的社會價值體系為主旨，以個體的現實踐履為法則。誠如顧立雅所言：「孔子認為，『道』所要保持的是一種行動方式，或者是行動的大道。」〔註94〕孔子的「道」範疇主要指向現實社會的個體行為，它與孔子思想中的諸範疇存在著內在的關聯。

〔註91〕顏炳罡：孔子「道」的形上學意義及精神價值，貴州社會科學〔J〕，2010（2）。

〔註92〕馬遙：淺析老子「道」的思想，安陽師範學院學報〔J〕，2008（1）。

〔註93〕李澤厚：中國古代思想史論〔M〕，北京：生活·讀書·新知三聯書店，2009年，第79頁。

〔註94〕顧立雅：孔子與中國之道〔M〕，鄭州：大象出版社，2000年，第150頁。

《論語》中關於道的論述匯總如下：

學而篇：

　　有子曰：「其爲人也孝悌，而好犯上者，鮮矣；不好犯上，而好作亂者，未之有也。君子務本，本立而道生。孝悌也者，其爲仁之本與！」

　　子曰：「道千乘之國，敬事而信，節用而愛人，使民以時。」

　　子曰：「父在，觀其志；父沒，觀其行；三年無改於父之道，可謂孝矣。」

　　有子曰：「禮之用，和爲貴。先王之道斯爲美，小大由之。有所不行，知和而和，不以禮節之，亦不可行也。」

　　子曰：「君子食無求飽，居無求安，敏於事而愼於言，就有道而正焉，可謂好學也已。」

爲政篇：

　　子曰：「道之以政，齊之以刑，民免而無恥。道之以德，齊之以禮，有恥且格。」

八佾篇：

　　子曰：「射不主皮，爲力不同科，古之道也。」

　　儀封人請見。曰：「君子之至於斯也，吾未嘗不得見也。」從者見之。出曰：「二三子何患於喪乎？天下之無道也久矣，天將以夫子爲木鐸。」

里仁篇：

　　子曰：「富與貴，是人之所欲也；不以其道得之，不處也。貧與賤，是人之所惡也；不以其道得之，不去也。君子去仁，惡乎成名？君子無終食之間違仁，造次必於是，顚沛必於是。」

　　子曰：「朝聞道，夕死可矣。」

　　子曰：「士志於道，而恥惡衣惡食者，未足與議也。」

　　子曰：「參乎！吾道一以貫之。」曾子曰：「唯。」子出，門人問曰：「何謂也？」曾子曰：「夫子之道，忠恕而已矣！」

　　子曰：「三年無改於父之道，可謂孝矣。」

公冶長篇：

子謂南容，「邦有道，不廢；邦無道，免於刑戮。」以其兄之子妻之。

子曰：「道不行，乘桴浮於海。從我者，其由與？」子路聞之喜。子曰：「由也好勇過我，無所取材。」

子貢曰：「夫子之文章，可得而聞也；夫子之言性與天道，不可得而聞也。」

子謂子產：「有君子之道四焉：其行己也恭，其事上也敬，其養民也惠，其使民也義。」

子曰：「甯武子，邦有道，則知；邦無道，則愚。其知可及也，其愚不可及也。」

雍也篇：

冉求曰：「非不說子之道，力不足也。」子曰：「力不足者，中道而廢，今女畫。」

子曰：「誰能出不由戶？何莫由斯道也？」

子曰：「齊一變，至於魯；魯一變，至於道。」

述而篇：

子曰：「志於道，據於德，依於仁，游於藝。」

泰伯篇：

曾子有疾，孟敬子問之。曾子言曰：「鳥之將死，其鳴也哀；人之將死，其言也善。君子所貴乎道者三：動容貌，斯遠暴慢矣；正顏色，斯近信矣；出辭氣，斯遠鄙倍矣。籩豆之事，則有司存。」

曾子曰：「士不可以不弘毅，任重而道遠。仁以為己任，不亦重乎？死而後已，不亦遠乎？」

子曰：「篤信好學，守死善道。危邦不入，亂邦不居。天下有道則見，無道則隱。邦有道，貧且賤焉，恥也；邦無道，富且貴焉，恥也。」

子罕篇：

子疾病，子路使門人為臣。病間，曰：「久矣哉，由之行詐也！

無臣而爲有臣。吾誰欺，欺天乎！且予與其死於臣之手也，無寧死於二三子之手乎！且予縱不得大葬，予死於道路乎？」

子曰：「衣敝縕袍，與衣狐貉者立，而不恥者，其由也與。『不忮不求，何用不臧？』」子路終身誦之。子曰：「是道也，何足以臧？」

子曰：「可與共學，未可與適道；可與適道，未可與立；可與立，未可與權。」

先進篇：

子張問善人之道。子曰：「不踐跡，亦不入於室。」

季子然問：「仲由、冉求，可謂大臣與？」子曰：「吾以子爲異之問，曾由與求之問。所謂大臣者，以道事君，不可則止。今由與求也，可謂具臣矣。」曰：「然則從之者與？」子曰：「弒父與君，亦不從也。」

顏淵篇：

季康子問政於孔子曰：「如殺無道，以就有道，何如？」孔子對曰：「子爲政，焉用殺？子欲善而民善矣。君子之德風，小人之德草，草上之風，必偃。」

子貢問友。子曰：「忠告而善道之，不可則止，毋自辱焉。」

子路篇：

子曰：「君子易事而難說也。說之不以道，不說也；及其使人也，器之。小人難事而易說也。說之雖不以道，說也；及其使人也，求備焉。」

憲問篇：

憲問恥。子曰：「邦有道，穀；邦無道，穀，恥也。」「克、伐、怨、欲不行焉，可以爲仁矣？」子曰：「可以爲難矣，仁則吾不知也。」

子曰：「邦有道，危言危行；邦無道，危行言孫。」

子言衛靈公之無道也，康子曰：「夫如是，奚而不喪？」孔子曰：「仲叔圉治賓客，祝鮀治宗廟，王孫賈治軍旅。夫如是，奚其喪？」

子曰：「君子道者三，我無能焉：仁者不憂，知者不惑，勇者不懼。」子貢曰：「夫子自道也。」

公伯寮愬子路於季孫。子服景伯以告，曰：「夫子固有惑志於公伯寮，吾力猶能肆諸市朝。」子曰：「道之將行也與，命也；道之將廢也與，命也。公伯寮其如命何！」

衛靈公篇：

子曰：「直哉史魚！邦有道如矢，邦無道如矢。君子哉蘧伯玉！邦有道則仕，邦無道則可卷而懷之。」

子曰：「吾之於人也，誰毀誰譽。如有所譽者，其有所試矣。斯民也，三代之所以直道而行也。」

子曰：「人能弘道，非道弘人。」

子曰：「君子謀道不謀食。耕也，餒在其中矣；學也，祿在其中矣。君子憂道不憂貧。」

子曰：「道不同，不相為謀。」

師冕見，及階，子曰：「階也。」及席，子曰：「席也。」皆坐，子告之曰：「某在斯，某在斯。」師冕出，子張問曰：「與師言之道與？」子曰：「然，固相師之道也。」

季氏篇：

孔子曰：「天下有道，則禮樂征伐自天子出；天下無道，則禮樂征伐自諸侯出。自諸侯出，蓋十世希不失矣；自大夫出，五世希不失矣；陪臣執國命，三世希不失矣。天下有道，則政不在大夫；天下有道，則庶人不議。」

孔子曰：「益者三樂，損者三樂。樂節禮樂，樂道人之善，樂多賢友，益矣。樂驕樂，樂佚遊，樂宴樂，損矣。」

孔子曰：「見善如不及，見不善如探湯。吾見其人矣。吾聞其語矣。隱居以求其志，行義以達其道。吾聞其語矣，未見其人也。」

陽貨篇：

子之武城，聞絃歌之聲。夫子莞爾而笑，曰：「割雞焉用牛刀？」子游對曰：「昔者偃也聞諸夫子曰：『君子學道則愛人，小人學道則易使也。』」子曰：「二三子！偃之言是也。前言戲之耳。」

子曰：「道聽而途說，德之棄也。」

微子篇：

　　柳下惠爲士師，三黜。人曰：「子未可以去乎？」曰：「直道而事人，焉往而不三黜？枉道而事人，何必去父母之邦？」

　　長沮、桀溺耦而耕，孔子過之，使子路問津焉。長沮曰：「夫執輿者爲誰？」子路曰：「爲孔丘。」曰：「是魯孔丘與？」曰：「是也。」曰：「是知津矣。」問於桀溺。桀溺曰：「子爲誰？」曰：「爲仲由。」曰：「是魯孔丘之徒與？」對曰：「然。」曰：「滔滔者，天下皆是也，而誰以易之？且而與其從辟人之士也，豈若從辟世之士哉！」耰而不輟。子路行以告。夫子憮然曰：「鳥獸不可與同群，吾非斯人之徒與而誰與？天下有道，丘不與易也。」

　　子路從而後，遇丈人，以杖荷蓧。子路問曰：「子見夫子乎？」丈人曰：「四體不勤，五穀不分，孰爲夫子？」植其杖而芸。子路拱而立。止子路宿，殺雞爲黍而食之，見其二子焉。明日，子路行以告。子曰：「隱者也。」使子路反見之。至，則行矣。子路曰：「不仕無義。長幼之節，不可廢也；君臣之義，如之何其廢之？欲潔其身，而亂大倫。君子之仕也，行其義也。道之不行，已知之矣。」

子張篇：

　　子張曰：「執德不弘，通道不篤，焉能爲有，焉能爲亡。」

　　子夏曰：「雖小道，必有可觀者焉，致遠恐泥，是以君子不爲也！」

　　子夏曰：「百工居肆以成其事，君子學以致其道。」

　　子游曰：「子夏之門人小子，當灑掃應對進退，則可矣，抑末也。本之則無，如之何？」子夏聞之，曰：「噫！言游過矣！君子之道，孰先傳焉？孰後倦焉？譬諸草木，區以別矣。君子之道，焉可誣也？有始有卒者，其惟聖人乎！」

　　孟氏使陽膚爲士師，問於曾子。曾子曰：「上失其道，民散久矣。如得其情，則哀矜而勿喜。」

　　衛公孫朝問於子貢曰：「仲尼焉學？」子貢曰：「文武之道，未墜於地，在人。賢者識其大者，不賢者識其小者，莫不有文武之道焉，夫子焉不學，而亦何常師之有？」

陳子禽謂子貢曰：「子爲恭也，仲尼豈賢於子乎？」子貢曰：「君
子一言以爲知，一言以爲不知，言不可不愼也！夫子之不可及也，
猶天之不可階而升也。夫子之得邦家者，所謂立之斯立，道之斯行，
綏之斯來，動之斯和。其生也榮，其死也哀，如之何其可及也？」

「道」是孔子一生的理想目標，也是其思想中完整的理論概括與價值體系，
這一價值體系統攝了「德」與「仁」等範疇，而且指向個人如何成就「道」
的各個方面。但「德」與「仁」諸範疇都是屬於人道觀的論域，孔子的「道」
範疇除具有人道觀意義外，也具有天道觀的意義。他對「道」的闡釋與運用，
「總體來說，則是對包括政治、倫理、道德在內的理想社會結構形式和社會
行爲規範的總抽象與總概括。」〔註95〕從本體論角度而言，孔子的「道」雖
具有天道觀的意義，但它並未涉及哲學上的本體論問題，僅僅指向天人關係，
這與老莊哲學中關於本體論意義上的「道」範疇是根本不同的。

　　儒家總是傾向於把天道與人道合在一起來講，並且強調以人道甚至於人
心來彰顯所謂天道。這樣一來，天道的落腳點還是歸於人。先秦儒家所謂人
爲「天地之心」，〔註96〕所謂「天聽自我民聽，天視自我民視」，〔註97〕所謂
「盡其心者，知其性也；知其性，則知天矣」等等，〔註98〕都是說明即使是
天道，也是由人來彰顯的，天道其實就體現在人心、人道之中。道當然是客
觀的，非個人主觀臆想的東西，是自然而然和不得不然的。因此，道具有天
的性質，但是按照思孟一派儒家的觀點，則天道與人心本來就不是絕然相隔
的，而是相通的。道既是本於天又是備於我的。天道顯現於人事和人心，故
通過盡心，就可以知性並且知天。每個人只要正心誠意，反求諸己，都可以
知道得道。道不遠人，道心與人心不離不即，若即若離，這使得道不易於成
爲一種脫離人，脫離歷史的、超驗的絕對的形而上學的眞理。

　　先秦儒家尤以荀子之學受道家的影響最顯著、最深刻。關於老子，他指
出「萬物爲道一偏，一物爲萬物一偏。愚者爲一物一偏，而自以爲知道，無
知也。愼子有見於後，無見於先。老子有見於詘，無見於信。墨子有見於齊，
無見於畸。宋子有見於少，無見於多。有後而無先，則群眾無門。有詘而無

〔註95〕劉振東：中國思想史上第一次提出的社會原則和社會理想——論孔子之「道」
　　　　的性質、意義和影響〔J〕，孔子研究，1995（4）。
〔註96〕《禮記‧禮運》
〔註97〕《孟子‧萬章上》
〔註98〕《孟子‧盡心上》

信，則貴賤不分。有齊而無畸，則政令不施，有少而無多，則群眾不化。書曰：「無有作好，遵王之道；無有作惡，遵王之路。」此之謂也。」〔註99〕荀子也言及莊子「莊子蔽於天而不知人。故由用謂之道，盡利矣。由欲謂之道，盡嗛矣。由法謂之道，盡數矣。由埶謂之道，盡便矣。由辭謂之道，盡論矣。由天謂之道，盡因矣。此數具者，皆道之一隅也。夫道者體常而盡變，一隅不足以舉之。曲知之人，觀於道之一隅，而未之能識也。故以爲足而飾之，內以自亂，外以惑人，上以蔽下，下以蔽上，此蔽塞之禍也。」〔註100〕對道而言，荀子認爲「夫道，體常而盡變，一隅不足以舉之」。〔註101〕道能囊括一切變化，而任何具體的變化都不能包含它，世界上的萬事萬物都是道的特性在某一個方面的表現，「萬物爲道一偏，一物爲萬物一偏，」〔註102〕一切事物的變化發展都體現道的運動規律，萬事萬物都由道所產生，道是天地萬物的最後本源，「所謂大聖者，知通乎大道，應變而不窮，辨乎萬物之情性者也。大道者，所以變化遂成萬物也；情性者，所以理然不取捨也。是故其事大辨乎天地，明察乎日月，總要萬物於風雨，繆繆肫肫，其事不可循，若天之嗣，其事不可識，百姓淺然不識其鄰：若此則可謂大聖矣。」〔註103〕在此基礎上，荀子明確提出了「明於天人之分」的思想〔註104〕，認爲天與人各有各的職分，各有各的運行規律，兩者互不干涉。天地萬物的變化都有其客觀的規律，不是任何神意的體現，「天行有常，不爲堯存，不爲桀亡」。〔註105〕這樣一來，儒家傳統的天命觀到了荀子這裏就發生了重大變化。儒家自孔子開始，中經思孟學派，都承認天有意志，都把天看做是主宰人類命運的最高人格神。而荀子卻否認天命，否認天有意志，這種轉變顯然受了道家的影響。

簡言之，儒家之道是指人與人的一種關係。這種關係，就其性質而言，即是仁。孔孟以仁爲道，這意味著在他們那裏，道這一範疇已經蘊含著合二而一的意義。由於孔孟在講仁的同時又十分強調禮的作用，亦即肯定人與人之間的尊卑貴賤的等級差別，因此，按照他們的思想理路，合二而一

〔註99〕《荀子‧天論》
〔註100〕《荀子‧解蔽》
〔註101〕《荀子‧解蔽》
〔註102〕《荀子‧天論》
〔註103〕《荀子‧哀公》
〔註104〕《荀子‧天論》
〔註105〕《荀子‧天論》

就絕不是意味著要消除對立面的差異性，恰恰相反，它是以肯定差異或對立爲前提和基礎的。周可眞教授經過比較儒家之道與道家之道，認爲「道家之道不過是形而上學的同一之道；儒家之道則不過是形而上學的對立之道。從某種意義上，正是由於其道相反，其矛盾觀各執以偏，儒、道學說才可以且有必要互補，由此造成了其發展過程中漸趨合流以至於相互融合的必然趨勢。」〔註106〕

第三節　先秦黃老之道

　　「黃老」一詞，始見於漢代司馬遷《史記》。在追述先秦學術發展時，司馬遷多次提到「黃老」。《老子韓非列傳》中就有「申子之學，本於黃老而主刑名」。《孟子荀卿列傳》有「愼到，趙人。田駢、接子，齊人。環淵、楚人。皆學黃老道德之術，因發明序其指意。」這些記載說明，雖然在先秦文獻中並未出現「黃老」之名，但是黃老之學的傳播事實上已經開始了。

　　司馬遷列舉了黃老學者之名卻並未給「黃老」一個明確的界定，「黃老」之學的內涵特徵，一直是個沒有明確解決的問題。最早對此做出解釋的是東漢的王充，他說：「至德純渥之人，稟天氣多，故能則天，自然無爲。稟氣薄少，不遵道德，不似天地，故曰不肖。不肖者，不似也。不似天地，不類聖賢，故有爲也。天地爲爐，造化爲工，稟氣不一，安能皆賢？賢之純者，黃、老是也。黃者，黃帝也；老者，老子也。黃、老之操，身中恬淡，其治無爲，正身共己而陰陽自和，無心於爲而物自化，無意於生而物自成。」〔註107〕在這裏明確指出「黃老」連稱，「黃」即黃帝，「老」即老子。但目前學界對這一問題又有兩種不同的看法。

　　一種看法認爲「黃老之學」或「黃老學派」是由「黃帝之學」或「黃學」與「老學」合流後形成的學派。余明光認爲「黃學」和「老學」是先秦道家中獨立存在的兩個學派，「黃學」與「老學」混淆始自漢初的司馬談和司馬遷父子。他說：「黃老與老學雖同屬道家，但分屬兩個不同的流派。這個問題在先秦時代是分得很清楚的。但到了漢代則爲之一變，《史記》首倡『黃老』，

〔註106〕周可眞：哲學與文化研究〔M〕，南京：江蘇人民出版社，2005年，第117頁。

〔註107〕《論衡·自然》

將黃老混同在一起。致使後世學者步趨漢人之後，黃老並提，不加分辨，以為當然。」〔註108〕此說最有力的根據是：「在先秦的古籍裏，從來沒有『黃老』合稱的。『黃』是『黃』，『老』是『老』，界線非常分明」。〔註109〕黃老學派在先秦是有其實而無其名，以「黃老」命名肇始於司馬氏父子。先秦古籍中出現的「黃」、「老」指黃帝和老子兩個具體的人，不是指「黃學」和「老學」兩個學派，「黃」、「老」之間的界線分明只表明古人並沒有將這兩個人混為一談。而司馬遷所言「黃老」是指一個學派，只不過這個學派用「黃帝」、「老子」作代表並以之命名而已。

另一種看法認為「黃老」是指託名黃帝而實宗老子的那樣一些學說或學派。張維華認為：「黃老之說的黃帝之言，主要是後人假託黃帝之口，從老子中引申出來的一些道家言論，合成一流而稱之『黃老』的。某些吸收道家說法，進一步闡明自己學派之宗旨者如法家者流不在其內。」〔註110〕白奚說：「黃老之學，從名稱上看，用是老子之學與假託的黃帝之言的結合。」〔註111〕又說：「黃老之學是道家學派在戰國時期出現的一個分支，它肇始黃帝，本宗老子，以熱衷於探討治國之道的鮮明特色而有別於約略同時出現的以莊子為代表的另一個道家分支。」〔註112〕丁原明亦云：「黃老學的基本內容應當是『老』而不是『黃』，應當是『道』及其對百家思想的提取，而不是老學與黃帝學的結合。」〔註113〕可見，不管是「黃老之學」還是「黃老學派」，「黃老」並稱，「黃」只是託名，「老」才是實質，這一觀點已得到學界大多數學者的肯定。

目前學界所稱的「黃老之學」或「黃老學派」有廣義和狹義之分：「從狹義上講，就是指正式託名於黃帝而推行老子道家某些思想的那一派：從廣義上講，則是指在老莊道家之外所興起的以道為中心思想和指導思想，而兼取百家學說的道家思潮。」〔註114〕目前我們所說的「黃老之學」或「黃老學派」主要是從廣義上來說的，本文亦是如此。

〔註108〕吳明光：黃帝四經與黃老思想〔M〕，哈爾濱：黑龍江人民出版社，1989年，第 158 頁。

〔註109〕吳明光：黃帝四經與黃老思想〔M〕，哈爾濱：黑龍江人民出版社，1989年，第 160 頁。

〔註110〕張維華：釋「黃老」之稱，文史哲〔J〕，1981（4）。

〔註111〕白奚：〈黃帝四經〉與百家之學，哲學研究〔J〕，1995（4）。

〔註112〕白奚：學術發展史視野下的先秦黃老之學，人文雜誌〔J〕，2005（1）。

〔註113〕丁原明：黃老學論綱〔M〕，濟南：山東人民出版社，1997年，第 22 頁。

〔註114〕丁原明：黃老學論綱〔M〕，濟南：山東人民出版社，1997年，第 14 頁。

　　要推定黃老學興起的準確年代勢所不能。惟《黃帝四經》的出土及對其成書時代的研究或可推斷出黃老學興起的大致年代。關於《黃帝四經》的成書年代說法很多，筆者傾向於戰國早中期之際說。白奚批評了傳統考證方法的不足，肯定了陳鼓應、李學勤等利用漢語辭彙和古史傳說系統的演變來論證的方法，並進而從學術思想發展史的角度分五個方面證成《黃帝四經》之早出，較有說服力。〔註115〕《黃帝四經》亦和先秦其它許多典籍一樣，非一人一時所為，它可能是自戰國早中期之際到秦漢間經過多人整理充實而成，這其實正是先秦許多典籍的共同點，它並不妨礙我們將黃老學的產生設定為戰國早中期之交。就現在判定的黃老文獻來看，先秦黃老一系沿著《老子》——《黃帝四經》——《管子》四篇的方向發展。《黃帝四經》代表的是較為完備的黃老形態，《管子》四篇則代表黃老學在稷下發展的較高水準。

　　《黃帝四經》的主要思想特點，從方法上講，可以概括為以天道推演人事，這也是黃老學派的一個重要理論特徵；從內容上看，其主要的理論取向在於「人事」，即確立如何富國強兵等治理國家的原則與方略。一般而言，道家黃老學派認為整個宇宙有著統一的根本法則，這就是道。不僅是自然界，人類社會也必須遵循這一根本法則。對於一個國家來說，如果違背了道，就會遭受懲罰，面臨覆亡的危險。作為一國之君，欲治理好國家，就必須學習、掌握道，明瞭並積極維護作為道的具體體現的社會秩序。以下僅就《黃帝四經》的道作一簡要介紹。

　　黃老學派與老子一樣，將道作為其哲學的最高範疇，並由此而展開了對道的一系列論述。對道體的描述與老子並無二致，認為道是超越時間、空間的絕對存在，它無形、無名，至大無外，至小無內，存在於天地未始之時。「恒先之初，迥同太虛。虛同為一，恒一而止。濕濕夢夢，未有明晦。神微周盈，精靜不熙。古未有以。萬物莫以。古無有刑（形），太迥無名。天弗能復（覆），地弗能載。小以成小，大以成大。盈四海之內，又包其外。在陰不腐，在陽不焦。一度不變，能適規（？）僥（蟯）。鳥得而蜚（飛），魚得而流（游），獸得而走。萬物得之以生，百事得之以成。人皆以之，莫知其名。人皆用之，莫見其刑（形）。一者其號也。虛其舍也，無為其素也，和其用也。是故上道高而不可察也，深而不可則（測）也。顯明弗能為名，廣大弗能為刑（形），獨立不偶，萬物莫之能令。天地陰陽，（四）時日月，星辰雲氣規？行僥（蟯）

〔註115〕白奚：稷下學研究〔M〕，北京：三聯書店，1998年，第98～110頁。

重動，戴根之徒，皆取生，道弗爲益少；皆反焉，道弗爲益多。堅強而不，？，柔弱而不可化。精微之所不能至，稽極之所不能過。……深微弗索，得也。□爲一而不化。得道之本，握少以知多。得事之要，操正以政（正）畸（奇）。前知大古，後□精明。抱道執度，天下可一也。觀之大古，周其所以。索之未無，得之所以」〔註116〕天地混沌之初，道還是太虛一氣，分不清天地，只是迷迷茫茫一片，也看不清它是黑還是白，它神妙變化，充塞著整個宇宙，精光靜靜的流灑。它沒有始因而生，存於萬物之中也沒有因由。它沒有形狀，平等普同不可描述。它是博大無比的，天不能覆蓋它，地不能容載它。無論是最小的還是最大的事物，都產生於它。它滿溢於四海之內外，在陰暗處不會黴爛，在烈火陽焰中也不會枯焦。道是不變的，但卻在主導著萬物的變化。蟲、鳥、魚、獸等等的生存，都是道在起作用呀！任何事情，也只有順服於道的運化而運化，才有成功的可能。人們都憑藉著「道」生活，卻不知它的名號，人們都在遵循著「道」去做事，卻又看不見它的形狀。「一」是它的名號，這也不過是一個虛設。無是它的根，中和則是它作用的關鍵。道是高深而不可審察的，也無法測量。它既顯明又廣大，既說不出它的名，又看不見它的形。它是獨立無二的，永不會被任何事物所改變。天地陰陽、春夏秋冬、星辰日月、上下一氣，微蟲飛舞，分別得之於道，道也不會因此增多。「道」堅強而不會潰敗，柔弱卻不會被轉化。它的中心精神，一般人是無法領會的，它的終極目標，一般人也難以實現。……道，廣大無邊，人們既然觸及了它，就不必再去追求；道，精深細微，人們既然已知其奧秘，就不必再夢想著收穫。道是不變的，能夠探知道的根本，就能以少知多，以正治畸。從而達到前可知遠古之事，後可預測將來事理的精要。只要我們持守大「道」，秉執法度，那麼就可以實現天下的大一統。我們觀察遠古探索道的原始，再看看我們的現在，又推之於將來，就會懂得「道」的本體是怎麼回事了。

　　道具有著宇宙本原和萬物存在理則兩方面的含義。作爲宇宙本原的道，它「虛無刑（形），其裻冥冥，萬物之所從生……故同出冥冥，或以死，或以生；或以敗，或以成。」〔註117〕道化萬物的過程是從無到有的過程。《十六經·觀》中稱「無晦無明，未有陰陽。陰陽未定，吾未有以名。今始判爲兩，分爲陰陽。離爲□四（時）□□□□□□□□□□□因以爲常，其明者以爲法

〔註116〕《黃帝四經·道原》
〔註117〕《黃帝四經·道法》

而微道是行。」陰陽從整個宇宙混沌一團的原初狀態中剖判出來，繼而產生四時，形成萬物。道生萬物，成萬事，但它本身並不會隨著萬物的增加而增加，也不會隨著萬物的減少而減少。

　　道是內在於萬物並作爲其存在依據的總的規則。萬事萬物所具有的自身規則，就是道的顯現，也是道發揮作用的結果。《道原》云「鳥得而蜚（飛），魚得而流（游），獸得而走，萬物得之以生，百事得之以成。人皆以之，莫知其名。人皆用之，莫見其刑（形）。」正說明了道的此種意義。又云「天地陰陽，〔四〕時日月，星辰雲氣，規（蚑）行僥（蟯）重（動），戴根之徒，皆取生，道弗爲益少；皆反焉，道弗爲益多。」道作爲萬事萬物的總體規則而爲大到天地日月星辰，小到各種動植物的一切事物所取用，但它乃是超越經驗世界之上的客觀存在，故不會有所增減。道既然具有規律性意義，那麼瞭解它自然成爲人們認識事物和處理問題的關鍵。具體到社會現實中，道就表現爲社會規則，《經法‧道法》說：「天地有恆常，萬民有恆事，貴賤有恆位，畜臣有恆道，使民有恆度。天地之恒常，四時、晦明、生殺、？（柔）剛。萬民之恒事，男農，女工。貴賤之恒立（位），賢不宵（肖）不相放（妨）。畜臣之恒道，任能毋過其所長。使民之恒度，去私而立公。變恒過度，以奇相御。正、奇有立（位），而名口弗去。凡事無大小，物自爲舍。逆順死生，物自爲名。名刑（形）已定，物自爲正。」這裏的道作爲理論基礎，論證著新的封建社會等級制度和社會關係是符合於天道人理的，以讓人們各安其分，各守其業，以確保社會的穩定，體現了黃老之學鮮明的政治傾向性。

　　在人生層面上，「道」成了個人行事、道德及其修養的根源和依據。「道者，神明之原也。神明者，處於度之內而見於度之外者也。處於度之（內）者，不言而信。見於度之外者，言而不可易也。處於度之內者，靜而不可移也。見於度之外者，動而□不可化也。動而靜而不移，動而不化，故曰神。神明者，見知之稽也。有物始□，建於地而洫（溢）於天。莫見其刑（形），大盈冬（終）天地之間而莫知其名。莫能見知，故有逆成。物乃下生；故有逆刑，禍及其身。養其所以死，伐其所以生。伐其本而離其親，伐其興而□□□，後必亂而卒於無名。如燔如卒，事之反也。如由如驕，生之反也。凡萬物群財，佻長非恒者，其死必應之。三者皆動於度之外而欲成功者也。功必不成，禍必反□□□以剛爲柔者栝（活），以柔爲剛者伐。重柔者吉，重剛

者滅。若（諾）者，言之符也，已者言之絕也。已若（諾）不信，則知（智）大惑矣。已若（諾）必信，則處於度之內也。」〔註118〕所謂「神明」即人的精神智慧，它是人們認識能力的源泉和標準，有了它，人才有精神智慧，才有認識能力。由於道爲神明之源，因此體道的不同，也就決定了人的智慧不一，能力不同，從而就有了賢惡愚智的區別，那些能按道的規則修身養性即充分體道者，就能達列「神之極，見知不惑」的地步。《經法·論》對此強調：「□□□□□生慧，慧則正，（正）則靜，靜則平，平則寧，寧則素，素則精，精則神。神之□，（見）知不惑。帝王者，知此道也。是以守天地之極，與天俱見，盡□□四極之中，執六枋（柄）以令天下，審三名以爲萬事□，察逆順以觀於（霸）主危亡之理，知虛實動靜之所爲，達於名實□應，盡知請（情）僞而不惑，然後帝王之道成。」凡是充分體道者，其聰明智慧就可達到至精至微的地步，就會無所不知，就會不受任何外在的誘惑。人要體道就必須充分認識和掌握道，一般人無法認識和掌握道，只有聖人才能認識和掌握道。聖人能夠「通天地之精」，察知全體，無所不知，無所不能，「知人之所不能知，服人之所不能得」。〔註119〕天命注定智愚，人的任何努力都是無濟於事的。

　　《管子》是一部重要的學術著作，作者及成書時代至今沒有定論，學術界一般認爲，此書是諸種學術論文的彙集，其中部分文章反映春秋時期齊相管仲的思想，大部分文章成於戰國時期，但與管仲思想有一定聯繫。該書涉及政治、軍事、經濟，哲學等諸多領域，其中《內業》、《白心》、《心術》上下四篇最早由郭沫若作爲宋鈃、尹文學說提出來加以特別研究。《管子》四篇的作者爲宋鈃、尹文的說法以後固然受到馮友蘭、張岱年、祝瑞開等學者的質疑而幾乎被推翻，但四篇作品的地位卻被確定下來。〔註120〕學界基本上認同《管子》四篇爲稷下黃老道家作品。陳鼓應進一步認定《形勢》、《樞言》、《宙合》、《水地》等爲同一性質的作品。〔註121〕

　　《管子》四篇沿用了老子的「道」，但也爲其增添了不少色彩，對「道」

〔註118〕《黃帝四經·經法·明理》
〔註119〕《黃帝四經·道原》
〔註120〕參見馮友蘭：中國哲學史新編第二冊〔M〕，北京：人民出版社，1984 年，
　　　　第100～101 頁；張岱年：中國哲學史史料學〔M〕，北京：三聯書店，1982
　　　　年，第 48 頁；祝瑞開：先秦社會和諸子思想新探〔M〕，福州：福建人民出
　　　　版社，1981 年，第 262～268 頁。
〔註121〕陳鼓應：〈管子〉四篇詮釋〔M〕，北京：商務印書館，2006 年，第 55 頁。

的描述主要表現在：

> 道之所言者一也，而用之者異。〔註122〕

> 道也者，通乎無上，詳乎無窮，運乎諸生。〔註123〕

> 道，不遠而難極也，與人並處而難得也。……道也者，動不見其形，施不見其德，萬物皆以得，然莫知其極。……虛其欲，神將入舍。掃除不絜，神乃留處。……道在天地之間也，其大無外，其小無內，故曰不遠而難極也。〔註124〕

> 道者，一人用之，不聞有餘；天下行之，不聞不足。……道之大如天，其廣如地，其重如石，其輕如羽。民之所以知者寡。〔註125〕

> 凡道無所，善心安愛。心靜氣理，道乃可止。……修心靜音，道乃可得。道也者，口之所不能言也，目之所不能視也，耳之所不能聽也，所以修心而正形也。人之所失以死，所得以生也。事之所失以敗，所得以成也。故凡道無根無莖，無葉無容。萬物以生，萬物以成，命之曰道……精氣者，氣之精也。氣，道乃生，生乃斯，思乃知，知乃止矣……凡道必周必密，必寬必舒，必堅必固……不見其形，不聞其聲，而序其成，謂之道……道也者，口之所不能言也，目之所不能視也，耳之所不能聽也，所以修心而正形也。……凡道無根無莖，無葉無榮。萬物以生，萬物以成，命之曰道。〔註126〕

> 聞一言以貫萬物，謂之知道。〔註127〕

> 道者，成人之生也，非在人也。……道也者，萬物之要也。……夫道者虛設，其人在則通，其人亡則塞者也，非茲是無以理人，非茲是無以生財。……大王天下，小君一國，其道臨之也。〔註128〕

> 道者，所以變化身而之正理者也。故道在身，則言自順，行自正，事君自忠，事父自孝，遇人自理。故曰：道之所設，身之化也。

〔註122〕《管子‧形勢》
〔註123〕《管子‧宙合》
〔註124〕《管子‧心術上》
〔註125〕《管子‧白心》
〔註126〕《管子‧內業》
〔註127〕《管子‧戒》
〔註128〕《管子‧君臣上》

〔註129〕

《管子》認爲道是超言絕象、無形無名的。道雖一而其用多方，故《形勢》篇云「道之所言者一也，而用之者並。」它以精氣解道，認爲「精氣者，氣之精也。氣，道乃生，生乃斯，思乃知，知乃止矣。」〔註130〕對於無處安放的道而言，遇到善心即可安穩，內心安靜，氣不紊亂，道就可以留居心中，「凡道無所，善心安處；心靜氣理，道乃可止。」〔註131〕

《管子》繼承了老子的「道生之，德蓄之」的思想。認爲天地萬物憑藉德才得以生存發展，德不是道的稟性，也不是天地萬物的稟性，而是道本身。《心術・上》說「天之道，虛其無形。虛則不屈，無形則無所位迕，無所位迕，故遍流萬物而不變，德者，道之舍，物得以生生，知得以職道之精。故德者得也。得也者，其謂所得以然也。以無爲之謂道，舍之之謂德。故道之與德無間，故言之者不別也。」天道，是虛而無形的。由於虛，就不受挫折；由於無形，就無所牴觸。無所牴觸，所以能普遍流通於萬物之中而不變。德，是道的體現，萬物依賴它得以生長，心智依賴它得以認識道的精髓。所以，「德」就是「得」，所謂得，那就等於說是所要得到的東西已經實現了。無爲叫作道，體現它就叫作德，所以道與德沒有什麼距離，談論它們往往不加區別。硬是要問它們有所距離的道理，還是說德是用來體現道的。管子將道與德明確界定爲虛無無形謂之道，化育萬物謂之德，消除了道與德的界限，認爲蓄養天地萬物的德即是道，道存在於天地萬物之中，而不是獨立自存，萬物由道構成，而非自生。由此使老子之萬物始基的道成爲了萬物之構成要素的道。

《管子》諸篇道論的發展主要在於它將形上之道具體化而爲精氣，並將其與人心相關聯，從而使人能透過心的治理而認知道，這就大大拉近了道與人的距離，形成了其養生論的思想。《內業》篇云「凡物之精，此則爲生。下生五穀，上爲列星。流於天地之間，謂之鬼神；藏於胸中，謂之聖人。是故民氣，杲乎如登於天，杳乎如入於淵，淖乎如在於海，卒乎如在於己。是故此氣也，不可止以力，而可安以德；不可呼以聲，而可迎以音。敬守勿失，是謂成德，德成而智出，萬物果得。……精存自生，其外安榮，內藏以爲泉原，浩然和平，以爲氣淵。淵之不涸，四體乃固；泉之不竭，九竅遂通。乃

〔註129〕《管子・形勢解》
〔註130〕《管子・內業》
〔註131〕《管子・內業》

能窮天地，破四海。中無惑意，外無邪災，心全於中，形全於外，不逢天災，不遇人窘，謂之聖人。」物的精氣，結合起來就有生機。在下就產生地上的五穀，在上就是天體的群星。流動在大地之間的叫作鬼神，藏在人的心裏就成爲聖人。因此，這種氣有時光亮得好像升在天上，有時幽暗得好像藏入深淵，有時柔潤得好像浸在海裏，有時高峻得好像立在山上。這種氣，不可以用強力留住它，卻可以用德性來安頓它；不可以用聲音去呼喚它，卻可以用心意去迎接它。恭敬地守住它而不失掉，這就叫作「成德」。德有成就就會產生出智慧，對萬事萬物全都能掌握理解了。……精存在心，人就自然牛長，表現在人體外面就儀態安閒而顏色光鮮，藏在內部則是一個不竭的泉源，浩大而和平，形成氣的淵源。淵源沒有枯竭，四肢才能堅強；泉源沒有淤塞，九竅才能通達。這樣就能全面認識天地，普察四海。心中沒有迷惑不明的東西，體外就沒有邪惡的災禍。心在內部保持健全，形體在外部保持健全，不逢天災，不遇人害，這樣的人就叫作聖人。「精」是道化生萬物的中介，它作爲一種具象化的「氣」而生成萬物，故可稱爲「精氣」。萬物的存在不僅要獲致精氣，而且要「敬守勿失」。陳鼓應對此有精當的分析，他指出「一方面，心以「虛」、「靜」等工夫而納聚道之精氣，增強人身心之生命能量，並開展出明達的智慧與德行同時，「心」亦透過虛、靜而在此等飽滿的生命力中，展現明睿之認識能力，來認知「道」的形上律則與價值原理，進而落實至人間層面以爲人事指導。」〔註132〕這樣一來，同時蘊涵「精氣」性質與形上律則性質之「道」，透過人「心」以「虛」等修養工夫加以聚納及認識，那麼它雖玄秘，但已密切地不離人身了。故《內業》有「彼道不遠，民得以產彼道不離，民得以知」、「夫道者，所以充形也……卒乎乃在於心」、「道滿天下，普在民所」等語。

　　《管子》以精氣解道，較老子而言，使道附有更具體的內容，也深化了對老子之道的理解，其氣論思想也深刻的影響了以後中國哲學的發展。

<hr>

〔註132〕陳鼓應：《管子》四篇詮釋〔M〕，北京：商務印書館，2006 年，第 139 頁。

第四章　道理論

　　《老子指歸》曾對性、命、情、意、志、欲做了一番說明：「何謂性、命、情、意、志、欲？所稟於道，而成形體，萬芳殊類，人物男女，聖智勇怯，小大修短，仁廉貪酷，強弱輕重，聲色狀貌，精粗高下，謂之性。所授於德，富貴貧賤，夭壽苦樂，有宜不宜，謂之天命。遭遇君父，天地之動，逆順昌衰，存亡及我，謂之遭命。萬物陳列，吾將有事，舉錯廢置，取捨去就，吉凶來，禍福至，謂之隨命。因性而動，接物感寤，愛惡好憎，驚恐喜怒，悲樂憂恚，進退取與，謂之情。因命而動，生思慮，定計謀，決安危，通萬事，明是非，別同異，謂之意。因於情意，動而之外，與物相連，常有所悅，招麾福禍，功名所遂，謂之志。順性命，適情意，牽於殊類，繫於萬事，結而難解，謂之欲。凡此六者，皆原道德，千變萬化，無有窮極，唯聞道德者，能順其則。性精命高，可變可易；性麤命下，可損可益；若得根本，不滯有無。是故，天地人物，含心包核，有類之屬，得道以生而道不有其德，得一而成而一不求其福。萬物尊而貴之，親而憂之而無抱其德。夫何故哉？道高德大，深不可言，物不能富，爵不能尊，無為為物，無以物為，非有所迫，而性常自然。」〔註1〕

　　在韓非的哲學範疇中，道、德、理、性、情也是其重要的哲學範疇之一。本章將就韓非思想中的幾個重要哲學範疇做一闡述。

〔註1〕《老子指歸‧道生篇》

第一節　道、德、理

韓非之道雖說「歸本於黃老」，但其做《解老》、《喻老》，以接近《老子》的方式爲其法家思想尋找形而上的思想基礎。韓非道論的顯著特點是將道與德、理聯繫起來考察，論證了道與理的關係，即自然的一般規律與萬物的特殊規律的關係。

一、道

韓非形而上之道在《主道》、《揚權》、《解老》中論述較爲集中。現就其具體內容做一剖析。

> 道者，萬物之始。〔註2〕

> 夫道者，弘大而無形……道者，下周於事，因稽而命，與時生死。參名異事，通一同情。故曰：道不同於萬物……道無雙，故曰一。〔註3〕

> 道者，萬物之所然也……道者，萬物之所以成也……天得之以高，地得之以藏，維門得之以成其威，日月得之以恒其光，五常得之以常其位，列星得之以端其行，四時得之以御其變氣，軒轅得之以擅四方，赤松得之與天地統，聖人得之以成文章。道，與堯、舜俱智，與接輿俱狂，與桀、紂俱滅，與湯、武俱昌。以爲近乎，遊於四極；以爲遠乎，常在吾側；以爲暗乎，其光昭昭；以爲明乎，其物冥冥。而功成天地；和化雷霆；宇內之物，恃之以成，凡道之情，不制不形，柔弱隨時，與理相應。萬物得之以死，得之以生；萬事得之以敗，得之以成。道譬諸若水，溺者多飲之即死，渴者適飲之即生；譬之若劍戟，愚人以行忿則禍生，聖人以誅暴則福成。故得之以死，得之以生；得之以敗，得之以成。〔註4〕

以上是《韓非子》中對道的代表性描述，我們可以發現韓非道的特點：

第一，韓非繼承了老子關於道是宇宙本源的提法。《主道》篇說「道者，萬物之始，是非之紀也。是以明君守始，以知萬物之源，治紀以知善敗之端」，即認爲道是天地萬物的始源。萬事萬物因道而產生，同時是非也因道而彰所

〔註2〕《韓非子・主道》
〔註3〕《韓非子・揚權》
〔註4〕《韓非子・解老》

以才稱爲紀，此道已不僅是萬物的本源，而且也涵蓋到了是非之紀。《解老》又說「道者，萬物之所然也，萬理之所稽也。理者，成物之文也；道者，萬物之所以成也」，也是對道萬物本源的認可。有了道才有了萬物，「天得之以高，地得之以藏，維鬥得之以成其威，日月得之以恒其光」，「宇宙之內，恃之以成」，可見道作爲生成世間一切的最高本體地位之高。道是萬物存在的基礎，萬物因爲道而有了存在的意義。道是天地萬物的本原、始因，是天地萬物得以存在與發展的總依據。道能夠產生萬物，又是萬事萬物的本質屬性。

第二，道運行不已。從一般本質來說，道作爲普遍規律體現在萬物的化生，萬事的廢興之中，這種規律永無終止。韓非眞正強調的不是「先天地生」的「道」，而是「與天地之剖判也俱生」的「道」。無論天地、日月、星辰以及各種自然現象之所以能夠具有現存的特性，能夠保持其一定的運行變化規律，就是「道」的作用。生於天地之間的人類，也是因爲得道，才能夠成就各自的事業。道是萬物得以呈現其現存狀態和性質的終極原因，是其生死所以，也可以說是宇宙萬物的一般規律。

第三，道永恆存在。道存在於一切事物之中，具有普遍性。《揚權》講「夫道者，弘大而無形。」韓非認爲道所以能夠決定萬事萬物的性質和變化發展狀態，正是因爲道具有周遍性。任何一個具體事物都是有限的，具有其各自的特性，所以有所偏滯，存在於此，就不能存在於彼。而道卻不同於具體事物，它是無限的，普遍存在於一切事物之中。

第四，道超越人的感官和理智的認識能力，虛靜、無形、不可見。但弘大無形並不是無可遁形，道是可以借有形之物來顯示其無形的價值和作用的。《解老》篇說「天得之以高，地得之以藏，維鬥得之以成其威，日月得之以恒其光，五常得之以常其位，列星得之以端其行，四時之以御其變氣，軒轅得之以擅四方，赤松得之與天地統，聖人得之以成文章……以爲近乎，遊於四極；以爲遠乎，常在吾側；以爲暗乎，其光昭昭；以爲明乎，其物冥冥。而功成天地，和化雷霆，宇內之物，恃之以成」，即道之大可顯形於天地、維斗、日月、五常、列星、四時變化之中，連聖人都要憑藉這捉摸不定的道而各顯其能。正因爲此道雖弘大無形亦可彰顯其形，故而此道既可「遊於四極」，也可「常在吾側」。韓非根據道的表現和功用來認識「道」的思想是他對道的認識問題的解決方法，也使人們由關注道的玄妙轉向其在現實中的表現。

就以上幾點來說，韓非之道似乎與老子之道無多大區別，但仔細剖判，我們仍然可以發現二者的差異。

老子之道與韓非之道的比較

	老 子	韓 非
本初狀態	有物混成，先天地生	萬物之所然也；萬物之所以成也
與萬物關係	生而不有，為而不恃，長而不宰	下周於事，因稽而命，與時生死
生養萬物	道生一，一生二，二生三，三生萬物	萬物各具其「理」，而「道」集萬物之「理」
道的認識	通過「滌除玄覽」以達「玄同」	聖人執其見功以處見其形
現實運作	自然之道	必然之道
政治訴求	大道廢，有仁義；智慧出，有大偽	得道之君，因道全法，處勢用術

　　第一，在對「道」的本初狀態認識上，韓非之道是萬物生成的根本動力，是萬物生長的根本原因，與萬物相聯繫，至於原初之「道」本身何象何狀，韓非無特別說明。「道者，萬物之所然也……道者，萬物之所以成也」。老子之道則是先於天地的渾樸狀態，是圓滿自足的和諧體。「有物混成，先天地生」。其「道」本身是完滿無缺的。

　　第二，在「道」與萬物的關係上，韓非之道是存在於萬物當中，探索著自然規律，隨著時間的推移而產生、停息。即「道者，下周於事，因稽而命，與時生死」。老子之道則是獨立自存，周行而不殆的，「道」不存在生死的問題。「道」生萬物但「生而不有，為而不恃，長而不宰」。

　　第三，在「道」生萬物的過程上，韓非之道是經由「理」而生成萬物，使萬物各具其「理」，而「道」集中萬物之「理」。老子之道則「道生一，一生二，二生三，三生萬物」，簡言之，其直接過程是「道生物」。

　　第四，在對「道」的認識上，韓非之道是根據其表現和功用來認識的，「道」借物顯形，「人希見生象也，而得死象之骨，案其圖以想其生也，故諸人之所以意想者皆謂之『象』也。今道雖不可得聞見，聖人執其見功以處見其形，故曰：『無狀之狀，無物之象』。」〔註5〕老子之道則是通過「滌除玄覽」以達「玄同」之目的來展開的。

　　第五，在「道」的現實運作上，韓非之道更多的是一種「必然之道」，「夫

〔註5〕《韓非子・解老》

必恃自直之箭，百世無矢；恃自圓之木，千世無輪矣。自直之箭，自圓之木，百世無有一，然而世皆乘車射禽者何也？隱括之道用也。……故有術之君，不隨適然之善，而行必然之道。」〔註6〕治國之道遵行必然之道，正像高明的匠人不依靠偶然得到的「自直之箭」和「自圓之木」一樣。老子之道則是自然之道，「道法自然」，不依不恃，「聖人之道，爲而不爭。」

第六，在「道」的政治訴求上，韓非之道是爲尋求政治秩序的合理安排，得道之君，因道全法，處勢用術，才能民富國強。老子之道是爲尋求社會之亂的根源。仁義禮智等的出現皆是失道之結果，國家之混亂亦是「道」不自然之顯現。「大道廢，有仁義；智慧出，有大僞；六親不和，有孝慈；國家混亂，有忠臣」，「故失道而后德，失德而後仁，失仁而後義，失義而後禮。夫禮者，忠信之薄，而亂之首。」

二、德

「德」作爲哲學意義上的範疇的使用遠比「道」更早出現。「德」在前諸子時期是作爲最高的形而上學概念使用的，殷周時期，「德」就已經成爲溝通天人的一個樞紐，例如，「秉文之德，對越在天」。〔註7〕春秋以後，各家學派對於「德」的理解也各有不同，孔子認爲「天生德於予」，人的德性是天賦予的；老子對「德」的理解主要和「道」聯繫在一起，但並沒有出現「道」「德」連用的情況。把「道」和「德」連用見於《莊子》外雜篇，但其意義與今天所謂的道德是有很大區別的。「所謂『德』基本上與儒家的道義倫常品格無涉，多指『道』在事物中的體現，常可以理解爲『物』之自然本性，對人而言，常指自然天成、樸素寬容的性靈。」〔註8〕

韓非對「德」的闡述集中體現在：「德者，內也。得者，外也。『上德不德』，言其神不淫於外也。神不淫於外，則身全。身全之謂德。德者，得身也。凡德者，以無爲集，以無欲成，以不思安，以不用固。爲之欲之，則德無舍；德無舍，則不全。用之思之，則不固：不固，則無功；無功，則生於德。德則無德，不德則有德。故曰：『上德不德，是以有德』。……不以無爲爲有常，

〔註6〕《韓非子·顯學》
〔註7〕冀典誠：詩經通譯新詮〔M〕，上海：華東師範大學出版社，1992年，第447頁。
〔註8〕鄭開：德禮之間——前諸子時期的思想史〔M〕，北京：生活·讀書·新知三聯書店，2009年，第354頁。

則虛；虛則德盛，德盛之謂上德。……道有積而積有功；德者，道之功。功有實而實有光；仁者，德之光。光有澤而澤有事；義者，仁之事也。事有禮而禮有文；禮者，義之文也……知治人者，其思慮靜；知事天者，其孔竅虛。思慮靜，故德不去；孔竅虛，則和氣日入。故曰：『重積德』。夫能令故德不去，新和氣日至者，早服者也。故曰：『早服，是謂重積德』。積德而後神靜，神靜而後和多，和多而後計得，計得而後能御萬物，能御萬物則戰易勝敵，戰易勝敵而論必蓋世，論必蓋世故曰『無不克』。無不克本於重積德，故曰『重積德，則無不克』。……因隨物之容，故靜則建乎德，動則順乎道。」〔註9〕

筆者以為，韓非之「德」有以下幾個方面：

第一，「德」是什麼？「身以積精為德」。〔註10〕德是人自身內部所原有的，指人的精神而言。只要人的精神不外露，其自身就能保全，自身能夠保全，就是「德」。所以，「德」就是得到自身，保全自身。亦即「神不淫於外，則身全。」

第二，怎樣才能得到「德」？韓非指出，凡是「德」，都是以無為來積聚，以無欲來成就，以不思來得到安定，以不用來使之鞏固。如果有為、有欲，「德」就無所歸宿；「德」無歸宿，就不完整，無以保全。如果使用了，思慮了，「德」就不能牢固；不牢固，就沒有功效；沒有功效是由於自以為有「德」；自以為有「德」，就沒有「德」；不自以為有「德」，就保全了「德」。

第三，「德」與「得」。神有兩種狀態：一種是神淫於外，這是「得」；另一種是神不淫於外，這是「德」。「上德不德」之「不德」就是「不得」（神不淫於外，即神靜），「不得」就是「德」，就是「上德」，就是「德盛」。則反之，「得」（神淫於外）就是「下德」，就是「德衰」。「得」與「失」相對待，有得則有失；不得則不失。所以，「德」就是「不失」。「外」與「內」相對，「外」指身外之物，「內」指自身。「得」是神淫於外物而不安於自身；「德」是神不淫於外物而安於自身。神安於自身則身全，這就是所謂「德」。故「德」是指身全而無所失，也就是自然之身。

〔註9〕《韓非子‧解老》

〔註10〕注：馮友蘭指出：韓非在《解老》，《喻老》這兩篇中所解釋的《老子》，既不「恍惚」，也不「微妙」。《解老》是與《管子》四篇（《白心》、《內業》、《心術上、下》），即稷下黃老之學相通的，把精神解釋為一種細微的物質——「精氣」。……「德」與「神」是先秦道家的專門名詞。……「神」是「精」的別名。見馮友蘭：中國哲學史新編（上冊）〔M〕，北京：人民出版社2004年，第763～764頁。

第四，「德」與「道」。「道有積而積有功；德者，道之功。」「道」有所積聚，而積聚又有功效，「德」就是「道」的功效。「道」的積聚是人精神的收斂，精神凝聚則人自然之身保全。加之，「道者，萬物之所以成也」，自然之身也是道所成，所以說是道之功。故「德」含有滿足於道之所成而不自求有成之意。顯然，它們之間的聯繫是一種精神的聯繫，是精神上與道保持一致，不離開道而別有所圖。「德」就是精神上守道，行動上循道。

第五，「德」與「理」。因爲「道理相應」，所以「德」（守道、循道）就表現爲「覆理而普至」。「覆理」即審理之意。「覆理而普至」就是周遍地審察萬物之理。那麼，「德」與「理」是一種什麼關係呢？它們之間的聯繫同樣是一種精神的聯繫，「德」是爲了精神上跟道保持一致而審察物理。

第六，保有「德」的途徑就是「重（chong）積」。人思慮安靜，原有的「德」就不會喪失；器官通暢，新的精氣就每天攝入。這就是不斷的積纍「德」，也是所謂的「早服」。積德而後神靜，積德是要達到神不淫於外的虛靜狀態，神靜或神虛就是德盛。神靜而後精氣多。不斷的積德就會無往而不勝。故曰「重積德，則無不克」。

三、理

先秦之理也經歷了一個發展的過程。春秋時，已有理字出現，《說文》謂之曰「理，治玉也，從玉里聲」，具體來說就是治理之意，與玉之紋路有關。當此之時，理還不具備哲學意義。戰國時期，百家爭鳴，理字在各個學派中開始被大量使用，也是在這個時候，理字開始被賦予更多內涵成爲了一個哲學概念。莊子說理，《刻意》篇有「去知與故，循天之理」，《秋水》篇有「消息盈虛，終則有始。是所以語大義之方，論萬物之理也」，「是未明天地之理，萬物之情者也」等，將理視爲萬物本來的屬性，萬物皆應循此理運動。《管子》也說理，《心術》篇有「義者，謂各處其宜也。禮者因人之情，緣義之理而爲之節文者也。故禮者謂有理也，理也者，明分以諭義之意也。故禮出乎義，義出乎理，理因乎宜者也」，將理與禮、義結合了起來。此時理與禮、義意思已有所合，作用乃「明分以諭義」。另外，管子之理還有一層涵義，《心術》篇「德者道之舍，物得以生，知得以職道之精。故德者，得也。得也者，其謂所得以然也。以無爲之謂道，舍之之謂德。故道之與德無間，故言之者不比別也。間之理者，謂其所以舍也」，理已然成爲了道與德的中間體。此解與

「明分以論義」都有區分之義，何以理可分貴賤之禮節，又可分道、德？終因其源於道，道乃萬物本源，分而之後便爲了理，管子在此已將理融入到了道家思想之中。

韓非在前人對理之討論的基礎上正式提出了自己的「理」，並論述了它與「道」的關係。在韓非的理論中，理的哲學涵義更加豐富，在其整個哲學思想體系中地位也更加重要。正是這個理將韓非之道與老子之道區別開來，也是這個理聯繫著韓非之道與老子之道。老子之道的基本特徵等前面我們已有所論述，韓非也繼承了老子之道的基本內涵，但二者對道的認知方法卻截然不同。我們常說老子之道過於玄妙，不可捉摸，爲何有此感歎，皆因老子的認知方法乃去智以心神領會。韓非卻一反老子的做法，明確肯定了道的可知性，從《解老》中「聖人觀其玄虛，用其周行，強字之曰『道』，然可論也。故曰：『道之可道，非常道也。』」便可知。韓非如此自信的肯定道可以認識，那麼他是如何認識的呢？理在其中便起了中介的作用。因爲道在事物中的具體體現就是理，理在事中，所以認識理就是認識道。

韓非對「理」的論述如下：

> 道者，萬物之所然也，萬理之所稽也。理者，成物之文也；道者，萬物之所以成也。故曰：「道，理之者也」。物有理，不可以相薄；物有理不可以相薄，故理之爲物之制。萬物各異理，而道盡稽萬物之理，故不得不化；不得不化，故無常操。……凡理者，方圓、短長、粗靡、堅脆之分也，故理定而後可得道也。故定理有存亡，有死生，有盛衰。夫物之一存一亡，乍死乍生，初盛而後衰者，不可謂常。唯夫與天地之剖判也俱生，至天地之消散也不死不衰者謂常。而常者，無攸易，無定理。無定理，非在於常所，是以不可道也。……凡物之有形者易裁也，易割也；何以論之？有形，則有短長；有短長，則有小大；有小大，則有方圓；有方圓，則有堅脆；有堅脆，則有輕重；有輕重，則有白黑。短長、大小、方圓、堅脆、輕重、白黑之謂理。理定而物易割也。……凡道之情，不制不形，柔弱隨時，與理相應。〔註11〕

從韓非以上的論述中，我們可以得出：

〔註11〕《韓非子・解老》

　　第一，「理」是什麼？理是「成物之文」，是「物之制」，是萬物的具體性質，是世間萬物之間的差異性。《解老》篇有「短長、大小、方圓、堅脆、輕重、白黑之謂理，理定而物易割也」，又有「凡理者，方圓、短長、粗靡、堅脆之分也，理定而後物可得道也」。可見，理是可變的，可爲短長、方圓、輕重等各種形態，而其所現的各種形態正是萬物之所分，是事物具體屬性的展現。人們也正是通過理所展現的事物之間的千差萬別才能更好地把握事物的具體屬性，故而「理定而物易割也」。

　　第二，「理」與萬物的關係。「理」是物之理，不是獨立於具體事物而存在的。理是萬事萬物必須因循的客觀規律。而這個客觀規律與道必然地聯繫在一起。道作爲萬物本源的存在，滲透在萬事萬物之中。萬事萬物周而復始的運行，永不停息，具有內在的規律性，而這一規律性即理。理不能脫離萬物本體的道而存在，但任何道都存在內在的理。道和理的關係乃一般與特殊的關係，理是從道中分離而出的千差萬別的特殊規律。這個特殊規律由於可顯出萬事萬物具體屬性，能爲我們所掌握，因而也成爲了萬事萬物必須因循的客觀規律，按理所內含的客觀規律辦事即是對道的遵循。

　　第三，「理」與「道」的關係。「道」與「理」不同，是不死不衰，永恆存在的。「理」是具體事物的性質，「道」則是萬物之所以形成的原因，使物各具其「理」。每一事物具有各自不同的「理」，而「道盡稽萬物之理」。道雖然沒有特定的規定性，「無定理」，但與具體事物不同的性質和規律相合，因此「不得不化」。這也是韓非所講的「道」之變。「道」普遍存在於宇宙萬物之中，它根據不同事物所處的外在情況發生變化，與事物之「理」相應，決定事物的生死。可見，雖然「理」以「道」爲最終根據，但「道」在具體事物中與「理」相合，即「理」是道在具體事物中的表現。韓非認爲可以通過「道」的表現來認識「道」，即可通過事物之「理」來認識「道」。概而言之，「道」不是離開「理」而獨立存在的；「理」也不是離開事物而獨立存在的。作爲事物的總規律的「道」，以及作爲事物特殊規律的「理」，都存在於事物之中。

　　由於「理」的概念的介入，「道」與具體事物的聯繫變得明晰起來。每一個具體事物都有其特定的「理」。人類社會中各種複雜的社會現象和社會關係也有它的「理」。體現於社會政治生活中的「道」與「理」尤其得到韓非的重視，甚至直接賦予「道」以治國之道的意義。「所謂『有國之母』者，道也；

道也者，生於所以有國之術；所以有國之術，故謂之『有國之母』。」〔註12〕道是一個國家賴以維持的根基，是從維持國家的政治術中產生出來的。韓非這個對於「道」的新定義，集中體現了韓非「道」的政治性和實用性。在《韓非子》一書中，「道」除了形而上的哲學之義外，其它都被作爲人主治國之道的意義被廣泛使用。

第二節　性與情

韓非對「性」沒有明確解說，但從他與荀子的關係來看，其「性」概念是直接來自荀子。對於「情」，韓非用法以制情。「凡治天下，必因人性。人情者，有好惡，故賞罰可用；賞罰可用，則禁令可立而治道具矣」。〔註13〕

一、性

性，本字爲生。《說文解字》曰：「性，人之陽氣性善者也。從心，生聲。」物有物性，人有人性，性是物類天生之本性或特質。莊子曰：「性者，生之質也。」〔註14〕荀子曰：「生之所以然者謂之性。」〔註15〕《呂氏春秋》曰：「性者，所受於天也，非人之能爲也。」〔註16〕董仲舒曰：「如其生之自然之資謂之性。」〔註17〕嚴遵曰：「所稟於道，而成形體，萬方殊類，人物男女，聖智勇怯，小大脩短，仁廉貪酷，強弱輕重，聲色狀貌，精粗高下，謂之性。」〔註18〕性是物類天生之本性或特質，所以，同一物類，其性亦同。趙岐曰：「凡物生同類者皆同性。」〔註19〕牟融曰：「物類各自有性，猶磁石取鐵，不能移毫毛矣。」〔註20〕「故金剛水柔，性之別也。」〔註21〕簡言之，性於人而言，就是人的天性或自然之性，「中國人用一性字來說萬物之相同處。不論有生無

〔註12〕《韓非子・解老》
〔註13〕《韓非子・八經》
〔註14〕《莊子・庚桑楚》
〔註15〕《荀子・正名》
〔註16〕《呂氏春秋・孟秋紀・蕩兵》
〔註17〕《春秋繁露・深察名號》
〔註18〕《老子指歸・道生篇》
〔註19〕《孟子章句》
〔註20〕《牟子理惑論》
〔註21〕《南史・張充傳》

生，每一物則必有其一性。此物之性，即是此物之特質，乃其與它物相異之所在。此性由稱曰天性，即自然之性。乃指其自己如此，自生即有，與生俱在，一成而不變。」〔註22〕

老子之「性」。「《老子》一書無性字，《莊子》內七篇亦無性字；然其所謂『德』，實則《莊子》外篇，雜篇之所謂『性』。」〔註23〕並且「性是德在成物之後，依然保持在物的形體以內的種子。」〔註24〕老子所關注的是道的普遍性，客觀性，對人性不甚關注。按照徐復觀的觀點，老子對於德的說明，其實也是對性的說明。德者，得於道者也，得於道而為人之根本者，乃人之性。道之本性自然無為，得道之人性亦本然、自然。

儒家之「性」。其根基於仁義之道，是要為其仁義之道確立一根基與現實之出路和途徑。孔子一生多講仁，主要局限於仁本身，即仁是什麼，為什麼行仁的層面上。故孔子多言仁義，而很少論及性。孔子論性，只有一句：「性相近也，習相遠也」。〔註25〕孟子自覺地將孔子仁學的終點作為自己仁學的起點，並通過對「為仁之方」的論述，而建立了自己的心性論。在孟子看來，「人之所以異於禽獸者幾希」。〔註26〕「口之於味也，目之於色也，耳之於聲也，鼻之於嗅也，四體之於安佚也，性也。」〔註27〕人與動物之間是有相通性的，但人異於動物之根本所在，在於人先天地具有惻隱、羞惡、辭讓、是非之心，這才是人之所以為人者，是所謂的人性。「無惻隱之心，非人也；無羞惡之心，非人也；無辭讓之心，非人也；無是非之心，非人也。」〔註28〕因此，人之本性就其本原意義而言，原本就是善的。這種本原的、先天性的善，正是人為仁向善之基礎；人本身原有的惻隱、羞惡、恭敬、是非之心，正是人為仁向善之發端：「惻隱之心，仁之端也；羞惡之心，義之端也；辭讓之心，禮之端也；是非之心，智之端也。」〔註29〕所以，儒家所宣揚的仁義禮智，並不是外在於人或強加於人的東西，而是根源於人性，並且是由其發育出來的東西，是人性

〔註22〕湯一介：中國文化與中國哲學〔M〕，北京：讀書・生活・新知三聯書店，1988年，第31頁。

〔註23〕徐復觀：中國人性論史〔M〕，臺北：臺灣商務印書館，1990年，第415頁。

〔註24〕徐復觀：中國人性論史〔M〕，臺北：臺灣商務印書館，1990年，第373頁。

〔註25〕《論語・陽貨》

〔註26〕《孟子・離婁下》

〔註27〕《孟子・盡心下》

〔註28〕《孟子・公孫丑上》

〔註29〕《孟子・公孫丑上》

中本有的東西：「仁義禮智，非由外鑠我也，我固有之也。」〔註 30〕為仁不過是使人性之中本有之善端得以發揚廣大而已。孟子這種心性論的確立，就為儒家所宣導的仁義之道，第一次尋找到了理論上的根據。與孟子不同，荀子並不認為人天生就具有為仁向善的傾向。在荀子看來，完全出於人之「偽」，特別是出於「聖人之偽」。「凡禮義者，是生於聖人之偽，非固生於人之性也。」〔註31〕「凡人有所一同，饑而欲食，寒而欲暖，勞而欲息，好利而惡害，是人之所生而有也，是無待而然者也，是禹、桀之所同也。」〔註32〕雖然荀子也像孟子一樣，認為性是人秉受於天的，是先天的，是天賦的。但是與孟子不同，荀子將人與動物所共有的好利惡害的自然本性，當作基本的人性。如果順乎人的自然本性，必然導致人與人之間的相賊相殘和社會的混亂。所以，在荀子看來，人之本性為惡。「故古者聖人以人之性惡，以為偏險而不正，悖亂而不治，故為之立君上之執以臨之，明禮義以化之，起法正以治之，重刑罰以禁之，使天下皆出於治，合於善也。」〔註33〕君子小人就其天性而言，並沒有什麼不同。「凡人之性者，堯舜之與桀跖，其性一也；君子之與小人，其性一也。」〔註34〕人之實際的不同，完全在於後天的力量，完全在於他們所生活的環境和個人的主觀努力，即在於「注錯習俗之所積耳」。〔註35〕「慎習俗，大積靡，則為君子矣；縱性情而不足問學，則為小人矣。」〔註36〕表面看來，孟、荀之間似有很大差別，但他們之最終追求是完全一致的。性善、性惡之爭，不過是同一學派內部方法上之爭論。性善論突出人之先天因素，性惡論強調人之後天作為。人之為仁，既不能不根於先天，但亦不能忽視後天之努力。所以，《中庸》曰：「天命之謂性，率性之謂道，修道之謂教。」「自誠明，謂之性；自明誠，謂之教。誠則明矣；明則誠矣。」性為天、為誠，教為人、為明，故天人不可離分。張載更明確指出：「儒者則因明致誠，因誠致明，故天人合一，致學而可以成聖，得天而未始遺人。」〔註37〕只強調先天，而不注重後天，只有根據而無功夫；只注重後天，而不承認先天，則只有功夫而無根據。

〔註30〕《孟子‧告子上》
〔註31〕《孟子‧告子上》
〔註32〕《荀子‧榮辱》
〔註33〕《荀子‧性惡》
〔註34〕《荀子‧性惡》
〔註35〕《荀子‧榮辱》
〔註36〕《荀子‧儒效》
〔註37〕《正蒙‧乾稱》

　　韓非之「性」。韓非對「性」沒有明確解說，但從他與荀子的關係來看，其「性」概念是直接來自荀子。荀子對「性」有明確解說：「天之就」，「不爲而成」。〔註38〕韓非不講「天」而講「道」，則他所謂「性」的含義應該是「道之就」，即「道」所成就的人的自然狀態。故韓非之「性」與「理」是同一層次的概念，人性與物理都是「道」所決定的體現「道」的東西，因而都是人所應當認識的客體。由於「性」與「道」相一致，而韓非主張「緣道理以從事」，這也意味著主張「緣道性以從事」，這不同於荀子主張「制天命而用之」從而主張「化性起偽」的思想，因而對「性」的評價也不同於荀子，荀子認爲「性惡」，韓非則並不認爲「性惡」，「性」在韓非這裏是中性的東西，是所要認識的對象和所要因循的規律，既談不上善，也談不上惡，而不過是一個基本的、自然的事實。因爲韓非與荀子有這樣的思想區別，所以荀子對待人性是主張採用「禮義法度」的手段，「禮義」是用於教化人心以積極地引導人性的手段，「法度」是用於制約人的行爲以消極地限制人性的手段。韓非則捨「禮義」而僅用「法度」來限制人性而制約人的行爲。所以，韓非的「法」與「性」之間的關係可理解爲「法」是基於對「性」的認識所採取的控制「性」的手段。荀子有「以義制利」之意，韓非關於「法」與「性」的關係也可概括爲「以法制性」。

二、情

　　《說文解字》曰：「情，人之陰氣有欲者。從心，青聲。」本義爲人之情緒、情感。

　　對於何謂情？歷史上有相似一致的解釋，情就是人之主觀對於外在物事所發生之情緒反應。荀子曰：「性者，天之就也；情者，性之質也；欲者，情之應也。」〔註39〕《禮記‧禮運》曰：「何謂人情？喜、怒、哀、懼、愛、惡、欲，七者弗學而能。」嚴遵曰：「因性而動，接物感寤，愛惡好憎，驚恐喜怒，悲樂憂患，進退取與，謂之情。」〔註40〕王充曰：「情，接於物而然者也，出形於外。形外則謂之陽，不發者則謂陰。」〔註41〕韓愈曰：「性也者，與生俱生；情也者，接於物而生者也。」〔註42〕

〔註38〕《荀子‧天論》
〔註39〕《荀子‧正名》
〔註40〕《老子指歸‧道生篇》
〔註41〕《論衡‧本性》
〔註42〕《原性》

　　老莊之「情」。老莊對「情」更多的是就情慾，物情而言，所極力反對的乃人之欲。「情」與「欲」二者有所區別，「情之正曰性情，情之賊曰情慾。『無爲之情』者，無情慾之情，非無性情之情也，故於此辯之。或曰：好惡非性情之情乎？抑性情之情獨無好惡乎？曰：好惡賊性情也，然以之見傷其身，則非性情之正，而情慾矣。情慾、性情。豈有二哉？用之過當與不過耳。」〔註43〕在老子看來，「無色令人目盲，五音令人耳聾，五味令人口爽；馳騁畋獵，令人心發狂。難得之貨，令人行妨。是以聖人爲腹不爲目。故去彼取此。」〔註44〕老子主張，「不可見欲，使民心不亂」，「常使民無知無欲」。道本自然無爲，無爲而無欲，欲之則害心傷性。莊子亦認爲「百年之木，破爲犧尊，青黃而文之，其斷在溝中。比犧尊於溝中之斷，則美惡有間矣，其於失性一也。跖與曾史，行義有間矣，然其失性均也。且夫失性有五：一曰五色亂目，使目不明；二曰五聲亂耳，使耳不聰；三曰五臭薰鼻，困惾中顙；四曰五味濁口，使口厲爽；五曰趣舍滑心，使性飛揚。此五者，皆生之害也。而楊墨乃始離跂自以爲得，非吾所謂得也。夫得者困，可以爲得乎？則鳩鴞之在於籠也，亦可以爲得矣。且夫趣舍聲色以柴其內，皮弁鷸冠搢笏紳修以約其外，內支盈於柴柵，外重繳，睆睆然在繳之中而自以爲得，則是罪人交臂歷指而虎豹在於囊檻，亦可以爲得矣。」〔註45〕百年的大樹，伐倒剖開後雕刻成精美的酒器，再用青、黃二色彩繪出美麗的花紋，而餘下的斷木則棄置在山溝裏。雕刻成精美酒器的一段木料比起棄置在山溝裏的其餘木料，美好的命運和悲慘的遭遇之間就有了差別，不過對於失去了原有的本性來說卻是一樣的。盜跖與曾參、史鰌，行爲和道義上存在著差別，然而他們失卻人所固有的真性卻也是一樣的。大凡喪失真性有五種情況：一是五種顏色擾亂視覺，使得眼睛看不明晰；二是五種樂音擾亂聽力，使得耳朵聽不真切；三是五種氣味薰擾嗅覺，困擾壅塞鼻腔並且直達額頂；四是五種滋味穢濁味覺，使得口舌受到嚴重傷害；五是取捨的欲念迷亂心神，使得心性馳競不息、輕浮躁動。這五種情況，都是生命的禍害。可是，楊朱、墨翟竟不停地奮力追求而自以爲有所得，不過這卻不是我所說的優遊自得。得到什麼反而爲其所困，也可以

〔註43〕 鍾泰：莊子發微〔M〕，上海：上海古籍出版社，1988 年，第 126～127 頁。
〔註44〕 《老子・十二章》
〔註45〕 《莊子・天地》

說是有所得嗎？那麼，斑鳩鴞鳥關於籠中，也可以算是優遊自得了。況且取捨於聲色的欲念像柴草一樣堆滿內心，皮帽羽冠、朝板、寬頻和長裙捆束於外，內心裏充滿柴草柵欄，外表上被繩索捆了一層又一層，卻瞪著大眼在繩索束縛中自以為有所得，那麼罪犯反綁著雙手或者受到擠壓五指的酷刑，以及虎豹被關在圈柵、牢籠中，也可以算是優遊自得了。五色、五聲、五臭、五味使人心迷性亂，引發情慾，是莊子所反對的。

　　儒家之「情」。儒家主張制「情」。儒家的創始人孔子極少言「情」，《論語》中只有兩處，一是「子曰：……上好信，則民莫敢不用情」；〔註46〕一是「曾子曰：上失其道，民散久矣。如得其情，則哀矜而勿喜」。〔註47〕在孔子的言論中，這唯一的「情」只是指人「誠實」的品格。但是，並不能因此而否定孔子對「情」的重視。孔子主張以仁義禮智信為最高的人格修養準則，以禮義修身，以仁德治國。而「仁」的主要意義是「愛人」，是「泛愛眾」，重視人的地位與作用，要把人作為人來對待，而不是把人當作可以任意殺戮的貴族私產。可見，孔子的「仁」是由對「人」的憐憫之情而起，也是由人的情感需要而建構的。孟子認為，「情」與「性」有關，「性」本善，而「情」則有善有不善。「乃若其情，則可以為善矣，乃所謂善也。若夫為不善，非才之罪也。」〔註48〕「才」，即人天生之才質，亦即所謂「性」。在孟子看來，「情」有不善，非由「性」之不善也。朱熹注曰：「才，猶材質，人之能也。人有是性，則有是才，性既善則才亦善。人之為不善，乃物欲陷溺而然，非其才之罪也。」〔註49〕荀子講「情」，往往與「性」合而言之。荀子在堅持「性惡論」主張的同時，肯定了人的「情」和「欲」的合理性，認為「性者，天之就也；情者，性之質也；欲者，情之應也」，並且將「情」的內涵明確定義為「性之好、惡、喜、怒、哀、樂」。〔註50〕在荀子看來，「性」既為惡，「情」亦為惡。「從人之性，順人之情，必出於爭奪，合於犯分亂理而歸於暴。」〔註51〕雖然荀子承認「情」是與生俱來的，不應該因主觀的偏好和現實政治倫理的需要而否定其存在的合理性，「夫人之情，目欲綦色，耳欲綦聲，口欲綦味，鼻

〔註46〕《論語・子路》
〔註47〕《論語・子張》
〔註48〕《孟子・告子上》
〔註49〕《孟子集注・告子章句上》
〔註50〕《荀子・正名》
〔註51〕《荀子・性惡》

欲綦臭，心欲綦佚。此五綦者，人情之所必不免也」。〔註52〕但同時，也認為「情」不可任意發展。「故人知謹注錯，慎習俗，大積靡，則為君子矣；縱情性而不足問學，則為小人矣。」〔註53〕因此，荀子提出應該「以禮導情」，「君子既得其養，又好其別。曷謂別？曰：貴賤有等，長幼有差，貧富輕重皆有稱者也。故天子大路越席，所以養體也；側載睪芷，所以養鼻也；前有錯衡，所以養目也；和鸞之聲，步中武象，趨中韶護，所以養耳也；龍旗九斿，所以養信也；寢兕持虎，蛟韅、絲末、彌龍，所以養威也；故大路之馬必信至，教順，然後乘之，所以養安也。孰知夫出死要節之所以養生也！孰知夫出費用之所以養財也！孰知夫恭敬辭讓之所以養安也！孰知夫禮義文理之所以養情也！故人苟生之為見，若者必死；苟利之為見，若者必害；苟怠惰偷懦之為安，若者必危；苟情說之為樂，若者必滅。故人一之於禮義，則兩得之矣；一之於情性，則兩喪之矣。故儒者將使人兩得之者也，墨者將使人兩喪之者也，是儒墨之分也。」〔註54〕君子需要各方面的給養，又要區別給養的差別。這種差別是什麼呢？貴與賤有一定的等級，長幼的有一定的次序，貧與富、卑與尊各有相應的規定。所以，天子乘坐寬闊的大輅車，那蒲席，是用來舒適身體的；放置的各種香草，是滿足嗅覺需要的；塗金的橫木，是滿足視覺需要的；那鈴聲，車子慢行時，合乎《武》、《象》的節奏，車子快行時，合乎《韶》、《護》的音律，這是滿足聽覺需要的；天子龍旗掛有九根飄帶，是顯示天子神氣的；車輪上的臥犀、蹲虎，鮫魚皮製做的馬肚帶，絲織的車簾，車耳上龍圖，是顯示天子威勢的。所以，天子乘坐的大輅車的馬匹必須是訓練有素，而且一定要非常馴服，這是為了保護天子的安全。誰懂得那捨生以求名節的人正是用來保養生命的呢？誰懂得花費錢財正是為了保養錢財的呢？誰懂得恭敬謙讓正是用來為了實現安定不亂的呢？誰懂得那禮義規範和儀式是用來培養情操的呢？所以，如果人們只看見生，這樣的人就一定會死；如果只貪圖私利，這樣的人一定會遭到禍害；如果只是喜歡鬆懈懶惰，這樣的人一定會有危險；如果只喜歡縱情享樂，這樣的人一定會遭到滅亡。因此，如果人用禮義規範自身，那麼，禮義與性情二者就能兼得。如果隨性而為，那麼兩者都會喪失。所以，儒家可以使人兩者兼得，而墨家則會使人兩者兼

〔註52〕《荀子·王霸》
〔註53〕《荀子·儒效》
〔註54〕《荀子·禮論》

失，這就是儒家和墨家的區別了。只有以禮來引導和制約「情」，才能使它的發展合乎社會的倫理道德，推動社會的進步發展。「是以爲之起禮義，製法度，以矯飾人之情性而正之，以擾化人之情性而導之也。」〔註55〕

　　韓非也主張制情。「凡治天下，必因人情。人情者，有好惡，故賞罰可用；賞罰可用，則禁令可立而治道具矣。君執柄以處勢，故令行禁止。柄者，殺生之制也；勢者，勝眾之資也。廢置無度則權瀆，賞罰下共則威分。是以明主不懷愛而聽，不留說而計。故聽言不參，則權分乎姦，智力不用，則君窮乎臣。故明主之行制也天，其用人也鬼。天則不非，鬼則不困。勢行教嚴，逆而不違，毀譽一行而不議。故賞賢罰暴，舉善之至者也；賞暴罰賢，舉惡之至者也；是謂賞同罰異。賞莫如厚，使民利之；譽莫如美，使民榮之；誅莫如重，使民畏之，毀莫如惡，使民恥之。然後一行其法，禁誅於私。家不害功罪，賞罰必知之，知之，道盡矣。」〔註56〕韓非指出凡是治理天下，一定要依據人之常情。人之常情，有喜好、厭惡，所以獎賞，刑罰可以使用；獎罰，刑罰可以使用，禁令法制就可以建立而治國之法亦可以完備。他同時指出，權柄可以決定臣民的生死，威勢足以制服眾人的不滿。只要賞罰得當，聽言以參，即使有些事不順民意，民眾也不會悖逆的。在韓非這裏，因人情是法之存在的基礎。人情有好惡而法冷酷，法是裁決一切是非的準繩，人情之好惡不能干涉法的制定與實施。「法家精義，在於制情而任法。……法家之義，則全絕感情，一準諸法，法之所在，絲毫不容出入。看似不能曲當，實則和全域、通前後而觀之，必能大劑於平也。」〔註57〕

　　道、儒、法都肯定人之常情的存在，但反對情慾的氾濫。所以基本的態度都趨於一致──制情。只是各自採取的手段和方法不同，道家主張人要無知無欲，存質樸之心；儒家以禮教化，以禮制情；韓非則一斷於法，以法制情。

〔註55〕《荀子・性惡》
〔註56〕《韓非子・八經》
〔註57〕呂思勉：先秦學術概論〔M〕，昆明：雲南人民出版社，2005年，第100頁。

第五章　君道論

禮廢樂壞的春秋戰國亟需政治權威的重建和社會秩序的恢復，根本立足點就在於鞏固君主的權勢。君主的「有效存在」則是實現社會秩序、生活穩定的必要組成部分。所謂「有效存在」包括君位穩固、君主政令能夠得以完全執行等諸多方面，核心就在於君主權威必須受到充分尊重。韓非借道釋君，提出「明君貴獨道之容」，賦君以極高無上的至尊地位。

第一節　借道釋君

以血緣為基礎，等級為特徵的宗法制度是古代中國特有的政治體系，它是直接傳承父系氏族社會晚期的族長制（即原始家長制）統治體系並使之規範化和系統化的結果，實為君主制和家長制的合體。由此一國之內，君為至尊；一家之內，父為至尊。「中國古代的宗法制度從奴隸社會一直延續到封建社會之末，其如此長期的存在表明：古代中國社會交往活動的範圍並沒有因其國的建立和發展而擴大到家之外，相反在這個過程中，原有的家（父系氏族）只是與時俱進的不斷更新其固有的內容，使之具有隨時變化的國的性質，而其原有的形式則被保留了下來——國仍以家的形式存在，所謂天下為家是也。」〔註1〕這樣的社會特徵使君往往成為國家的象徵和天下百姓的總代表，由此使得先秦諸子無論從何種路徑，無論以怎樣的形式，其理論思維的現實指向大都是有君論者，期待作為國家之代表的君主能夠采其言並施行之。

〔註 1〕 周可真：明清之際新仁學——顧炎武思想研究〔M〕，北京：中國大百科全書出版社，2006 年，第 22 頁。

　　道，乃至天，都與君存在對應關係，那怕是簡單的比附，先秦諸子們都對此不遺餘力的加以強調，只是幻想在宗法制度的體系內能天降聖人以拯萬民罷了。君道關係集中表現爲代表價值系統的「道」對政治現實中的「君」有一種論證、規約和限制的作用，同樣，君則須以道的規範來約束自己，做「體道」之君。老子言：「道大、天大、地大、王亦大。」〔註2〕王爲四大之一。荀子和管子則以天地應之。「天地者，生之始也；禮義者，治之始也；君子者，禮義之始也；爲之，貫之，積重之，致好之者，君子之始也。故天地生君子，君子理天地；君子者，天地之參也，萬物之摠也，民之父母也。無君子，則天地不理，禮義無統，上無君師，下無父子，夫是之謂至亂。君臣、父子、兄弟、夫婦，始則終，終則始，與天地同理，與萬世同久，夫是之謂大本。」〔註3〕「天覆萬物，制寒暑，行日月，次星辰，天之常也；治之以理，終而復始，主牧萬民，治天下，莅百官，主之常也。」〔註4〕由此而拔高君主的地位，使君成爲人間唯一的主宰。「天能生物，不能辨物也，地能載人，不能治人也；宇中萬物生人之屬，待聖人然後分也。詩曰：『懷柔百神，及河喬嶽。』此之謂也。」〔註5〕

　　韓非以「道」所內蘊的主宰性，來論證君主在政治秩序維繫和權力運作中的作用。「道」具有絕對超然性，是「一」、「全」，其它一切事物在「道」面前，均成爲了「多」、「分」。韓非在《揚權》說：「道不同於萬物，德不同於陰陽，衡不同於輕重，繩不同於出入，和不同於燥濕，君不同於群臣。凡此六者，道之出也。」「此六者」顯然明指道與萬物、君與臣之間的六種關係，韓非儼然將「君」尊於臣的落差，提高到了「道」與「萬物」的高度。正是由於對君主「金字塔」塔尖權位的極度訴求，所以，韓非發出如是感歎，其曰：「萬乘之患，大臣太重；千乘之患，左右太信。此人主之所公患也。」〔註6〕韓非的眞實內涵顯露無遺：君主是政治體系中的最高權威，君臣上下的差等位次及其不可更易性乃是秩序的本然。如此一來，君主權位就不容懷疑，亦不可變更。《解老》說：「夫物之一存一亡，乍死乍生，初盛而後衰者，不可謂常。唯夫與天地之剖判也俱生，至天地消散也不死不衰者謂常」。「常」

〔註2〕《老子・十五章》
〔註3〕《荀子・王制》
〔註4〕《管子・形勢解》
〔註5〕《荀子・禮論》
〔註6〕《韓非子・孤憤》

即「道」。由於「道」的時間永恆性和不容改變性，韓非也賦予了君主以絕對合法化，抑或是不可辯悖性。韓非試圖通過抽象的「道」來論證君主權威，張揚了「國無君不可以爲治」的理念。張分田在闡釋君主制度產生的根源時，總結到先秦諸子的君主制度的源由有著天道自然、人情事理、歷史衍化和聖智強者四種形式。其中，依據天道自然論證君主的合理性，「從形而上的角度探討君主制度的終極根據，把君主制度說成是一種宇宙普遍法則在人類社會的體現」，〔註7〕由「道」立君、借「道」釋君，用「道」來論證君主的必然性，即是其中之一。

　　在韓非看來，君主須有與「道」一樣的「至尊」權位，「君」與「道」有著對等的關聯。正是立足於這一構想，韓非將君主設想成爲「道」在人間的化身，郭沫若就直言，「在韓非這樣的法家，道既成爲人君的護符，體道者便只能限於君人者」。〔註8〕由於君與道取得了內在的、對等的關聯，韓非在以「道」的絕對性、至大性和至尊性來論證和表述君主在政治中的相似位次的同時，「道」既承載著思想家對理想而完美的君主的諸多政治理性訴求，亦表達著現實的君主只有惟「道」是從，才能被稱爲有道之君。正因如此，君主要虛心「體道」、「以道正己」，其實質內涵仍在於表達君主在「道」面前仍屬「下者」。《商君書・畫策》曰：「聖人知必然之理，必爲之時勢。」《管子・君臣上》云：「道者，誠人之姓（性）也，非在人也。而聖王明君，善知而道之者也。」「道也者，萬物之要也。爲人君者，執要而待之。」《管子・正世》亦有言：「聖人者，明於治亂之道，習於人事之始終也。」韓非明言君主當「以道正己」，要「以道蒞天下」，「夫能有其國保其身者，必且體道。」〔註9〕「道者，萬物之始，是非之紀也。是以明君守始以知萬物之源，治紀以知善敗之端。」〔註10〕

　　「道」承載著韓非在內的先秦士人對宇宙天道、社會人道的最高觀察和深刻體悟，具有著至大無外的特點，是「理性的最高抽象」，對君有著論證、規範和限製作用，如若君主能虛心「體道」成爲「明君」，那麼，高高在上的「道」亦就與君合而爲一、君道同體了。劉澤華認爲，在韓非思想中，「君主

〔註7〕　張分田：中國帝王觀念：社會普遍意識中的「尊君・罪君」文化範式〔M〕，北京：中國人民大學出版社，2003年，第297頁。
〔註8〕　郭沫若：十批判書〔M〕，上海：東方出版中心，1996年，第381頁。
〔註9〕　《韓非子・解老》
〔註10〕　《韓非子・主道》

與道變成相應和同體的關係」。需要強調的是，這僅爲一種極理想的狀態。君道合一是韓非基於其政治價值訴求做出的一種「前識」性指向，換言之，所謂「道」、君道關係及其「體道」之明君，皆屬法家政治思想的一種前提預設和理想化追求。如此一來，「道」，不過是法家士子追尋理想聖王和品評現實君主的最高依據，「道」對君的規範成爲一種價值指向。

既然君、道有別，那麼君必須體道才能洞悉道之奧妙。在老子那裏，天道即是侯王體道的標準，「功成身退，天之道」，「天之道，不爭而善勝」，「天之道，常與善人」，「天之道，利而不害」。在管子看來，「道者，誠人之性也，非在人也。而聖王明君，善知而道之者也。」「道也者，萬物之要也。爲人君者，執要而待之。」〔註11〕韓非反覆強調君主要知道、體道、執道，與道相合。「夫能有其國保其身者，必且體道」，〔註12〕「道者，萬物之始，是非之紀也。是以明君守始以知萬物之源，治紀以知善敗之端。」〔註13〕道不僅是自然規律，也是社會法則，君主只有知道，才能統御萬物。

按照韓非的理論，「道」只能爲君主所掌握，而「道」又是獨一無二的，它起著左右和支配一切的作用。在現實生活中，相對應的君主就是一切，至高無上，獨一無二。韓非在《揚權》篇說：「道不同於萬物，德不同於陰陽，衡不同於輕重，繩不同於出入，和不同於燥濕，君不同於群臣。」在此，韓非從「道」與萬物的一多關係充分論證了君臣之間尊卑貴賤的合理性。人類社會「君不同於群臣」的等級秩序，根本依據就在於「道不同於萬物」的自然秩序。其實，韓非在此要表達的中心思想，在於從「道」與萬物的一多關係論證君尊臣卑關係對於秩序恢復的重要性，其思路遵循了先秦諸子普遍認同的「天人」同構。也就是說，此處主要內涵在於「君臣不同道」，君主相對於臣民而言，其尊貴地位就相當於「道」相對於「萬物」的關係。

就君、道而言，老子、韓非是高度一致的，都以「天之道」作爲侯王、君主的處世規範和範本，都用宇宙之道簡單的附著於人間之君的身上，這樣做的結果，無非是爲了說明君主的獨一無二罷了。所以韓非的君道論，其現實的映照就是君主的利益高於一切，「欲利其身，先利其君，欲官其家，先富

〔註11〕《管子·君臣上》
〔註12〕《韓非子·解老》
〔註13〕《韓非子·主道》

其國。」〔註14〕一切以滿足君主的利益需要爲前提，這也正是其提出法、術、勢主張以達到維護君權之目的的邏輯前提。

第二節 明君之道

韓非借道釋君，能貴道之容者，非明君莫屬，何謂韓非指稱之明君呢？

能立道於往古，而垂德於萬世者之謂明主。〔註15〕

守自然之道，行毋窮之令，故曰明主。〔註16〕

古之全大體者：望天地，觀江海，因山穀、日月所照、四時所行、雲布風動；不以智累心，不以私傷己；寄治亂於法術，託是非於賞罰，屬輕重於權衡；不逆天理，不傷情性；不吹毛而求小疵，不洗垢而察難知；不引繩於外，不推繩之內；不急法之外，不緩法於內；守成理，因自然；禍福生於道法，而不出乎愛惡；榮辱之責在乎己，而不在乎人。〔註17〕

夫所謂明君者，能蓄其臣者也。〔註18〕

如上所言，韓非心目中的明君：第一，明君遵循著自然之道的法則，立治國之法，無所不暢。第二，明主不違逆自然規律，不傷害人的情性，「不以智累心，不以私傷己」。第三，明主治亂皆依法、術，而不是憑依自己之好惡。即「寄治亂於法術，託是非於賞罰」。第四，明主必須能夠控制住自己的臣下，不容許臣子犯上作亂。此其謂「能蓄其臣者也」。

如何成爲明君呢？韓非用大量篇幅對明君、聖主之道進行了深入細緻的探討。《韓非子》中的《主道》、《揚權》、《南面》、《二柄》、《備內》、《八姦》、《人主》、《用人》、《三守》、《功名》諸篇講的都是如何成爲明君、聖主的辦法以及如何防止臣下篡權的手段。

韓非關於明主之道有眾多的表述：

明君之道，使智者盡其慮，而君因以斷事，故君不窮於智；賢

〔註14〕《韓非子・外儲說右下》
〔註15〕《韓非子・安危》
〔註16〕《韓非子・功名》
〔註17〕《韓非子・大體》
〔註18〕《韓非子・忠孝》

者敕其材，君因而任之，故君不窮於能；有功則君有其賢，有過則臣任其罪，故君不窮於名。……人主之道，靜退以爲寶。〔註19〕

明主使法擇人，不自舉也；使法量功，不自度也。〔註20〕

聖人之道，去智去巧；智巧不去，難以爲常。〔註21〕

明主之道，必明於公私之分，明法制，去私恩，〔註22〕

有道之君貴靜，不重變法……有道之君，外無冤仇於鄰敵，而內有德澤於人民。〔註23〕

聖人之所以治道者三：一曰利，二曰威，三曰名。〔註24〕

聖王明君則不然，內舉不避親，外舉不避仇……爲人主者，誠明於臣之所言，則雖畢弋馳騁，撞鐘舞女，國猶且存也。〔註25〕

故明主之治國也，眾其守而重其罪，使民以法禁而不以廉讓。〔註26〕

有道之主，不求清潔之吏，而務必知之術也。〔註27〕

明主審公私之分，審利害之地，姦乃無所乘……明主，其務在周密……明主之道，取於任，賢於官，賞於功……明主之道，臣不得以行義成榮，不得以家利爲功，功名所生，必出於官法。〔註28〕

故明王峭其法而嚴其刑也……故明主之道，一法而不求智，固術而不慕信，……故明主用其力，不聽其言；賞其功，必禁無用……故明主之國，無書簡之文，以法爲教；無先王之語，以吏爲師；無私劍之悍，以斬首爲勇。〔註29〕

〔註19〕《韓非子・主道》
〔註20〕《韓非子・有度》
〔註21〕《韓非子・揚權》
〔註22〕《韓非子・飭邪》
〔註23〕《韓非子・解老》
〔註24〕《韓非子・詭使》
〔註25〕《韓非子・說疑》
〔註26〕《韓非子・六反》
〔註27〕《韓非子・八說》
〔註28〕《韓非子・八經》
〔註29〕《韓非子・五蠹》

故明主急其助而緩其頌，故不道仁義……故明主舉實事，去無用，不道仁義者故，不聽學者之言。〔註30〕

明主者，推功而爵祿，稱能而官事，所舉者必有賢，所用者必有能，賢能之士進，則私門之請止矣。〔註31〕

聖人者，審於是非之實，察於治亂之情也。故其治國也，正明法，陳嚴刑，將以救群生之亂，去天下之禍，使強不凌弱，眾不暴寡，耆老得遂，幼孤得長，邊境不侵，君臣相親，父子相保，而無死亡繫虜之患，此亦功之至厚也。〔註32〕

是故明君之蓄其臣也，盡之以法，質之以備。〔註33〕

明君使事不相干，故莫訟；使士不兼官，故技長；使人不同功，故莫爭。……君人者，能去賢巧之所不能，守中拙之所萬不失，則人力盡而功名立。……明主立可爲之賞，高可避之罰。……明主之表易見，故約立；其教易知，故言用；其法易爲，故令行。……故明主厲廉恥，招仁義。〔註34〕

古之人目短於自見，故以鏡觀面；智短於自知，故以道正己。故鏡無見疵之罪，道無明過之怨。目失鏡，則無以正鬚眉；身失道，則無以知迷惑。西門豹之性急，故佩韋以緩己；董安于之心緩，故佩弦以自急。故以有餘補不足，以長續短之謂明主。〔註35〕

明主之道，如有若之應密子也。明主之聽言也，美其辯；其觀行也，賢其遠。故群臣士民之道言者迂弘，其行身也離世。其說在田鳩對荊王也。故墨子爲木鳶，謳癸築武宮。夫藥酒用言，明君聖主之以獨知也。〔註36〕

夫良藥苦於口，而智者勸而飲之，知其入而已己疾也；忠言拂於耳，而明主聽之，知其可以致功也。〔註37〕

〔註30〕《韓非子・顯學》
〔註31〕《韓非子・人主》
〔註32〕《韓非子・姦劫弑臣》
〔註33〕《韓非子・愛臣》
〔註34〕《韓非子・用人》
〔註35〕《韓非子・觀行》
〔註36〕《韓非子・外儲說左上・經一》
〔註37〕《韓非子・外儲說左上・說一》

《詩》曰：「不躬不親，庶民不信。」傳說之以「無衣紫」，援之以鄭簡、宋襄，責之以尊厚耕戰。夫不明分，不責誠，而以躬親位下，且爲「下走」「睡臥」，與去「掩弊」「微服」。孔丘不知，故稱猶盂；鄒君不知，故先自僇。明主之道，如叔向賦獵與昭侯之奚聽也。〔註38〕

小信成則大信立，故明主積於信。賞罰不信，則禁令不行，說在文公之攻原與箕鄭救餓也。是以吳起須故人而食，文侯會虞人而獵。故明主表信，如曾子殺彘也。患在厲王擊警鼓與李悝謾兩和也。〔註39〕

明主者，鑒於外也，而外事不得不成，故蘇代非齊王。人主鑒於上也，而居者不適不顯，故潘壽言禹情。人主無所覺悟，方吾知之，故恐同衣同族，而況借於權乎！吳章知之，故說以佯，而況借於誠乎！趙王惡虎目而壅。明主之道，如周行人之卻衛侯也。〔註40〕

明君使人無私，以詐而食者禁；力盡於事，歸利於上者必聞，聞者必賞；污穢爲私者必知，知者必誅。〔註41〕

韓非對明君之道的論述真是不惜筆墨，可以說，整部《韓非子》的核心就是圍繞有道之君的治而展開。除了散落在各章的敘述之外，韓非還專門集中論述了明君的治國法則，這就是治國之八經，「一、凡治天下，必因人性。人情者，有好惡，故賞罰可用；賞罰可用，則禁令可立而治道具矣。……因情。二、力不敵眾，智不盡物。與其用一人，不如用一國，故智力敵而群勝物。……主道。三、知臣主之異利者王，以爲同者劫，與共事者殺。……起亂。四、參伍之道：行參以謀多，揆伍以責失。……立道。五、明主，其務在周密。……參言。六、聽不參，則無以責下；言不督乎用，則邪說當上。……聽法。七、官之重也，毋法也；法之息也，上暗也。……類柄。八、行義示則主威分，慈仁聽則法制毀。……主威。」〔註42〕

顯然，法、術、勢是明君都應具備和掌握的，也是明君之道的主要途徑和手段，暫且在此不論。韓非認爲明君、聖主還應做到以下幾點：

〔註38〕《韓非子・外儲說左上・經五》
〔註39〕《韓非子・外儲說左上・經六》
〔註40〕《韓非子・外儲說右下・經三》
〔註41〕《韓非子・難三》
〔註42〕《韓非子・八經》

一、三守。君主必須要遵守三個基本原則：深藏不露、自主決策、大權獨攬。如果行之，則國家安定，自身尊榮；如果未行，則國家混亂，君主身賤。

韓非指出，君主不應將大臣之過錯隨意外露，以免引起臣心之恐慌；對於賞罰要當機立斷，勿猶豫不決；對政務的處理要盡可能的親自親為，勿將其交由臣下去管理。「人臣有議當途之失、用事之過、舉臣之請，人主不心藏而漏之近習能人，使人臣之欲有言者，不敢不下適近習能人之心，而乃上以聞人主。然則端言直道之人不得見，而忠值日疏。愛人，不獨利也，待譽而後利之；憎人，不獨害也，待非而後害之，然則人主無威而重在左右矣。惡自治之勞憚，使群臣輔湊用事，因傳柄移藉，使生殺之機、奪予之要在大臣。」〔註43〕同樣的，韓非在《說林》中也提到「崇候、惡來知不適紂之誅也，而不見武王之滅之也。比干、子胥知其君之必亡也，而不知身之死也。故曰：『崇候、惡來知心而不知事，比干、子胥知事而不知心。』聖人其備矣。」〔註44〕崇候、惡來知道君主的心裏卻不知道國事的興亡，比干、子胥知道國事的興亡卻不知道君主的心理，聖人（君主）二者兼備。

二、虛靜自處。韓非之虛靜與老子之虛靜有很大的不同。老子主張虛是為了更好的瞭解客觀世界而避免先入之見，以及使人處於無知無欲的狀態。所主張的靜是為了令事物自然發展而減少干預。「故聖人云：『我無為而民自化，我好靜而民自正，我無事而民自富，我無欲而民自樸。」〔註45〕虛靜是要人們處於消極無為狀態，聽任萬事萬物自然生長變化。「致虛極，守靜篤。萬物並作，吾以觀復。」〔註46〕

韓非的虛靜並不是清靜無為。他認為「虛則知實之情；靜則知動者正。」〔註47〕虛是要君主處於暗處，彷彿虛空一般，令人不可琢磨，以自己的虛瞭解臣下的實。「君無見其所欲，君見其所欲，臣自將雕琢；君無見其意，君見其意，臣將自表異。故曰：去好去惡；臣乃見素；去舊去智·臣乃自備。」〔註48〕君主不要顯露自己的企圖，如果君主顯露自己的企圖，臣下就會偽裝自己；

〔註43〕《韓非子·三守》
〔註44〕《韓非子·說林下》
〔註45〕《老子·五十七章》
〔註46〕《老子·十六章》
〔註47〕《韓非子·主道》
〔註48〕《韓非子·主道》

君主不要表示自己的意見，如果君主表示自己的意見，那麼臣下就會表現自己。不顯露愛好和厭惡，臣下就會顯現本色；不表示成見和智慧，臣下就會謹慎防備。「數見久待而不任，姦則鹿散。使人問他則並鬻私。是以龐敬還公大夫，而戴讙詔視輼車；周主亡玉簪，商太宰論牛矢。」〔註49〕

靜是要君主窺視臣下的活動，達到以靜制動的目的。「寂乎其無位而處，謬乎莫得其所。明君無爲於上。群臣竦懼於下。明君之道，使智者盡其慮，而君因以斷事，故君不窮於智：賢者用其材，君因而任之，故君不窮於能；有功則君有其賢，有過則臣任其罪，故君不窮於名。是故不賢而爲賢者師，不智而爲智者正，臣有其勞，君有其成功，此之謂賢主之經也。」〔註50〕即君主似乎不在其位，臣下也不知君主的所在。明智的君主在上無爲而治，臣子就會在下誠惶誠恐的履行職責。明智的君主採取的辦法是：使有智慧的人施展計謀，以使君主據此斷事，那麼君主就有取之不盡的智慧；使賢明的人施展才能，君主據以任用他們，所以君主就會有用之不盡的才能。有功勞，君主得到賢名；有過失，臣下擔當罪責，所以君主有不盡不竭的榮譽。因此，君主不賢明卻可以作爲賢明者的師長，不明智卻可以作爲明智者的領袖。臣下承擔辛勞的工作，君主享有他們的成果，這就是王者之道。

韓非很自然的將老子的虛靜具體化爲「去微姦之道」，將老子消極控制自己的靜轉而爲積極控制他人的靜。韓非明確表示這一觀點，「人主之道，靜退以爲寶。不自操事而知拙與巧，不自計慮而知福與咎。是以不言而善應，不約而善增。言已應，則執其契，事已增，則操其符。符契之所合，賞罰之所生。故群臣陳其言，君以其言授其事，事以責其功。功當其事，事當其言，則賞，功不當其事，事不當其言，則誅。」〔註51〕意即君主之道，以虛靜退讓爲貴。不親自操作事物而能知道臣下的聰慧和愚笨，不親自謀劃思慮而能知道福運和禍患。因此不發表言論也會得到滿意的回答，不加管束也會獲得更多的功效。臣下的回答已經做出，就作爲契以備考覈；功業有了效果，就作爲符以備驗證。名實相符，這是作爲賞罰的根據。所以群臣陳述自己的見解，君主根據他們的言論來交辦事情，按事情考察他們的功效。功效符合所做的事，所做的事又符合所說的言論，就獎賞；功效不符合所做的事，所做

〔註49〕《韓非子・內儲說上七術》
〔註50〕《韓非子・主道》
〔註51〕《韓非子・主道》

的事又不符合所說的言論，就處罰。英明君主的原則，就是使臣下不得發表不符合實際的言論。

三、用人之長。《慎子‧民雜》說：「君之智，未必最賢於眾也，以未最賢而欲以善盡被下，則不贍矣。若使君之智最賢，以一君而盡贍下則勞，勞則有倦，倦則衰，衰則復反於不贍之道也。是以人君自任而躬事，則臣不事事，是君臣易位也，謂之倒逆，倒逆則亂矣。人君苟任臣而勿自躬，則臣皆事事矣。是君臣之順，治亂之分，不可不察也。」君主的聰明才智，不見得比群臣高明多少，憑君主不怎麼高明的才智，要治理好國家，用善來完全覆蓋下面就不夠了。假使君主的才智是最高明的，僅憑君主一人的力量讓群下百姓富足，也是相當勞苦的。勞苦過度就會身體疲倦，身體疲倦就會衰老，身體衰老就無法履行職責，這樣就會又回到老百姓得不到富足的老路上。因此，君主如果事事都親自去做，臣下就會什麼都不願幹，這樣君主和臣子的地位就容易顛倒，這就叫作倒行逆施。國家出現倒行逆施，社會就會出現混亂。君主如果放手把具體實事都交給臣下去做，而不必自己親自動手，那麼臣下就會盡職盡責，這就理順了君臣之間的關係。國家得到大治或大亂的分界就在這裏，這是不能不明察的。韓非指出「力不敵眾，智不盡物，與其用一人，不如用一國。」〔註52〕一個人的力量無論如何不及眾人的力量，一個人的智慧也比不上眾人的智慧，作為君主就要善於用人之所長。

韓非認為明君聖主能不行而知，不見而明，不為而成。「是以聖人無常行也。能並智，故曰不行而知；能並視，故曰不見而明；隨時以舉事，因資而立功，用萬物之能而獲利其上，故曰不為而成。」〔註53〕其結果「使天下不得不為己視，天下不得不為己聽，故身在深宮之中而照明四海之內，而天下弗能欺者，何也？暗亂之道廢而聰明之勢興也。」〔註54〕

明君用人之長，也需識得人之長處，及時採納臣下之意見。韓非對臣之諫言之痛深有體會，「臣非非難言也，所以難言者：言順比滑澤，洋洋灑灑然，則見以為華而不實；敦祇恭厚，鯁固慎完，則見以為掘而不倫；多言繁稱，連類比物，則見以為虛而無用；總微說約，徑省而不飾，則見以為劌而不辯；激急親近，探知人情，則見以為僭而不讓；閎大廣博，妙遠不測，則見以為

〔註52〕《韓非子‧八經》
〔註53〕《韓非子‧喻老》
〔註54〕《韓非子‧姦劫弒臣》

誇而無用；家計小談，以具數言，則見以爲陋；言而近世，辭不悖逆，則見以爲貪生而諛上；言而遠俗，詭躁人間，則見以爲誕；捷敏辯給，繁於文采，則見以爲史；殊釋文學，以質信言，則見以爲鄙；時稱《詩》、《書》，道法往古，則見以爲誦。此臣非之所以難言而重患也。」〔註55〕韓非指出，言辭順暢、洋洋灑灑，就被認爲是華而不實；恭敬誠懇、耿直周全，就被認爲是笨拙而不成條理；廣徵博引、舉一反三，就被認爲是空而無用；概括精微、直率簡略而不加修飾，就被認爲是出口傷人而不善辯說；激烈明快而無所顧忌，觸及他人隱情，就被認爲是造謠中傷而不加謙讓；宏大廣博、高深莫測，就被認爲是浮誇無效；談論日常小事，雞毛蒜皮，就被認爲是淺薄；言辭切近世俗、遵循常規，就被認爲是荒唐；口才敏捷，富於文采，就被認爲是不質樸；不胡亂引用，樸素陳說就被認爲是粗俗；動輒援引《詩》、《書》、稱道效法古代，就被認爲是死記硬背。這些都是臣子難於進言並深感憂慮的的原因。

難於進言倒也罷了，只要君主採納。但不管臣下的意見多麼的正確無誤，給出的道理多麼的完美無缺，也不見得君主就一定會採納，尤其昏聵之主。歷史上敢諫言之臣被殺的不在少數。「故子胥善謀而吳戮之，仲尼善說而匡圍之，管夷吾實賢而魯囚之。故此三大夫豈不賢哉？而三君不明也。上古有湯，至聖也；伊尹，至智也。夫至智說至聖，然且七十說而不受，身執鼎俎爲庖宰，昵近習親，而湯乃僅知其賢而用之。故曰：以至智說至聖，未必至而見受，伊尹說湯是也；以智說愚必不聽，文王說紂是也。故文王說紂而紂囚之；翼侯炙；鬼侯臘；比干剖心；梅伯醢：夷吾束縛；而曹羈奔陳；伯里子道乞；傅說轉鬻；孫子臏腳於魏；吳起扷泣於岸門，痛西河之爲秦，卒枝解於楚；公叔痤言國器反爲悖，公孫鞅奔秦：關龍逢斬；萇弘分胣；尹子阱於棘；司馬子期死而浮於江；田明辜射；宓子賤、西門豹不鬥而死人手；董安于死而陳子市；宰予不免於田常；范雎折脅於魏。此十數人者，皆世之仁賢忠良有道術之士也，不幸而遇悖亂暗惑之王而死。然則雖賢聖不能逃死亡避戮辱者，何也？則愚者難說也，故君子難言也，且至言忤於耳而倒於心，非賢聖莫能聽，願大王熟察之也」。〔註56〕

君主也因自身能力等各方面的因素而有不同的表現，韓非從歷史現實中歸納出三種君主類型——上君、中君、下君。「下君盡己之能，中君盡人之力，

〔註55〕《韓非子・難言》
〔註56〕《韓非子・難言》

上君盡人之智」〔註 57〕，君主的力量與智慧總是比不上眾人的力量和智慧，能力低下的君主只是用盡自己的能力，中等能力的君主會發揮別人的力量，能力強的君主會充分發揮人們的智慧，使智者盡其慮，賢者效其才，君因而用之。

四、不依仁義。韓非認爲：「夫慕仁義而弱亂者，三晉也；不慕仁義而治強者，秦也。」〔註 58〕國家弱亂是由於推行仁義的結果。他在《五蠹》中也提出：「故文王行仁義而王天下，偃王行仁義而喪其國，是仁義用於古不用於今也。故曰，世異則事異。」「人之情性莫先於父母，皆見愛而未必治也，雖厚愛矣，奚遽不亂？今先王之愛民，不過父母之愛子，子未必不亂也，則民奚遽治哉？且夫以法行刑，而君爲之流涕，此以傚仁，非以爲治。夫垂泣不欲刑者，仁也；然而不可不刑者，法也。先王勝其法，不聽其泣，則仁之不可以爲治亦明矣。且民者固服於勢，寡能懷於義」。〔註 59〕從人類本性上說，沒有什麼感情能超過父母疼愛子女的，然而大家都一樣疼愛子女，家庭卻未必就和睦。君主即使深愛臣民，何以見得天下就不會發生動亂呢？何況先王的愛民不會超過父母愛子女，子女不一定不背棄父母，那麼民眾何以就能靠仁愛治理好呢？再說按照法令執行刑法，而君主爲之流淚；這不過是用來表現仁愛罷了，卻並非用來治理國家的。流淚而不想用刑，這是君主的仁愛；然而不得不用刑，這是國家的法令。先王首先要執行法令，並不會因爲同情而廢去刑法，那麼不能用仁愛來治理國家的道理也就明白無疑了。

韓非在《姦劫弒臣》中又指出：「世之學者說人主，不曰『乘威嚴之勢以困姦邪之臣』，而皆曰『仁義惠愛而已矣。世主美仁義之名而不察其實，是以大者國亡身死，小者地削主卑。何以明之？夫施與貧困者，此世之所謂仁義；哀憐百姓不忍誅罰者，此世之所謂惠愛也。夫有施與貧困，則無功者得賞，不忍誅罰，則暴亂者不止。國有無功得賞者，則民不外務當敵斬首，內不急力田疾作，皆欲行貨財事富貴，爲私善立名譽，以取尊官厚俸。故姦私之臣愈眾，而暴亂之徒愈勝，不亡何待？……吾以是明仁義愛惠之不足用，而嚴刑重罰之可以治國也。無捶策之威，銜鑣之備，雖造父不能以服馬；無規矩之法，繩墨之端，雖王爾不能以成方圓；無威嚴之勢，賞罰之法雖堯舜不能

〔註 57〕《韓非子・八經》
〔註 58〕《韓非子・外儲說右上》
〔註 59〕《韓非子・五蠹》

以爲治。今世主皆輕釋重罰嚴誅，行愛惠，而欲霸王之功，亦不可幾也。」〔註60〕把財物施捨給貧困的人，這是世人所謂的仁義；可憐百姓，不忍心懲罰，這是世人所謂的惠愛。既然要施捨給貧困的人，那麼無功的人就會得賞；既然不忍心懲罰，那麼暴亂就不能制止。國家有了無功得賞的人，民眾對外就不致力於作戰殺敵，對內就不努力從事耕作，都一心想著行賄巴結權貴，用私人的善行樹立名譽，以便獲取高官厚祿。所以姦私的臣子越來越多，暴亂分子越來越倡狂，國家不亡還待什麼呢？嚴刑是百姓畏懼的，重罰是百姓厭惡的。所以聖人設置嚴刑來禁止姦邪，設置重罰來防止姦邪，因此，國家安定而暴亂不會發生。據此可知仁義惠愛不足實行，而嚴刑重罰可以治國。

　　韓非的不依仁義是與其法治思想相一致的，都建立在其人性好利的基礎上。這樣的結果必然導致不信賴貞信之士，也不寄希望於臣下，而是根據人們貪賞畏罰的心理，用重賞嚴刑利驅使官吏按君主的意圖辦事。但是不依仁義，並不等於不道仁義，不要仁義，這二者是有區別的。韓非徹底拋棄了仁、義、禮、忠孝、信？非也。他雖然主張以法爲本，嚴刑重罰，以刑去刑，但對仁、義、禮、忠孝、信等有自己的標準。他少恩，但並等於無恩。韓非是贊成所謂的三事的，「臣之所聞曰：『臣事君，子事父，妻事夫。三者順則天下治，三者逆則天下亂，此天下之常道也』」。〔註61〕我們或可以用這樣的話來表明韓非的道德立場：「吾以是仁義愛惠之不足用，而嚴刑重罰之可以治國也」〔註62〕，「且民者固服於勢，寡能懷仁義。仲尼，天下聖人也，修行明道以遊海內，海內說其仁、美其義而爲服役者七十人。蓋貴仁者寡，能義者難也。」〔註63〕

　　韓非曾在《解老》篇中對「仁」、「義」、「禮」等一向被視爲儒家思想德目的概念作過詳細的闡釋和分析，認爲：「仁者，謂其中心欣然愛人也。其喜人之有福，而惡人之有禍也；生心之所不能已也，非求其報也。……義者，君臣上下之事，父子貴賤之差也，知交朋友之接也，疏親內外之分也。……義者，謂其宜也。宜而爲之。……禮者，所以貌情也，群義之文章也，君臣父子之交也，貴賤賢不肖之所以別也。禮者，外節之所以論內也，故曰禮以

〔註60〕　《韓非子・姦劫弒臣》
〔註61〕　《韓非子・忠孝》
〔註62〕　《韓非子・姦劫弒臣》
〔註63〕　《韓非子・五蠹》

貌情也。……仁者德之光。光有澤而澤有事，義者仁之事也。事有禮而禮有文，禮者義之文也。」韓非主張「仁」的真正品格在於完全發自內心地愛人，希望他人都能有福而無禍，並且這種「愛」是一種無私的不求任何回報的愛，是一種毫無做作、自然而然的愛。這種觀念完全符合孔子「仁者愛人」的思想。對於「義」，韓非也與集中體現儒家觀念的《中庸》篇的思想無有二致：「仁者人也，親親為大；義者宜也，尊賢為大；親親之殺，尊賢之等，禮所生也。」韓非在剖析「禮」時頗為詳細，指出「禮」首先是各種應該做的事情即「義」的外在表現，「禮」的主要功能在於將內心真實而無粉飾的情感表達出來，強調「禮」是否「宜」的標準必須以內心真實情感為標準，反對矯揉造作、故弄玄虛。應該說，這些觀念在本質上與孔子「人而不仁，如禮何？人而不仁，如樂何？」〔註64〕、「禮云禮云，玉帛云乎哉？樂云樂云，鐘鼓云乎哉？」〔註65〕文質彬彬、內外和諧的主張是完全吻合的。

　　韓非在《難一》又以齊桓公與小臣稷的例子來說明「仁義」，「夫仁義者，憂天下之害，趨一國之患，不避卑辱謂之仁義。故伊尹以中國為亂，道為宰於湯；百里奚以秦為亂，道虜於穆公。皆憂天下之害，趨一國之患，不辭卑辱，故謂之仁義。今桓公以萬乘之勢，下匹夫之士，將欲憂齊國，而小臣不行，見小臣之忘民也。忘民不可謂仁義。仁義者，不失人臣之禮，不敗君臣之位者也。是故四封之內，執會而朝名曰臣，臣吏分職受事名曰萌。今小臣在民萌之眾，而逆君上之欲，故不可謂仁義。仁義不在焉，桓公又從而禮之。使小臣有智慧而遁桓公，是隱也，宜刑；若無智慧而虛驕矜桓公，是誣也，宜戮。小臣之行，非刑則戮。桓公不能領臣主之理而禮刑戮之人，是桓公以輕上侮君之俗教於齊國也，非所以為治也。故曰：桓公不知仁義。」〔註66〕仁義就是不顧自己卑賤的地位和屈辱的待遇而為天下災難所奔走；就是不喪失臣子的禮儀，不破壞君臣有別的上下級關係。桓公不能擺正君臣之間的關係而去敬重該罰該殺的小臣稷，這是用輕視和侮慢君主的壞風氣來教化齊國，是不能用做治國之道的，韓非由此認為，桓公不懂仁義。

　　清人陳澧對韓非子的評價頗高：「其解仁、義、禮三字，則純乎儒者之言，

〔註64〕《論語・八佾》
〔註65〕《論語・陽貨》
〔註66〕《韓非子・難一》

精邃無比。是其天資絕高，又其時去聖人未遠，所聞仁、義、禮之說，尚無差謬。而其文又足以達之。使其爲儒者，解孔子之言，必有可觀者也。《法言》云：莊周申韓，不乖寡聖人。」〔註67〕對于忠孝和信，在韓非那裏，主要是就臣和賞罰而言。他認爲賞罰必須守信，無信則禁令不能推行，「小信成則大信立，故明主積於信。賞罰不信則禁令不行」，〔註68〕「是以賞莫如厚而信」；〔註69〕「所謂忠臣，不危其君；孝子，不非其親。……臣以爲人生必事君養親，事君養親不可以恬淡。」〔註70〕

要成爲明君，還需修身。只有保持清醒的頭腦才能做出正確的判斷。「人無愚智，莫不有取捨。恬淡平安，莫不知禍福之所由來。得於好惡，怵於淫物，而後變亂。所以然者，引於外物，亂於玩好也。恬淡有趨舍之義，平安知禍福之計。而今也玩好變之，外物引之；引之而往，故曰拔。至聖人不然：一建其趨舍，雖見所好之物不能引，不能引謂之『不拔』；一於其情，雖有可欲之累神不爲動，神不爲動謂之不脫。」〔註71〕只有恬淡平安、清心寡欲才能知道什麼是是非禍福。否則，如果人心被外物所誘惑，就會欲火中燒，躁動不安，亂了方寸，使自己失去正確的判斷，不能做出合理的選擇。本心虛靜而不爲外物所擾，不爲可欲的東西所牽累，這種不動搖的心境就是不拔、不脫。所以修身重要的就在於使內心不受外物所擾，使精神專一而不散亂。「身以積精爲德……今治身而外物不以亂其精神，故曰：『修之身，其德乃眞。』眞者，愼之固也。」〔註72〕

韓非除了積極的論述如何成爲明君聖主外，還從反面警告君主要注意十種過失和六微，以免帶來亡國亡身的慘禍。「十過：一曰，行小忠，則大忠之賊也。二曰，顧小利，則大利之殘也。三曰，行僻子用，無禮諸侯，則亡身之至也。四曰，不務聽治而好五音，則窮身之事也。五曰，貪愎喜利，則滅國殺身之本也。六曰，耽於女樂，不顧國政，則亡國之禍也。七曰，離內遠遊而忽於諫士，則危身之道也。八曰，過而不聽于忠臣，而獨行其意，則滅高名而爲人笑之始也。九曰，內不量力，外恃諸侯，則削國之患也。十曰，

〔註67〕陳澧：東塾讀書記卷十二諸子〔M〕，上海：上海古籍出版社，2012年。
〔註68〕《韓非子‧外儲說左上‧經六》
〔註69〕《韓非子‧五蠹》
〔註70〕《韓非子‧忠孝》
〔註71〕《韓非子‧解老》
〔註72〕《韓非子‧解老》

國小無禮，不用諫臣，則絕世之勢也。」〔註 73〕韓非認為有十種過錯君主要避免，第一是奉行個人之間的小忠，這是對大忠的禍害。第二是貪圖小利，這是對大利的危害。第三是行為怪癖，自以為是，對諸侯國沒有禮貌，這是使自己身滅的成因。第四是不致力於治理自己的國家而喜好音樂，這是使自己陷於困境的事情。第五是貪心任性追求私利，這是使國家滅亡、自身消滅的禍根。第六是沉溺於女子歌舞，不管國家政事，這是亡國的災禍。第七是離開朝廷到遠方遊玩，而忽視了大臣的規勸，這是危及自身的做法。第八是犯有過錯而不聽從忠臣的意見，獨自按照自己的主意去做，這是喪失崇高的名聲，被人譏笑的開端。第九是在國內不安自己的力量辦事，對外則依靠諸侯國，這是國家被消弱的災難。第十是國家小又不講禮貌，不任用願意提意見的臣子，這是斷絕後代的趨勢。韓非接著例舉了如楚共王、晉獻公、楚靈王、衛靈公、智伯瑤、戎王、齊桓公、公仲朋、晉公子重耳等史實予以說明，以警醒君主勿重蹈覆轍。

「六微：一曰權借在下，二曰利異外借，三曰託於似類，四曰利害有反，五曰參疑內爭，六曰敵國廢置。此六者，主之所察也。」〔註 74〕有六種隱蔽微妙的情況：一是君主的權力轉借臣下；二是君臣利益不同而臣下借用外力謀私；三是臣下假託類似的事矇騙君主；四是君臣利害關係彼此相反，臣下為謀私利而危害君主；五是等級名分上下混亂而導致內部爭權奪利；六是按照敵國的意圖任免大臣。這六種現象是君主必須明察的。英明的君主，要使臣子不得不貪圖君主給他的俸祿，不得不服役於君主給他的地位，貪圖俸祿，迷戀地位，這樣的臣子怎麼能不被君主馴服呢？「夫馴烏者斷其下翎焉，斷其下翎則必恃人而食，焉得不馴乎？夫明主畜臣亦然，令臣不得不利君之祿，不得無服上之名；夫利君之祿，服上之名，焉得不服？」〔註 75〕

此外，韓非還有針對的提出了亡國之君，他指出：「所謂亡君者，非莫有其國也；而有之者，皆非已有也。令臣以外為制於內，則是君人者亡也。聽大國而救亡也，而亡甌於不聽，故不聽。群臣知不聽，則不外諸侯；諸侯之不聽，則不受之臣誣其君矣。」〔註 76〕被稱為亡國之君的人，並不是沒有自

〔註 73〕 《韓非子‧十過》
〔註 74〕 《韓非子‧內儲說下六微》
〔註 75〕 《韓非子‧外儲說右上‧說一》
〔註 76〕 《韓非子‧八姦》

己的國家，而是國家已經不受他的控制了。所以他建議明主要依法設立官職爵祿，賞罰分明，上下有別。「失臣主之理，則文王自履而矜。不易朝燕之處，則季孫終身莊而遇賊。」〔註 77〕

　　需要指出的是，韓非之所以要設定君主，不遺餘力的加強君主的權威，在於宗法等級制度下君主的影響力不可小覷。

　　首先，君主被賦予了一種止亂趨治的政治功能。先秦諸子基本都認爲，君主之所以產生的社會根源，在於能克服無序、動亂、紛爭的社會「失範」狀態，從而使社會穩定的政治秩序得以確立。《墨子‧尚同》對於君主的「治世」功能有非常清晰的闡述。「古者民始生，未有刑政之時，蓋其語，人異義。是以一人則一義，二人則二義，十人則十義。其人茲眾，其所謂義者亦茲眾。是以人是其義，以非人之義，故交相非也。是以內者父子兄弟作怨惡離散，不能相和合；天下之百姓，皆以水火毒藥相虧害。至有餘力，不能以相勞；腐餘財，不以相分；隱匿良道，不以相教。天下之亂。若禽獸然。夫明虖天下之所以亂者，生於無政長，是故選天下之賢可者，立以爲天子。」〔註 78〕關於君主止亂趨治的政治功能，《商君書‧開塞》也有詳細分析，「凡仁者以愛利爲務，而賢者以相出爲道。民眾而無制，久而相出爲道，則有亂。故聖人承之，作爲土地貨財男女之分。分定而無制，不可，故立禁。禁立而莫之司，不可，故立官。官設而莫之一，不可，故立君」。〔註 79〕相比而言，《愼子‧德立》篇對於君主的政治功能闡述顯得更爲詳盡、更爲深刻。「立天子者，不使諸侯疑焉；立諸侯者，不使大夫疑焉；立正妻者，不使嬖妾疑焉；立嫡子者，不使庶孽疑焉。疑則動，兩則爭，雜則相傷，害在有與不在獨也。故臣有兩位者國必亂。臣兩位而國不亂者，君在也。恃君而不亂矣，失君必亂。子有兩位者家必亂。子兩位而家不亂者，父在也。恃父而不亂矣，失父必亂」。〔註 80〕

　　其次，君主的「有效存在」是重建社會秩序、恢復政治權威的根本途徑。面對春秋戰國時期的亂局，絕大多數先秦諸子認爲，社會動盪、秩序混亂的政治根源在於王權衰落，君尊臣卑的政治倫理遭受踐踏。所以他們

〔註 77〕《韓非子‧外儲說左下‧經三》
〔註 78〕《墨子‧尚同上》
〔註 79〕《商君書‧開塞》
〔註 80〕《愼子‧德立》

將批判的矛頭對準了那些弒君弒父的亂臣賊子，譴責他們大逆不道的行為，提倡君主「有效存在」的必要性，主張加強君主權力，強調君尊臣卑的等級秩序不可僭越。儒家強調君尊臣卑、將弒君之賊視爲亂臣賊子。孔子得知季氏「八佾舞於庭」的僭越行爲時義正詞嚴地說：「是可忍也，孰不可忍也。」〔註81〕《雍也》篇的「觚不觚，觚哉」，《顏淵》篇的「君君，臣臣，父父，子子」等，都表明孔子對於春秋末期社會政治混亂局面的病理診斷主要著眼於重振君臣等級，《論語‧微子》篇子路曰：「不仕無義。長幼之節，不可廢也；君臣之義，如之何其廢之？」。《左傳》成公二年，孔子強調君主應該切實維護權力的象徵符號——器與名：「唯器與名，不可以假人，君之所司也。」《墨子‧天志中》將「若子之不事父，弟之不事兄，臣之不事君」的「無序」行爲視爲「不仁不祥」之舉，此亦說明墨子非常重視君尊臣卑。法家則鑒於君主在恢復社會秩序過程中所扮演角色的極端重要性，已經從歷史經驗的視野充分意識到戰國時期社會動盪不安當爲君主權力旁落，權臣叛逆所致。「《春秋》之中，弒君三十六，亡國五十二，諸侯奔走不得保其社稷者不可勝數」〔註82〕以及「《春秋》記臣弒君者以百數」〔註83〕的歷史教訓和政治事實，迫使法家諸子在思考政治秩序的重建時開始自覺從歷史深處尋求思想依據和解決之道，更加重視君主實權。如《管子‧版法解》主張君主政治權威的重要性：「今人君所以尊安者，爲其威立而令行也，其所以能威立而令行者，爲其威令之權莫不在君也。」《管子‧法法》篇則鑒於「故《春秋》之記，臣有弒其君、子有弒其父者矣」的政治教訓，已經明確主張君主權勢在維護君位及君尊臣卑的政治作用：「凡人君之所以爲君者，勢也；故人君失勢，則臣制之矣。勢在下，則君制於臣矣；勢在上，則臣制於君矣；故君臣之易位，勢在下也。在臣期年，臣雖不忠，君不能奪也。在子期年，子雖不孝，父不能服也」。〔註84〕

　　韓非的明君、聖主之道旨在加強君權。這是先秦法家的共同目標。不過我們應該看到法家們主張的是集權以至專制，而不是萬事獨裁或壟斷。這是兩個不同的概念，雖然都強調加強君主的權力和提高君主的地位，但是其程

〔註81〕《論語‧八佾》
〔註82〕《史記‧太史公自序》
〔註83〕《戰國策‧東周策》
〔註84〕《管子‧法法》

度顯然不同。在法家看來，君主集權以至專制仍是法大於君，而君主獨裁則是君主凌駕於法令制度之上。法家們關於加強君權的哲學基礎是道家「無爲」說，自然是希望君主垂拱而治。故商鞅的最高「法治」理想是「故有道之國，治不聽君，民不從官」，顯然是法大於君。愼到還明確反對君主專制，追論君主獨裁了，「使人君雖有智慧，不得背法而專制」。然韓非又如何呢？韓非雖比此前的法家更主張加強君權，但亦還是以「無爲」說爲基礎來構建這一理論的，所以也非君主獨裁。韓非的君主集權的總綱是：「治民無常，唯法爲治」，〔註85〕「事在四方，要在中央，聖人執要，四方來效」。〔註86〕

　　總的來看，韓非的明主、明君、人主以至聖人都是他設定的用以治國的理想人物，他幻想有一個他假定的完美的君主來統治萬民，治理天下，然眺望理想的目光總要落在現實的人間，他在宣導法治的時候便不再是完美的明主出場，而是庸主，「立法，非所以備曾、史也，所以庸主能止盜跖也。」〔註87〕

第三節　君之臣民

　　臣與民是韓非治國之現實的依靠力量。他在書中雖然大篇幅的論述君應如何治國的問題，但也沒有把臣、民置之一旁，打入冷宮。「蟲有虺者，一身兩口，爭食相齕也。遂相殺，因自殺。人臣之爭事而亡其國者，皆虺也。」〔註88〕這是韓非對臣子之間現狀的生動描述。他以古代傳說中的多頭毒蛇虺做比喻，喻示臣子之間爭權奪利而使國家滅亡。

　　韓非依他的視角提出了君主所希望的臣、民形象。

一、取捨之臣

　　「爲主而無臣，奚國之有？」〔註89〕作爲君主而沒有臣下，哪裏還有國家呢？韓非更是借晉平公與叔向的對話來說明國家的治理需要君臣一起齊心協力，「晉平公問叔向曰：「昔者齊桓公九合諸侯，一匡天下，不識臣之力也？」

〔註85〕《韓非子・心度》
〔註86〕《韓非子・揚權》
〔註87〕《韓非子・守道》
〔註88〕《韓非子・說林下》
〔註89〕《韓非子・揚權》

叔向對曰：「管仲善制割，賓胥無善削縫，隰朋善純緣，衣成，君舉而服之。亦臣之力也，君何力之有？」師曠伏琴而笑之。公曰：「太師奚笑也？」師曠對曰：「臣笑叔嚮之對君也。凡為人臣者，猶炮宰和五味而進之君。君弗食，孰敢強之也？臣請譬之：君者，壤地也；臣者，草木也。必壤地美，然後草木碩大。亦君之力，臣何力之有？」〔註90〕

在韓非眼中，他理想的臣子應該是這樣的：

> 為人臣不忠，當死；言而不當，亦當死。〔註91〕

> 賢者之為人臣，北面委質，無有二心。〔註92〕

> 夫有術者之為人臣也，得效度數之言，上明主法，下因姦臣，
> 以尊主安國者也……故有忠臣者，外無敵國之患，內無亂臣之憂，
> 長安於天下，而名垂後世，所謂忠臣也。〔註93〕

> 賢臣者，能明法辟、治官職以戴其君者也……所謂忠臣，不危
> 其君。〔註94〕

在韓非看來，益君利國之臣當是無有二心，明主之法，尊君威行法治以治國的人。

（一）君所取之臣

1. 法術之士

法術之士、智術之士或能法之士是韓非所設計的理想臣子，他們既是一些通曉法術勢的理論家，又是可以協助君主以法治國的政治家。君主應該任用這些人，因為他們可以協助君主察姦防姦，清除那些隱藏在君主身邊的大權在握、虧法自利的重人。「智術之士，必遠見而明察，不明察，不能燭私；能法之士，必強毅而剛直，不勁直，不能矯姦，人臣循令而從事，案法而治官，非謂重人也。……智術之士明察，聽用，且燭重人之陰晴；能法之士勁直，聽用，且矯重人之姦行。故智術能法之士用，則貴重之臣必在繩之外矣。是智法之士與當塗之人，不可兩存之仇也。」〔註95〕治理國家需要這些不燭

〔註90〕《韓非子・難二》
〔註91〕《韓非子・初見秦》
〔註92〕《韓非子・有度》
〔註93〕《韓非子・姦劫弒臣》
〔註94〕《韓非子・忠孝》
〔註95〕《韓非子・孤憤》

私的人，他們不可以失去公平，是能法律公正的人，「孔子曰：「善爲利者樹德，不能爲吏者樹怨。概者，平量者也；吏者，平法者也。治國者，不可失平也。」〔註96〕

但是君主一般不會任用法術之士，因爲他們直截了當的指明是非而不會迎合君主並投其所好。韓非借虞慶蓋房和范且造工來說明法術之士在面臨華麗虛浮辭藻時不被君主重用的窘境，「范且、虞慶之言，皆文辯辭勝而反事之情。人主說而不禁，此所以敗也。夫不謀治強之功，而豔乎辯說文麗之聲，是卻有術之士而任「壞屋」、「折弓」也。故人主之於國事也，皆不達乎工匠之構屋張弓也。然而士窮乎范且、虞慶者；爲虛辭，其無用而勝；實事，其無易而窮也。人主多無用之辯，而少無易之言，此所以亂也。今世之爲范且、虞慶者不輟，而人主說之不止，是貴「敗」、「折」之類而以知術之人爲工匠。工匠不得施其技巧，故壞屋折弓；知治之人不得行其方術，故國亂而主危。」〔註97〕法術之士自身還被五不勝的情境所制約，「處勢卑賤，無黨孤特。夫以疏遠與近愛信爭，其數不勝也；以新旅與習故爭，其數不勝也。以反主意與同好惡爭，其數不勝也；以輕賤與貴重爭，其數不勝也；以一口與一國爭，其數不勝也。法術之士操五不勝之勢，以歲數而又不得見；當塗之人乘五勝之資，而旦暮獨說於前。做法術之士奚道得進，而人主奚時得悟乎？」〔註98〕出身卑微但胸懷天下，處境卑賤而掛記朝廷；依法以斷而不瞞上欺下，稟性耿直而不阿諛奉承。法術之士期冀爲明君所用，明主亦願得法術之士助。然世之庸主常常而明君稀少，所以才會有伊尹爲宰，百里奚爲虜的事情發生。

韓非身爲法術之士一員，孤掌難鳴，做和氏以孤憤。「夫珠玉，人主之所急也。和雖獻璞而未美，未爲主之害也，然猶兩足斬而寶乃論，論寶若此其難也。今人主之於法術也，未必和璧之急也；而禁群臣士民之私邪。然則有道者不戮也，特帝王之璞未獻耳。」〔註99〕而一旦他們的法術進獻成功，卻仍然會得到像吳起被肢解，商君被車裂的下場一樣，何故？曰：「大臣苦法而細民惡治也。當今之世，大臣貪重，細民安亂，甚於秦、楚之俗，而人主無

〔註96〕《韓非子・外儲說左下・說一》
〔註97〕《韓非子・外儲說左上・說二》
〔註98〕《韓非子・孤憤》
〔註99〕《韓非子・和氏》

悼王、孝公之聽，則法術之士，安能蒙二子之危也而明己之法術哉？此世所以亂無霸王也。」〔註100〕

韓非借被砍雙腳而獻和氏以說明法術推進之艱難。但更遺憾的是有法術之士而無明主用之，「然則有術數者之為人也，……非明主弗能聽也。」〔註101〕

2. 不危君之臣

如果法術之士是能為君主出謀劃策，提供治國方案的人，那麼不危君之臣則是忠於君主，嚴格執行國家法令之人。

忠臣，不危其君。對主忠心耿耿，做事不辭卑賤，任勞任怨，聽從君主調遣，「賢者之為人臣，北面委質，無有二心。朝廷不敢辭賤，軍旅不敢辭難；順上之為，從主之法，虛心以待令，而無是非也。故有口不以私言，有目不以私視，而上盡制之。為人臣者，譬昔昔著手，上以修頭，下以修足；清暖寒熱，不得不救，鏌鋣傳體，不敢弗搏。無私賢哲之臣，無私事能之士。」〔註102〕

韓非通過對史實的考察，認為忠君之臣才是霸王之佐也。在現實中，有的臣子是非顛倒，內心陰險而外表善良，操縱君主，擾亂國家，此亡國之臣如失度、成駒、侯侈等；有的臣子見利不喜，見危不慌，對抗法令而不能臣服於君，世不能用，此類臣如許由、伯陽、伯夷、叔齊等；有的臣子疾諍強諫，甚至以死相逼，君不能忍也，此類臣如關龍逄、比干、子胥等；有的臣子結黨營私，狼狽為姦、欺上瞞下，君不易識，此類臣如田恒、白公、子雲等；而像后稷、伊尹、周公旦、范蠡、文種等，「夙興夜寐，卑身賤體，竦心白意，明刑辟、治官職以事其君，進善言、通道法而不敢矜其善，有成功立事而不敢伐其勞；不難破家以便國，殺身以安主，以其主為高山泰山之尊，而以其身為壑谷鬴洧之卑，主有明名廣譽於國，而身不難受壑谷鬴洧之卑。如此臣者，雖當昏亂之主尚可致功，況於顯明之主乎？此謂霸王之佐也。」〔註103〕這類臣子早起晚睡，自謙自卑，恭敬的表白自己的心意；嚴明執法，忠心盡職來侍奉自己的君主，進獻好的建議、通曉治理之法而不自我誇耀，立功

成事也不自表勞苦；為了國家利益，不惜家庭殘破，為了君主安全，不惜獻出生命；把君主看成像上天和泰山一樣尊貴，而把自己置於谷底和河床的位置。韓非認為像這樣的臣子才是「霸王之佐」。韓非指出，做臣子的，君主有過失就規勸，規勸不聽就放棄爵祿，等待君主的醒悟，「夫為人臣者，君有過則諫，諫不聽則輕爵祿以待之，此人臣之禮義也。今師曠非平公之過，舉琴而親其體，雖嚴父不加於子，而師曠行之於君，此大逆之術也。臣行大逆，平公喜而聽之，是失君道也。故平公之跡不可明也，使人主過於聽而不悟其失；師曠之行亦不可明也，使姦臣襲極諫而飾弒君之道。不可謂兩明，此為兩過。故曰：平公失君道，師曠亦失臣禮矣。」〔註104〕

（二）君所捨之臣

君所取之臣是益君利國之臣，君所捨之臣則屬危君害國之臣。

對君主而言，受到臣子的威脅主要有三種：「有明劫，有事劫，有刑劫。」〔註105〕即公開的威脅，通過政事的威脅和專擅刑罰的威脅。君主所應提防和清除的就是通過種種手段造成這三種威脅的人。

1. 重人

重人是與智法之士相對立的人，「重人也者，無令而擅為，虧法以利私，耗國以便家，力能得其君者，此所謂重人也。」〔註106〕這些人無視君主的命令而獨斷專行，破壞法律而使自己得利，損害國家而使私家受益，其實力足以操縱君主。

重人像一張網，布遍了國內各大機構，於國外也有交錯，而君主卻被蒙在谷中，於外界一無所知，全憑重人之說，由此使得君主愈弱而重人日強，「當塗之人（即重人）擅事要，則外內為之用矣。是以諸侯不因，則事不應，故敵國為之訟；百官不因，則業不進，故群臣為之用；郎中不因，則不得近主，故左右為之匿；學士不因，則養祿薄禮卑，故學士為之談也。此四助者，邪臣之所以自飾也。重人不能忠主而進其仇，人主不能越四助而燭察其臣，故人主愈弊而大臣愈重。」〔註107〕

〔註104〕《韓非子・難一》
〔註105〕《韓非子・三守》
〔註106〕《韓非子・孤憤》
〔註107〕《韓非子・孤憤》

重人大都爵位高，權力大，私黨多，而且又是君主的親信，會逢迎君主的心意並投其所好，極易獲得君主信任和寵信。由此重人蒙蔽君主，用顛倒是非的言論為自己信任的人謀取私利，封官加爵。信重人，寵左右，這本身就是亡國的象徵，哪有君主將國家交由大臣或左右來控制呢？韓非指出，「人之所以謂齊亡者，非地與城亡也，呂氏弗制而田氏用之；所以謂晉亡者，亦非地與城亡也，姬氏不制而六卿專之也。今大臣執柄獨斷，而上弗知收，是人主不明也。與死人同病者，不可生也；與亡國同事者，不可存也。今襲跡於齊、晉，欲國安存，不可得也。」〔註108〕人們所謂的國家的滅亡不是其土地與城池的消失，而是權力主體的轉移，是臣子越位而行君權才導致的。

重人橫行，親信當道，這僅僅是他們的錯嗎？非也。君主也有錯，而且有大錯。「萬乘之患，大臣太重；千乘之患，左右太信，此人主之公患也。且人臣有大罪，人主有大失。……臣有大罪而主弗禁，此大失也。」〔註109〕

2. 姦劫弒臣

所謂姦劫弒臣即指姦邪之臣、劫主之臣和弒君之臣，此三類臣依靠騙取君主之信任與寵愛而用所得來的權勢誇獎、誹謗、提升或罷免群臣，由此而孤君於上，結黨於下，國亡不遠矣。韓非指出：「凡姦臣皆欲順人主之心以取親幸之勢者也。是以主有所善，臣從而譽之；主有所憎，臣因而毀之。凡人之大體，取舍同者則相是也；取舍異者則相非也。今人臣之所譽者，人主之所是也，此之謂同取；人臣之所毀者，人主之所非也，此之謂同舍。夫取舍合而相與逆者，未嘗聞也。此人臣之所以取信幸之道也。」〔註110〕姦臣之狡點在於始終遂君主之願，君主喜物則贊，惡則斥，取捨一致而未有逆者，有哪個國君能在浮華粉飾，虛擬太平中保持清醒呢？

韓非指出，人臣中有五種姦臣，可是君主卻不瞭解。做臣下的，有花費大量錢財賄賂別人竊取美名的；有盡力奪取獎賞所賜予的權力和國君爭奪百姓的；有盡力於結黨營私，交結智士，尊崇儒生而為非作歹的；有用免除賦役，赦免罪犯的方式為自己樹立威信的；有用迎合民眾，混淆是非，危言聳聽，奇裝異服，嘩眾取寵等手段欺騙和迷惑民眾的。這五種人是聖明的君主必須警惕和禁止的。「故曰：人臣有五姦，而主不知也。為人臣者，有侈用財

〔註108〕《韓非子‧孤憤》
〔註109〕《韓非子‧孤憤》
〔註110〕《韓非子‧姦劫弒臣》

貨賂以取譽者，有務慶賞賜予以移眾者，有務朋黨徇智尊士以擅逞者，有務解免赦罪獄以事威者，有務奉下直曲、怪言、偉服、瑰稱以眩民耳目者。此五者，明君之所疑也，而聖主之聽禁也。去此五者，則噪詐之人不敢北面而談，文言多，實行寡而不當法者，不敢誣情以談說。是以群臣居則修身，動則任力，非上之令不敢擅作疾言誣事，此聖王之所以牧臣下也。彼聖主明君，不適疑物以窺其臣也，見疑物而無反者，天下鮮矣。」〔註111〕

韓非還具體分析了姦臣奪取君主權力的種種手段，告誡君主不可不察，凡人主之所道成姦者有八術：一曰同床；二曰在旁；三曰父兄；四曰養殃；五曰民萌；六曰流行；七曰威強；八曰四方。所謂同床，即指做人臣的對宮廷內部的人奉上金銀珠玉以迷惑君主；所謂在旁，即指做人臣的對宮內之人奉上珍貴玩物，又在宮外為其做違法之事以影響君主；所謂父兄，即指做人臣的用美聲女色討好嬪妃的兒子，用花言巧語收買朝中大臣，事急之時讓他們向皇上進言以干擾君主；所謂養殃，即指做人臣的搜刮民脂民膏以使君主娛樂並擾亂其心思以達到自己的目的；所謂民萌，即指做人臣的以公家之財產推行小恩小惠，取悅人民，使百姓歌頌自己而蒙蔽君主以達其欲望；所謂流行，即指做人臣的徵召天下巧言辯說之人為自己私利而遊說於君主；所謂威強，即指做人臣的豢養亡命之徒以顯揚威勢而恐嚇群臣；所謂四方，即指做人臣的散盡國庫以侍奉大國，借大國力量對自己國家的君主或控制威懾，或恐嚇畏懼。「凡此八者，人臣之所以道成姦，世主所以壅劫，失其所有也，不可不察焉。」〔註112〕

「晉中行文子出亡，過於縣邑。從者曰：『此嗇夫，公之故人。公奚不休舍，且待後車？』文子曰：『吾嘗好音，此人遺我鳴琴；吾好佩，此人遺我玉環：是振我過者也。以求容於我者，吾恐其以我求容於人也。』乃去之。果收文子後車二乘而獻之其君矣」〔註113〕國有擅主之臣，而人有趨利之情，加之君臣並非骨肉之親，所以姦臣得勢，權傾朝野則群臣趨之，君之奈何？韓非認為「人主誠明於聖人之術，而不苟於世俗之言，循名實而定是非，因參驗而審言辭。是以左右近習之臣，知偽詐之不可以得安也。」〔註114〕如果君

〔註111〕《韓非子・說疑》
〔註112〕《韓非子・八姦》
〔註113〕《韓非子・說林下》
〔註114〕《韓非子・姦劫弒臣》

主能明白這個道理，就可以通過賞罰來禁姦防邪，治理天下。管仲理齊、商君強秦就是最好的例子。

君臣之間，理應有分，臣子之間，也需有別。臣子行為謙恭、節儉，那麼爵位就不足以鼓勵他們；尊寵和讚譽沒有節制，那麼臣下就會侵害、威脅君主。「臣以卑儉為行，則爵不足以觀賞；寵光無節，則臣下侵逼。說在苗賁皇非獻伯，孔子議晏嬰。故仲尼論管仲與孫叔敖。而出入之容變，陽虎之言見其臣。而簡主之應人臣也失主術。朋黨相和，臣下得欲，則人主孤；群臣功成名就舉，下不相和，則人主明。陽虎將為趙武之賢、解狐之公，而簡主以為枳棘，非所以教國也。」〔註115〕所以，君主要管理官吏而不一味的要求百姓。「人主者，守法責成以立功者也。聞有吏雖亂而有獨善之民，不聞有亂民而有獨治之吏，故明主治吏不治民。說在搖木之本與引網之綱。故失火之嗇夫，不可不論也。救火者，吏操壺走火，則一人之用也；操鞭使人，則役萬夫。故所遇術者，如造父之遇驚馬，牽馬推車則不能進，代御執轡持策則馬咸驚矣。是以說在椎鍛平夷，榜檠矯直。不然，敗在淖齒用齊戮閔王，李兌用趙餓主父也。」〔註116〕

鑒於取捨之臣，韓非提出了對臣子的任免、考覈和賞罰的各種辦法。

1. 任免。其基本的原則就是「因任而授官」，〔註117〕主要體現在：第一，所舉者必有賢，所用者必有能。韓非說：「明主者，推功而爵祿，稱能而官事，所舉者必有賢，所用者必有能。」〔註118〕很顯然，韓非是主張德才兼備的。同時，韓非的思想沒有停留在一般的推賢舉能、任官當能的地步，他還主張在賢能中又分厚薄：「賢材者處厚祿，任大官；功大者，有尊爵。官賢者量其能，賦祿者稱其功。」〔註119〕這樣，才能使能力的大小與職位的高低相宜，奉祿的多寡又與功勞的大小符稱。並且也只有這樣，才能免除「偷官而外交」以及「樹私黨」等亡國之風。第二，官吏必起於基層，用人不諱避卑賤。韓非極力主張在選賢擇能過程中，重視有實際經驗的人。他說：「明主之吏，宰相必起於州部，猛將必發於卒伍。」〔註120〕為了選拔有實踐經驗的人才，明

〔註115〕《韓非子・外儲說左下・經五》

〔註116〕《韓非子・外儲說右下・經四》

〔註117〕《韓非子・定法》

〔註118〕《韓非子・人主》

〔註119〕《韓非子・八姦》

〔註120〕《韓非子・顯學》

主用人不避卑賤，即使他們在山林湖澤或岩洞之中，即使他們在監牢或是被拘捕的犯人當中，即使他們從事著烹調、放牧、餵養牲畜等工作，但只要他們有才能，做事執行法令，使國家百姓受益，他們同樣可以得到舉薦，「觀其所舉，或在山林藪澤岩穴之間，或在圜圄縲絏纆索之中，或在割烹芻牧飯牛之事。然明主不羞其卑賤也，以其能，爲可以明法，便國利民，以而舉之。」〔註121〕第三，任人不分內外，求賢不分親仇。韓非提出「內舉不避親，外舉不避仇，是在焉，從而舉之，非在焉，從而罰之」的原則。〔註122〕勿庸置疑，這就是「任人唯賢」的陞遷原則。

2. 考覈。韓非汲取荀子在《荀子‧正名》中「制名，以指實」和墨者們在《墨子‧經說上》中的「是名也，止於實也」等思想的合理成分，又對申不害術治學說的術思想進行了改造，進而構建了一套考察官吏的原則和方法。第一，「論之於任，試之於事，課之於功」。〔註123〕他說：「夫欲得力士而聽其自言。雖庸人與烏獲不可別也，授之以鼎俎，則置健效矣。故官職者，能士之鼎俎也，任之以事而愚智分矣。故無術者得於不用，不肖者得於不任。」〔註124〕要想得到大力士，如果聽他們自吹自擂，即使是庸人和烏獲那樣的大力士也無法分別開來。但是如果把鼎和俎交給他們舉一舉，那麼誰疲弱無力誰健壯有力就可以分明了。所以官職就是有才能之士的鼎和俎，把事情交給他們做，愚蠢和聰明就可以區分開了。韓非用齊桓公與管仲的對話來說明這一道理，「桓公問置吏於管仲，管仲曰：『辯察於辭，清潔於貨，習人情，夷吾不如弦商，請立以爲大理。登降肅讓，以明禮等賓，臣不如隰朋，請立以爲大行。墾草倀邑，闢地生粟，臣不如寧戚，請以爲大田。三軍既成陣，使士視死如歸，臣不如公子成父，請以爲大司馬。犯顏極諫，臣不如東郭牙，請立以爲諫臣。治齊，此五子足矣；將欲霸王，夷吾在此。』」〔註125〕

第二，求功責實。韓非對那些「言是如非，言非如是」的誇誇其談、不務實際的作風是反對的。他說：「聽言觀行，不以功用爲之彀，言雖至察，行雖至堅，則妄發之說也」。〔註126〕現在聽取言論，考察行爲不以功用作爲目標，

〔註121〕《韓非子‧說疑》
〔註122〕《韓非子‧說疑》
〔註123〕《韓非子‧難三》
〔註124〕《韓非子‧六反》
〔註125〕《韓非子‧外儲說左下‧說四》
〔註126〕《韓非子‧問辯》

言論即使及其精深，行動即使及其堅決，也只能像無的放矢之類的情形一樣。正是以這種思想爲指導，他認爲明主御臣「功當其事，事當其言則賞，功不當其事，事不當其言則誅。」〔註127〕君主交給臣下的事情，如果取得的功效與交給的事情相當，所做的事情與陳述的主張相當，就給予獎賞；反之，就給予懲罰。君主不允許臣下陳述主張不相符。第三，力求客觀。韓非說：「參伍比物，事之形也。參之以比物，伍之以合虛。」〔註128〕多方驗證，反覆比較是事物的表現形式，用排比事物的方法來驗證，用會合抽象概念的方法來考覈，這樣才能客觀的反應事物的眞實面貌。他還強調「去喜、去惡，虛心以爲道合」，〔註129〕只有這樣，才能做到「審名實而定是非」。〔註130〕

3. 賞罰。「賞譽薄而謾者，下不用也；賞譽厚而信者，下輕死。其說在文子稱若獸鹿。故越王焚宮室，而吳起倚車轅，李悝斷訟以射，宋崇門以毀死。句踐知之，故式怒蛙；昭侯知之，故藏弊褲。厚賞之使人爲賁、諸也，婦人之拾蠶，漁者之握鱔，是以俲之。」〔註131〕韓非提出了一系列賞罰的原則和方法。第一，賞罰要得當。韓非認爲賞罰必須有一個客觀的標準，「賞罰隨是非」就是這一思想的集中體現。正是在這一基礎上，他強調「賞不加於無功，罰必行於有罪」，〔註132〕「發矢中的，賞罰當符」。〔註133〕否則，就是無術之患。重要的是：「賞於無功，使讒諛以詐僞爲貴；誅於無罪，使傴以天性剖背。」〔註134〕對無功的人給予獎賞，使阿諛奉承的人憑著欺詐手段得以尊貴起來；對無過的人橫加刑戮，使駝背的人因爲先天不足而被剖背，這樣濫用賞罰只是會帶來不少禍患。第二，賞罰必有度。韓非認爲，只要得當的可以行厚賞。因爲「若夫厚賞者，非獨賞功也，又勸一國。受賞者甘利，未賞者慕業，是報一人之功而又勸境內之眾。」〔註135〕厚賞獎勵的不是某個人的功勞，而是在勉勵一國之人。受賞的人得到好處感到快樂，沒受賞的人羨慕受賞者的功業。可見，行獎賞，對於被賞者和未被賞者都有鼓勵和鞭策的作用。但是獎

〔註127〕《韓非子‧主道》
〔註128〕《韓非子‧揚權》
〔註129〕《韓非子‧揚權》
〔註130〕《韓非子‧姦劫弒臣》
〔註131〕《韓非子‧內儲說上七術》
〔註132〕《韓非子‧姦劫弒臣》
〔註133〕《韓非子‧用人》
〔註134〕《韓非子‧安危》
〔註135〕《韓非子‧六反》

賞若超過一定限度，或濫用獎賞則會產生副作用，「用賞過者失民」。因為「賞繁而姦生」，姦邪生，則民心必亂，民心亂，「則國雖大，必危」。第三，賞罰當有信。韓非在《難一》中提出「慶賞信而刑罰必」的主張。他說：「以賞者賞，以刑者刑，因其所為，各以自成，善惡必及，孰敢不信。」該賞不賞，當刑不刑，其結果就是失掉威信。君主要信賞必罰，而不是對臣民講仁愛，「治強生於法，弱亂生於阿，君明於此，則正賞罰而非仁下也。爵祿生於功，誅罰生於罪，臣明於此，則盡死力而非忠君也。君通於不仁，臣通於不忠，則可以王矣。昭襄知主情而不發五苑，田鮪知臣情故教田章，而公儀辭魚。」〔註136〕第四，賞罰等貴賤。韓非說：「刑過不避大臣」，「誠有功雖疏賤必賞，誠有過，則雖近愛必誅」，這樣就可使「疏賤者不怠，而近愛者不驕」。〔註137〕尤其重要的是，賞罰權力一定要獨自掌握在君主手中，如果與大臣共用，法令必將無法推行，「賞罰共則禁令不行。何以明之？明之以造父、於期。子罕為出彘，田恒為圃池，故宋君、簡公弒。患在王良、造父之共車，田連、成房之共琴也。」〔註138〕

韓非相當理解臣子的處境，這種同情式的理解似又為他的學說主旨增添了些許溫情。他指出做臣子的處境其實很危險，很艱難，因為他的尊貴與低賤是隨著君主的愛憎而發生變化的，「故有愛於主，則智當而加親；有憎於主，則智不當見罪而加疏。」〔註139〕韓非例舉了衛靈公寵臣彌子瑕的故事予以說明，「昔者彌子瑕有寵於衛君。衛國之法：竊駕君車者罪刖。彌子瑕母病，人間往夜告彌子，彌子矯駕君車以出。君聞而賢之，曰：『孝哉！為母之故，亡其刖罪。』異日，與君遊于果園，食桃而甘，不盡，以其半啖君。君曰：『愛我哉！亡其口味以啖寡人。』及彌子色衰愛弛，得罪於君，君曰：『是固嘗矯駕吾車，又嘗啖我以餘桃。』故子瑕之行為必變初也，前現賢後獲罪者，愛憎之變也。」〔註140〕君主猶如巨龍一樣，吼下有逆鱗，有人動之，則必殺人。愛與不愛，殺與不殺，僅在君主一念之間。難怪千年歷史，幾度臣民相喟歎「伴君如伴虎」。

〔註136〕 《韓非子・外儲說右下・經二》
〔註137〕 《韓非子・主道》
〔註138〕 《韓非子・外儲說右下・經一》
〔註139〕 《韓非子・說難》
〔註140〕 《韓非子・說難》

二、民

　　韓非對民的認識，集中起來主要是：民之性，惡勞而樂佚；民之智，猶嬰兒之心。

　　第一，民之性，惡勞而樂佚。韓非認爲人之性，以利就之。君主治理百姓，考慮的是百姓的根本利益而不是他們暫時的欲望，眼前的貌似殘酷實則是爲百姓以後的幸福著想，「聖人之治民，度於本，不從其欲，期於利民而已。故其與之刑，非所以惡民，愛之本也。刑勝而民靜，賞繁而姦生。故治民者，刑勝，治之首也；賞繁，亂之本也。夫民之性，喜其亂而不親其法。故明主之治國也，明賞，則民勸功；嚴刑，則民親法。勸功，則公事不犯；親法，則姦無所萌。故治民者，禁姦於未萌；而用兵者，服戰於民心。禁先其本者治，兵戰其心者勝。聖人之治民也，先治者強，先戰者勝。……夫民之性，惡勞而樂佚。佚則荒，荒則不治，不治則亂，……欲治其法而難變其故者，民亂不可幾而治也。故治民無常，唯法爲治。……故王道在所聞（開），在所塞，塞其姦者必亡。」〔註141〕

　　「且夫死力者，民之所有者也，情莫不出其死力以致其所欲。」〔註142〕既然民好利且趨之，君主就應設置獎賞以順應民意，鼓勵人民爲富貴而努力耕作，拼死征戰，「故明主用其力，不聽其言；賞其功，必禁無用。故民盡死力以從其上。夫耕之用力也勞，而民爲之者，曰：可得以富也。戰之爲事也危，而民爲之者，曰：可得以貴也。」〔註143〕

　　第三，民之智，猶嬰兒之心。韓非指出，民眾的智謀不可以採用，他就像嬰兒的心理一樣，完全不懂的去小痛而大治的道理。所以君主督促耕種，民眾認爲君主太嚴酷了；修訂刑法，加重處罰，民眾認爲君太嚴厲了；徵收錢糧，充實國庫，民眾認爲君太貪婪了；要求全民積極服役，保衛國家，民眾認爲君主太殘暴了。君主爲了人民生活安定，民眾卻不知道感謝與高興。此等智謀怎能用於治國？「民智之不可用，猶嬰兒之心也。夫嬰兒不剔首則腹痛，不揊痤則寢益。剔首，揊痤，必一人抱之，慈母治之，然猶啼呼不止，嬰兒不知犯其所小苦致其所大利也。今上急耕田墾草以厚民產也，而以上爲酷；修刑重罰以爲禁邪也，而以上爲嚴；徵賦錢粟以實倉庫，且以救飢饉、

〔註141〕《韓非子‧心度》
〔註142〕《韓非子‧制分》
〔註143〕《韓非子‧五蠹》

備軍旅也，而以上爲貪；境內必知介而無私解，並力疾鬥，所以禽虜也，而以上爲暴。此四者，所以治安也，而民不知悅也。夫求聖通之士者，爲民知之不足師用。昔禹決江濬河，而民聚瓦石；於產開畝樹桑，鄭人謗訾。禹利天下，子產存鄭人，皆以受謗，夫民智之不足用亦明矣。」〔註144〕

韓非認爲「利之所在，民歸之；名之所彰，士死之。」〔註145〕民眾資質愚鈍，心智幼稚，只要以利誘之，以勢威之，民安矣，「凡人難變古者，憚易民之安也。夫不變古者，襲亂之跡；適民心者，恣姦之行也。民愚而不知亂，上儒而不能更，是治之失也。……是以愚贛窳墮之民，苦小費而忘大利也，故贊虎受阿謗。」〔註146〕「且民者固服於勢，寡能懷仁義。」〔註147〕

同時，韓非又相當重視人民在國家中的地位和作用。他在不同篇章提出同樣的問題——對民不可過於苛刻，民心關係國家命運。他說：「簡侮大臣，無禮父兄，勞苦百姓，殺戮不辜者，可亡也」〔註148〕，「故用賞過者失民，用刑過者民不畏」〔註149〕，「民怨則國危」，〔註150〕他指出輕視侮辱大臣，使百姓勞苦，殺害無罪的，國家就可能滅亡；人民有了埋怨與怨恨，國家就相當危險；賞過重無吸引，罰過重不畏懼。此外，「徭役多則民苦，民苦則權勢起，權勢起則復除重，復除重則貴人富。苦民以輔貴人，起勢以藉人臣，非天下長利也。故曰徭役少則民安，民安則下無重權，下無重權則權勢滅，權勢滅則德在上矣。」〔註151〕徭役多民眾困苦，民眾困苦大臣的權勢就會擴張，大臣權勢擴張，借大臣之私門以隱匿戶口而免除徭役和賦稅的人就會增多，免除徭役和賦稅的人多了，貴人就更加富有。這不符合國家的長遠利益，所以，徭役少民眾就安定，民眾安定臣下就沒有大權，沒有大權就沒有權勢，沒有權勢恩德就屬於君主了。

韓非指出，人民都是追求安逸的，但他要暫離家庭而爲國征戰，可是家庭出現困苦卻無人過問，這真是很傷民的事情。「民之政計，皆就安利如辟危窮。今爲之攻戰，進則死於敵，退則死於誅，則危矣。棄私家之事而必汗馬

〔註144〕《韓非子‧顯學》
〔註145〕《韓非子‧外儲說左上‧經四》
〔註146〕《韓非子‧南面》
〔註147〕《韓非子‧五蠹》
〔註148〕《韓非子‧亡徵》
〔註149〕《韓非子‧飭邪》
〔註150〕《韓非子‧難一》
〔註151〕《韓非子‧備內》

之勞，家困而上弗論，則窮矣。窮危之所在也，民安的勿避？」〔註152〕所以，君主要成就大業，必須賦稅適當，禁止姦邪，鼓勵耕作，「故明主之治國也，適其時事以致財務，論其稅賦以均貧富，厚其爵祿以盡其能，重其刑罰以禁其姦邪，使民以力得富，以事致貴，以過受罪，以功致賞，而不念慈惠之賜，此帝王之政也。」〔註153〕

　　人民中間還有一些迂腐學者和重人的幫兇。這些幫兇除了各級官吏，還有郎中和儒生等社會之民，這些愚污之人「上與之欺主，下與之收利侵漁，朋黨比周，相與一口，惑主敗法，以亂士民，使國家危削，主上勞辱，此大罪也。」〔註154〕而當代那些愚蠢的學者，都不知道國家治理和混亂的實際情形，只是喋喋不休的背些古代的書籍，以擾亂當代的政治；他們的智慧和思慮還不足以躲開陷阱，還妄自否認懂得權術的人。聽他們的話，國家將危險，用他們的計謀國家將混亂，這是愚蠢到了極點，對國家的禍患也大到極點。他們和懂得權術的人比，有會談說的名聲，而實際上卻相差千萬倍，這是名聲相同而實質完全不同的人，當世愚蠢的學者比起懂得權術的人，就好像螞蟻窩和大土山相比，差的太遠了。「且夫世之愚學，皆不知治亂之情，……多誦先古之書，以亂當世之治；智慮不足以避阱井之陷，又妄非有術之士。聽其言者危，用其計者亂，此亦愚之至大而患之至甚者也。俱與有術之士，有談說之名，而實相去千萬也，此夫名同而實有異者也。夫世愚學之人比有術之士也，猶蟻垤之比大陵也，其相去遠矣。」〔註155〕

　　韓非也將社會之民做了分類，一類是「赴險殉誠，死節之民，而世少之曰『失計之民也』寡聞從令，全法之民，而世少之曰『樸陋之民也』。力作而食，生利之民也，而世少之曰『寡能之民也』。嘉厚純粹，整穀之民也，而世少之曰『愚戇之民也』。重命畏事，尊上之民也，而世少之曰『怯懾之民也』。挫賊遏姦，明上之民也，而世少之曰『諂讒之民也』。此六民者，世之所毀也。姦偽無益之民六，而世譽之如彼；耕戰有益之民六，而世毀之如此；此之謂『六反』。」〔註156〕忠誠勇敢，赴湯蹈火，不怕犧牲，卻被稱為不會算計；不傳謠言，不生是非，遵守法令，卻被稱為愚昧寡聞；努力耕作，自食其力，

〔註152〕《韓非子·五蠹》
〔註153〕《韓非子·六反》
〔註154〕《韓非子·孤憤》
〔註155〕《韓非子·姦劫弒臣》
〔註156〕《韓非子·六反》

創造財富，卻被稱為缺少才能；忠厚善良，單純樸實，誠懇正派，卻被稱為愚蠢呆板；服從命令，謹慎辦事，敬畏君主，卻被稱為膽小怕事；打擊壞人，除姦止惡，勸君明察，卻被稱為溜須逢迎。這六種人是社會所詆毀而君主應該褒獎的人。

一類是「畏死遠難，降北之民也，而世尊之曰『貴生之士』，學道立方，離法之民也，而世尊之曰『文學之士』。遊居厚養，牟食之民也，而世尊之曰『有能之士』。語曲牟知，偽詐之民也，而世尊之曰『辯智之士』。行劍攻殺，暴憿之民也，而世尊之曰『磏勇之士』。活賊匿姦，當死之民電，而世尊之曰『任譽之上』。此六民者，世之所譽也。」〔註157〕韓非指出，貪生怕死而臨危逃難，這是投降敗逃的人，社會上卻尊稱他們珍惜生命；學習邪道，樹立個人學說，這是違法的人，社會上卻尊稱他們研究學術；多方遊說以謀取優厚待遇，這是靠遊說混飯吃的人，社會上卻尊稱他們有才能；阿諛奉承，賣弄智巧，這是虛偽期詐的人，社會上卻尊稱他們善辯而有智謀；用劍攻打廝殺，這是粗暴冒險的人，社會上卻尊稱他們方正勇敢；包庇盜賊，隱藏壞人，這是應當誅殺的人，社會上卻尊稱他享有聲譽。這六種人都是社會所讚美而君主需嚴懲的人。

他所厭惡的是怕死的貴生之士、學道的文學之士、遊居的有能之士、詐民的智辯之士、私鬥的磏勇之士、匿姦的任譽之士；他所讚賞的是赴險殉誠之民、從令全法之民、力作生利之民、嘉厚純粹之民、重命尊上之民、挫賊遏姦之民。韓非力勸君主不要輕信世俗毀譽，搞清實際上真正對國家有利的是後六種而不是前六種百姓。從這兩個六種，我們可以推斷出韓非的標準：他所推崇的不是成就私名、無益耕戰的閒民，而是勤懇老實、服法奉公的順民。

〔註157〕《韓非子·六反》

第六章　道法論

　　道、法有別，古已有之。《周易・繫辭上》首先指出：「是以明於天之道，而察於民之故，是興神物，以前民用……一闔一闢謂之變，往來不窮謂之通。見乃謂之象，形乃謂之器，制而用之謂之法。」意即法是對道的具體應用，其本源在「天之道與民之故」。《墨子・經上》說：「法，所若而然也。」法是一事物應該是該事物的原因，亦即說法是事物的內在本質和規律，而事物的內在本質和規律即道。從普遍意義上說法就是由萬物的本性派生出來的必然關係，這種必然關係表現出來即爲法，故世間萬物皆有法。先秦著作中首先把作爲法律的法與道聯繫起來的是《黃帝四經》，其中《經法・道法》開篇即說：「道生法。」法由道派生，是道在社會領域的落實和體現。《黃帝四經》之後，《管子》對這一命題作了進一步闡發。

　　所以，就道、法關係而言，有《道法》的「道生法」，有韓非的「因道全法」，本章將對此做一分析。

第一節　道生法

　　在道、法關係上，典型的要數《經法・道法》開篇提出的道生法。文中指出「道生法。法者，引得失以繩，而明曲直者也。故執道者，生法而弗敢犯也，法立而弗敢廢（也）。」〔註1〕法，是以得失爲依據明辨曲直是非的。所以，掌握道的人，制定法而不敢違犯，確立法而不敢廢除。能夠以自己爲根據規範自己，然後使天下皆知而不迷惑。此處之「法」乃人定法。所謂「道

────────────

〔註1〕《黃帝四經・經法・道法》

生法」，並非指「法」從「道」中合理地推導出來，而是由執「道」之人（即君主）制定。

《黃帝四經》對「道」這一概念，大致上繼承了老子道論中的道是萬物之起源、是萬物生成之總原理這一基本觀點。《道原》云：「恒無之初，洞同太虛。虛同爲一，恒一而止。濕濕夢夢，未有明晦。神微周盈，精靜不熙。故未有以，萬物莫以。故無有形，大同無名。天弗能覆，地弗能載。小以成小，大以成大，盈四海之內，又包其外。在陰不腐，在陽不焦。一度不變，能適蟣蟯。鳥得而飛，魚得而游，獸得而走。萬物得之以生，百事得之以成。人皆以之，莫知其名。人皆用之，莫見其形。」又曰：「一者其號也，虛其舍也，無爲其素也，和其用也。是故夫道高而不可察也，察而不可測也。顯明弗能爲名，廣大弗能爲形。獨立不偶，萬物莫之能離。天地陰陽，四時日月，星辰雲氣，蚑行蟯動，戴根之徒，皆取生，道弗爲益少；皆反焉，道弗爲益多。堅強而不撌，柔弱而不可化。精微之所不能至，稽極之所不能過。」以上描述，在很大程度上繼承了老子道論的諸多特徵，但也有所區別。如《道原》云：「小以成小，大以成大，盈四海之內，又包其外。」這段對道的解釋似乎透露出道也有外在可感知的形狀，道的形狀即是萬物的形狀，萬物中任何一個物的形狀即是道的形狀。又如「顯明弗能爲名，廣大弗能爲形」這句話則明確用顯明、廣大來形容道的特徵，這在《老子》書中是沒有的。這種不同即是陳鼓應教授所謂的「道」的二重組合。這種二重組合是指，「道」是既無始又有始、既無名又有名、既隱微又顯明、既小而無內又大而無外、既不可企及又可以企及、既虛又實、既運動變化又靜止恒定，這種道的二重組合就構成了道的既不可感知又可以感知的本體論。所以，據《黃帝四經》中「道」的這一二重組合特徵，「道」具備了可陰可陽、可柔可剛、可損可益、可無爲可有爲、可退可進、可屈可申的特點，從而爲人們掌握和利用「道」來處理社會政治問題提供了可能性。

「法」字古代有兩種寫法，「佱和灋」，「佱爲先秦古文，灋是後起字。灋，刑也，平之如水，從水；灋之本義，謂處罰罪人也」。林氏據金文謂象圍束人之刑，其說是矣。惟仍主舊說，謂從水取其平，則非也。此字所從之水，蓋亦所以困厄人者，既後世所稱水牢也。「廌，解廌，獸也，似山牛，一角。古者決訟，令觸不直者。」「廌之爲物，殆前似羊，後似牛。許云似山牛，山牛所稱之野牛。謂水牛也。……皋陶欲神事助政，惡受罪者之不厭服，因此獸

觸人則罪之，欲人畏之，不犯受罪之家，沒齒無怨言也。此其言是矣！蓋古之聽訟者，審其人之不直，恐其怨己，故神其事而廌觸之耳。非廌獸果能辨識直與不直也。」可見，在古代社會，法官以廌假託神意決獄，使廌觸之，以求平直。因此，「法」有決獄求平之意。而「刑」，段玉裁解釋說：「刑者，罰罪也。……引伸爲凡模範之稱。木部曰模者，法也。竹部曰範者，法也。土部曰型者，鑄器之法也。」故「法」又有規範標準之意。《管子・七法》載：「尺寸也，繩墨也，規矩也，衡石也，斗斛也，角量也，謂之法。」《尹文子》也載：「法有四呈，……一曰不變之法，君臣上下是也。二曰齊俗之法，能鄙同異是也。三曰治眾之法，慶賞刑罰是也。四曰平準之法，律度權量是也。」以上是對「法」從字義上的解釋。

　　《黃帝四經・經法》云：「道生法。法者，引得失以繩，而明曲直者也。」又言：「見知之道，唯虛無有；虛無有，秋毫成之，必有刑名；刑名立，則黑白之分已。……是故天下有事，無不自爲刑名聲號矣。刑名已立，聲號已建，則無所逃跡匿正矣。……公者明，至明者有功。至正者靜，至靜者聖。無私者知，至知者爲天下稽。稱以權衡，參以天當，天下有事，必有考驗。事如植木，多如倉粟。斗石已具，尺寸已陳，則無所逃其神。故曰：度量已具，則治而制之矣。」概括以上引文，可知《黃帝四經》中對法的表述大致爲繩墨、刑名、權衡、斗石、尺寸、度量等。以上幾個表述除刑名較抽象外，其它都是一種具體的比喻。繩墨指古代木匠用以校準曲直的工具，權衡是重量的標準，斗石、尺寸皆爲一定的度量單位。由此可知，在《黃帝四經》所表達的思想當中，法具有的涵義是：法代表一種規則；法代表的是一種標準；法代表一種公平的內涵。統觀《黃帝四經》對「法」字的表述，其涵義少有刑罰的意義，而多爲上述平、直、正三義，而後世對法字的理解則多傾向於刑罰之義、甚至是殘酷無情的涵義，這應當是起於法家對「法」字的理解與發展。

　　《管子・任法》承繼了道生法這一觀點，提出「生法者，君也」。即「有生法，有守法，有法於法。夫生法者，君也；守法者，臣也；法於法者，民也。君臣上下貴賤皆從法，此謂爲大治。」《管子》指出社會有創制法制的，有執行法度的，有遵照法度行事的，創立法度的是君主，執行法度的是大臣官吏，遵照法度行事的是百姓，由此上下依法而大治現矣。《管子・心術上》指出：「以無爲之謂道，舍之之謂德。故道之與德無間……故禮出乎義，義出

乎理，理因乎道者也。法者，所以同出不得不然者也。故殺戮禁誅以一之也。故事督乎法，法出乎權，權出乎道」。「道」成為「法」的來源，一方面通過「法」使「道」有了社會性，可以在社會中發揮它的作用；另一方面也為現實的法律制度提供了合理性的根據，使法具有了不可侵犯的權威性。

《管子》認為立法必須以道為指導。《七法》說：「人民、鳥獸、草木之生物，雖不甚多，皆均有焉，而未嘗變也，謂之則」，「不明於則，而欲出號令，猶立朝夕於運均之上，擔竿而欲定其末」。明則以立法的實質仍是要求法之所生必因道，不瞭解道（則）而制定法令制度，就像要在轉動的陶輪上樹立標杆，就像要固定擔在肩上因而搖動不已的竹杆末端一樣，不現實也不可能實現。《樞言》又說：「法出於禮，禮出於治。治、禮，道也」，「所謂仁義禮樂者，皆出於法。」〔註2〕法由禮而出，禮出於治，治和禮都由道而來，所以法的終極依據和根源仍是道。《心術上》有：「故事督乎法，法出乎權，權出乎道。」正是在這一意義上，《管子》說「憲律制度必法道」，法是「天下之至道」。法出於道，法必法道，意味著道是法的指導，可以制約法，法必須合道才能發揮法的作用。

法出於道，法非自出於道，須借人之努力。人首先發現、認識客觀存在的道，然後依道制定法。但不是人人都可以得「道」，只有聖人、明主才能得道。聖人或明主通過天、地、日、月、星辰、四時等宇宙中常見且恒常不變的事物體道、悟道，然後依道製法，以法治國。故《形勢解》有曰：「明主法象天道。」《版法》說：「法天合德，象地無親，參於日月，佐於四時。」這樣，原本虛無縹緲，似乎難以把握的道經過人的體察就變得實在而可知了。聖人、明主體道的過程即由天道而人道的過程。天道乃宇宙之秩序，人道乃社會之法則，人道之法法天道以求恒常與公正。《管子》中天、道常常連言，或曰「天道」，或曰「天之道」，正說明了這一點。由此，天道之於法就有了指導和制約的意義。它是法的標準，君主要使所立之法無限趨近於天地的恒常、公平、無私，從而保證所立之法是良法而非惡法。故《白心》曰：「建當立有，以靖為宗，以時為寶，以政為儀，和則能久。非吾儀，雖利不為。非吾當，雖利不行。非吾道，雖利不取。上之隨天，其次隨人。人不倡不和，天不始不隨，故其言也不廢，其事也不隨」。「以政為儀」之政即正，儀即法，意為立法必須體現道之公正，有違公平、公正的法令即使能帶來利益也不取。

〔註 2〕《管子‧任法》

由此，《管子》的「法出於道」的含義：一，法由道而生，道對法有指導、制約意義。二，宇宙因為道的存在而和諧有序，所以要使人世間和諧有序，必須以由道而生的法治國。

先秦法家儘管也說君不能任意立法，而要受一定的約束，譬如察人情、量民力、因時等，但都沒有從根本上解決問題。正如梁啓超所說：「他們（先秦法家）知道法律要確定要公佈，知道法律知識要普及於人民，知道君主要行動於法律範圍以內，但如何然後能貫徹這種主張，他們沒有想出最後最強的保障。申而言之，立法權應該屬於何人？他們始終沒有把它當個問題。他們所主張法律威力如此絕對無限，問法律從哪裏出呢？還是君主，還是政府。他們雖然唇焦舌敝說『君主當設法以自禁』，說『君主不可捨法而以心裁輕重』，結果都成廢話。造法的權在什麼人，變法廢法的權自然也在那人。君主承認的便算法律，他感覺不便時，不承認他，當然失去了法律的資格。他們主張法律萬能，結果成了君主萬能。這是他們最失敗的一點。因為有這個漏洞，所以這個主義，不惟受別派的攻擊無從辯護，連他本身也被專制君主破壞盡了。我們要建設現代的政治，一面要採用法家根本精神，一面對於他的方法條理加以修正才好。」〔註3〕這是切中法家要害的一段評述。

第二節　因道全法

對於道、法之關係，韓非提出「因道全法」的主張。其真實意圖在於，得「道」之君，「因人之情」而製法，然後把人民交給「法」去管理，使人民覺得「禍福生乎道法，而不出乎愛惡，榮辱之責在乎己，而不在乎人」〔註4〕，對君主無怨惡之心，以達到「無為而治」的結果。在韓非看來，「道」是完美無缺，純而又純的。它宏大無形，獨立不改，公正無私，規範劃一。法必須「因道」而立，只有這樣，法才能從「道」那裏得到各種完美的屬性，這樣的法才是「良法」，以法治國也才是一條行之有效的必由之路。如果是「釋道」而立法，法必然與「道」相悖，推行「法治」將是不可能的。衡量法的好壞，其標準僅在於看它是否「因道」，而不在其它。「因道」，則「法如朝露、純樸不散也」。〔註5〕

〔註3〕梁啓超：先秦政治思想史〔M〕，天津：天津古籍出版社，2003 年，第 256 頁。
〔註4〕《慎子‧佚文》
〔註5〕《韓非子‧大體》

　　「因」範疇的提出，對於溝通道、法之間的理論聯繫十分關鍵。《說文》云：「因，就也。」《呂覽・盡數》：「因智而明之」，高誘注：「依也」。孔子說：「殷因於夏禮，所損益可知也；周因於殷禮，所損益可知也」也是這個意思。〔註6〕《國語》中載太子晉曰：「皆皇炎之後也，唯不帥天地之度，不順四時之序，不度民神之義，不儀生物之則，以殄滅無胤，至於今不祀。」〔註7〕意在強調「帥天地之度」、「順四時之序」，總的思想是要因順自然。《黃帝四經》中多提及「因天」、「因民」、「因之若成」。「因」是憑藉、應用的意思，主要強調人的活動要遵循客觀規律，合於天道；田駢、慎到、尹文等稷下黃老道家發揮了《黃帝四經》中「因」的思想，提出「因人之情」，根據人皆趨利避害即「自為」的普遍人性論進一步討論了君主如何「因民之能」的政治統治理論，並提出「因人情」而立法的思想，實現了道法的結合。《文子》中提出「因天下而為天下」、「因道理之數」、「因循而任下」、「因資而立功」、「因人以知人」，涉及到「因」與「道」，「因」與人性，「因」與「無為」，「因」與法的關係。《管子》四篇中提出「道貴因」、「因其能者言所用也」、「因也者，捨己以物為法者也」，並創造性的提出「靜因之道」命題，這裏「因」具有認識論意義，是無為的最高境界；《莊子》中也提及「因」範疇：「因其所有而有之」、「因之以曼衍」、「常因自然而不益生」。「因」範疇主要與相對主義認識論和養生思想相聯繫。《呂氏春秋》中《貴因》篇專門論「因」，「三代所寶莫如因，因則無敵。禹通三江五湖，決伊闕，溝回陸，注之東海，因水之力也。舜一徙成邑，再徙成都，三徙成國，而堯授之禪位，因人之心也。湯、武以千乘制夏、商，因民之欲也。如秦者立而至，有車也；適越者坐而至，有舟也。秦、越，遠塗也，竫立安坐而至者，因其械也。……夫審天者，察列星而知四時，因也；推曆者，視月行而知晦朔，因也；禹之裸國，裸入衣出，因也；墨子見荊王，錦衣吹笙，因也；孔子道彌子瑕見釐夫人，因也；湯、武遭亂世，臨苦民，揚其義，成其功，因也。故因則功，專則拙。因者無敵，國雖大，民雖眾，何益？」〔註8〕《察今》篇中提出「因時變法」，《任數》篇中「因者君術也，為者臣道也」，其「因」範疇主要涉及政治哲學；《淮南子》中多提及「因」思想，「因水之流」、「因地之勢」、「因民之欲」、「禮因

〔註6〕《論語・為政》
〔註7〕《國語・楚語》
〔註8〕《呂氏春秋・貴因》

人情而爲之節文」、「因民之所喜而勸善」、「因民之所惡而禁姦」、「故因則大，（化）則細矣」、「故能因，則無敵與天下矣」。這樣，經由「因」範疇的轉折，「道」與「法」從邏輯上聯繫了起來。所以，《四庫全書總目》愼子條說：「道德之爲刑名，此其轉關」。

　　韓非的「因道全法」與《管子》「法出於道」的有所不同：首先，在韓非的「因道全法」中道對法不具備指導和制約作用，而且因爲道之情「不制不形，柔弱隨時，與理相應」，是隨時變化的，以它的變化保持和各種事物具體的「理」相適應。這樣一來，道不但失去了對事物的制約，反而對事物產生適應性，從而爲韓非之法以保護君主權益爲目的創造了便利。故《說難》曰：「法所以制事，事所以名功也。法有立而有難，權其難而事成則立之。事成而有害，權其害而功多則爲之。無難之法，無害之功，天下無有也。」在這一原則指導下，韓非所立之法可以以民眾之難、之害以成君主之事、之功。其次，在韓非的「因道全法」中「道」被一步步具體化、實在化，而不再具有絕對和超越萬物的特點。所以，法家只重治國是否「以法」，而不論所「以」之法善還是惡。愼子所說「法雖不善，猶勝於無法」最能概括法家的這一主張。第三，《管子》的道是「生成之道」，而韓非之道是「生成死敗之道」。在《管子》中的道一定是好的結果，是成，是生，失道才產生壞的結果，是敗，是死。《內業》說：「道也者……人之所失以死，所得以生也。事之所失以敗，所得以成也。」循道而爲一定有好的結果，只是這一結果因對道的掌握和使用程度不同而變化。《白心》說：「道者，一人用之，不聞有餘；天下行之，不聞不足。此謂道矣。小取焉則小得福，大取焉則大得福，盡行之而天下服。」《形勢解》：「道者，扶持眾物，使得生育而各終其性命者也。故或以治鄉，或以治國，或以治天下。故曰：道之所言者一也，而用之者異。」而在《韓非子》中，得道可成可敗，可活可死。《解老》說：「道與堯、舜俱智，與接輿俱狂，與桀、紂俱滅，與湯、武俱昌。……凡道之情，不制不形，柔弱隨時，與理相應。萬物得之以死，得之以生。萬事得之以敗，得之以成道。道譬諸若水，溺者多飲之即死，渴者適飲之即生。譬之若劍戟，愚人以行忿則禍生，聖人以誅暴則福成。故得之以死，得之以生，得之以敗，得之以成。」道因人而異，因對它的不同使用而異。它使堯、舜聰明，商湯、武王興盛，卻使接輿瘋狂，桀、紂滅亡。用得適當得福，用得不適當反而生禍。

　　所以，由《管子》的「生成之道」所出、并受它制約的法可以是善法，是良法；而因韓非「生成死敗之道」所成的法卻不一定是善法、良法，還要取決於立法之人對道的選擇，選擇「生成之道」，所立即善法，選擇「死敗之道」，所立則惡法。從這一角度看，《韓非子》對道的理解比《管子》更進了一步，它意識到並非掌握了規律就可以為所欲為，對規律的運用必須適度才能獲得好的結果。

第七章　法治論

　　先秦思想家大多將其學說的最終歸依點置放於現實政治秩序的恢復、整合方面。馮友蘭說「戰國諸子，及其成『家』之時，無不談政治」，即使表面上「最與政治無關」的名家也不例外，所不同者只不過關注程度不同而已」。〔註1〕諸子們四處奔走，期冀有君主能採納自己的治世良方，他們不是為一國，而是為天下。這在梁啟超看來，純屬世界主義者。「先秦政治學說，可以說是純屬世界主義。像歐洲近世最流行的國家主義，據我們的先輩的眼光看來，覺得很偏狹可鄙。所以孔子、墨子、孟子諸人，周遊列國，誰採用我的政策，我便幫助他，從沒聽見他們有什麼祖國的觀念。因為他們覺得自己是世界上一個人，並沒有專屬於那一國。又如秦國的政治家，從由余百里奚起到商鞅、張儀、范雎、李斯止，沒有一個是秦國國籍。因為他們覺得世界上一個行政區域（國）應該世界上有才能的人都有權來共同治理。若拿現代愛國思想來責備他們，那麼，簡直可以說春秋戰國時代的人，個個都是無廉恥，個個都是叛徒，然而拿這種愛國思想和他們說，他們總覺得是不可解。」〔註2〕

　　韓非亦不例外，他的道論思想落實到現實的社會政治，便是集法、術、勢一體的法治論。

〔註1〕 馮友蘭：三松堂學術文集〔M〕，北京：北京大學出版社，1984 年，第 379～
　　　　380 頁。
〔註2〕 梁啟超：先秦政治思想史〔M〕，天津：天津古籍出版社，2003 年，第 248～
　　　　249 頁。

第一節　先秦政治哲學思想的核心範疇演變

　　先秦諸子為了充分和深入論述他們的政治思想，特別注意其思想的哲理性認識。梁啓超曾經在論及如何分析政治思想內容的方法和框架時有一段十分精闢的話，可以為我們所參考。他說：「政治思想之內容，從所表現的對象觀察，可分為二類：一曰純理，二曰應用。純理者，從理論上具一至善之鵠，研究國家當用何種組織，施政當採何種方針……等等。應用者，從實際上校其效率，研究某種組織某種方針……等等如何始能實現。此兩者雖有區別，然常為連鎖的關係。純理必藉應用而始圓滿，應用必以純理為其基據。」〔註3〕梁啓超較早地進行過系統分析，指出先秦各家共通的思想正是中國人政治思想的特色，將先秦諸子的共同特徵概括為四個方面：第一，中國人深信宇宙間有一定的自然法則，把這些法則適用到政治，便是最圓滿的理想政治。……老子所謂「道法自然」，孔子所謂「天垂象，聖人則之」。墨子所謂「立天志以為儀式」。都是要把自然界的理應用到人事。這一點是各派所同認，惟實現這自然法則的手段，各家不同。第二，君位神授，君權無限。各家之說，皆為救濟社會維持安寧秩序起見，不得不建國，不得不立君。……所以他們向來不承認國家為一個君主或某種階級所有，向來不承認國家為一個君主或某種階級的利益而存在。第三，中國人對於國家性質和政治目的，雖看得不錯，但怎麼樣才能貫徹這目的呢？可惜沒有徹底的發明。申而言之，中國人很知民眾政治之必要，但從沒有想出個方法叫民眾自身執行政治。第四，中國人說政治，總以「天下」為最高目的，國家不過與家族同為達到這個最高目中之一階段。儒家說的「平天下」，「以天下為一家，中國為一人」，道家說的「以天下觀天下」這類話到處皆是，不必多引了。法家像很帶有國家主義的色彩，然而他們提倡法治，本意實為人類公益起見，並不是專為一個國家，所以《商君書・修權篇》說，「為天下治天下，」而斥「區區然擅一國者」為「亂世」。至於墨家，越發明了了。墨子說：「天兼天下而愛之。……天之有天下也，譬之無以異乎國君諸侯之有四境之內也。……」，「夫取天之人，以攻天之邑，此刺殺天民，……上不中天之利矣。」〔註4〕

〔註3〕梁啓超：先秦思想史〔M〕，上海：東方出版社，1996年，第8頁。
〔註4〕梁啓超：先秦政治思想史〔M〕，天津：天津古籍出版社，2003年，第240～249頁。

　　先秦之學術影響較大的有道家、儒家和法家，他們皆從各自學術特點出
發，對現實社會政治做了分析。我們將從道——德——法的模式來分析先秦
政治哲學核心範疇的基本演繹。

　　第一，道。道是老子哲學的核心範疇，亦是其政治哲學的出發點。老子
從道爲核心的宇宙論出發，進而引申到人生論，但其最後的歸宿卻在於政治
論上。現代許多學者都看到了老子之書政治論的性質，陳鼓應先生說：「老子
整個哲學系統的發展，可以說是由宇宙論伸展到人生論，再由人生論延伸到
政治論。然而，如果我們明瞭老子思想形成的眞正動機，我們當可知道他的
形而上學只是爲了迎合人生與政治的要求而建立。」〔註5〕韋政通先生所持的
觀點大致一樣，認爲老子的宇宙論不過是爲政治尋找根據，「老子的宇宙論主
要目的並不在尋求自然律，他所以要建立自然爲宗的宇宙論，主要是爲了他
的政治及人生哲學覓得形上的依據」，〔註6〕因此，在韋先生看來，老子的人
生之動力當是「用世」，韋先生說「支持他們（指先秦諸子）生活最強烈的因
素是用世，是直接參與政治並影響社會，他們對政治社會有強烈的責任感、
使命感，能遇明主採納他們的意見，實現他們的抱負，才是人生最大的願望。」
〔註7〕

　　我們對老子的道也可以這樣描述：道不可道，道法自然。道不可道即指
道無以指稱，無以名言，以他物來指稱道，其道即非眞道。「道常無名。」〔註
8〕人類只能通過有限的名言，從各個方面去描述它的存在狀態，近似地逼近
它。即：「有物混成，先天地生。寂兮寥兮！獨立而不改，周行而不殆，可以
爲天下母。吾不知其名，字之曰道，強爲之名曰大。大曰逝，逝曰遠，遠曰
反。」〔註9〕「道之爲物，惟恍惟惚。惚兮恍兮，其中有象：恍兮惚兮，其中
有物；窈兮冥兮，其中有精；其精甚眞，其中有信。」〔註10〕它正常的存在
狀態是「道沖而用之或不盈。淵兮，似萬物之宗。挫其銳，解其紛，和其光，
同其塵。湛兮，似或存。吾不知誰之子，象帝之先。」〔註11〕即是說：它不

〔註5〕陳鼓應：老莊新論〔M〕，上海：上海古籍出版社，1992年，第3頁。

〔註6〕韋政通：中國思想史〔M〕，上海：上海書店，2003年，第11頁。

〔註7〕韋政通：中國思想史〔M〕，上海：上海書店，2003年，第11頁。

〔註8〕《老子・三十二章》

〔註9〕《老子・二十五章》

〔註10〕《老子・二十一章》

〔註11〕《老子・四章》

露形跡，不糾纏在具體事務之中，又存在於極其細微的垢塵之中，無形無象，透徹證明，若有若無，不知從何處而來。總之，「道者，萬物之奧。」〔註12〕

道法自然即指道成就天地萬物，並非有意作為，而完全出於無意作為。但其過程中又顯現著某種規律。其基本的運動規律有三點：第一是按照其自身的樣子運動，即「道法自然」。第二是當處於極頂之時，就會朝著相反的方向轉化，「反者道之動」。第三是總處於柔弱狀態而最終獲得其功用：「弱者道之用」。

道法自然要求萬物皆按自然法則運行。人類社會也是一樣。老子認為「道常，無為而無不為。侯王若能守之，萬物將自化，化而欲做，吾將鎮之以無名之樸。無名之樸，夫亦將無欲。無欲以靜，天下將自定。」〔註13〕「不尚賢，使民不爭；不貴難得之貨，使民不為盜；不見可欲，使民心不亂。是以聖人之治……常使民無知無欲，使夫智者不敢為也。為無為，則無不治。」〔註14〕在老子看來，真正的無為應該是「聖人處無為之事，行不言之教，萬物做焉而不為始，生而不有，為而不恃，功成而弗居。夫唯弗去，是以不去。」〔註15〕對此無為，《淮南子》有比較確切的解釋：「所謂無為者，私志不得入公道，嗜欲不得枉正術，循理而舉事，因資而立功，權自然之勢，而曲故不得容者。事成而身不伐，功立而名弗有。」〔註16〕所謂無為，就是順應自然，不輕舉妄動，不違背事物發展規律去貪功冒進，成功之後也不居功自傲。

簡單的講，第一，無為乃是無私。老子看到統治者個人的私心私欲乃是政治混亂的一大原因，認為只有消除了私心私欲，然後才能達到無為。治理國家不應當循私情，不以私心處理事務，而應當順應自然的規律，放手讓人民去做事，把好處讓給人民，不與民爭利。第二，無為是不枉為。萬事萬物都有其自身內在的規律性，只有遵守這些規律才能把事情做好，而不是違背規律任意妄為。人們順應了天時，充分利用了自然條件，再加上人的努力，那麼辦起事來將是十分容易成功的。所以老子說：「道常無為而無不為，侯王若能守之，萬物將自化」。〔註17〕

〔註12〕 《老子‧六十二章》
〔註13〕 《老子‧三十七章》
〔註14〕 《老子‧三章》
〔註15〕 《老子‧二章》
〔註16〕 《淮南子‧脩務訓》
〔註17〕 《老子‧三十七章》

作為政治論意義上的道，才是老子思想的真實目的。依據老子對當時社會現實狀況的觀察和思考，他認為現實社會中各種利益紛爭及由此導致的社會動亂，歸根結底是起因於君主未能置身於現實的社會利益關係之外，因而總是有其自身所要謀求的特殊利益，於是想盡各種辦法，採取各種方式來與百姓爭利，以滿足其自身利益的需要。鑒於此，老子提出君主的為政之道在於：「不尚賢，使民不爭。不貴難得之貨，使民不為盜。不見可欲，使民心不亂。是以聖人之治，虛其心，實其腹，弱其志，強其骨，常使民無知無欲，使夫智者不敢為也。為無為，則無不治。」〔註18〕這樣才能達成其「小國寡民」的社會理想。無為而治的理想社會將是這樣的社會，「小國寡民，使有什伯之器而不用，使民重死而不遠徙；雖有舟輿，無所乘之；雖有甲兵，無所陳之。使民復結繩而用之。至治之極，甘其食，美其服，安其居，樂其俗，鄰國相望，雞犬之聲相聞，民至老死不相往來。」〔註19〕老子的理想社會是沒有戰爭的和平治世。雖然國家擁有軍隊，但無所陳之。老子的理想社會也不是野蠻的社會。馮友蘭先生說到，「在這種社會中，並不是沒有舟輿，不過是沒有地方用它。並不是沒有甲兵，不過是用不著把它擺在戰場上去打仗。並不是沒有文字，不過是用不著文字，所以又回覆到結繩了。《老子》認為這是至治之極。這並不是一個原始的社會，用老子的表達方式，應該說是知其文明，守其素樸。老子認為，對於一般所謂文明，它的理想社會並不是為之而不能，而是能之而不為」。〔註20〕

老子為政之道的政治哲學思維方式，其本質特點在於運用辯證法的矛盾觀點來觀察和思考現實政治問題，把複雜的社會政治問題抽象概括為矛盾，進而把君主的任務歸結到解決矛盾上，並認為其解決矛盾的根本方法應該是君主自己絕對獨立於矛盾之外。老子的這個哲學思路後來被莊子所繼承和發展——莊子正是順著這條思路來思考是非問題的，他說：「既使我與若辯矣，若勝我，我不若勝，若果是也，我果非也耶？我勝若，若不吾勝，我果是也，而果非也耶？其或是也，其或非也耶？其俱是也，其俱非也邪？我與若不能相知也……吾誰使正之？使同乎若者正之，既與若同矣，惡能正之？使同乎

〔註18〕《老子・三章》
〔註19〕《老子・第八十章》
〔註20〕馮友蘭：中國哲學史上冊〔M〕，上海：華東師範大學出版社，2000 年，第67 頁。

我者正之，既同乎我矣，惡能正之？使異乎我與若者正之，既異乎我與若者矣，惡能正之？使同乎我與若者正之，既同乎我與若者矣，惡能正之？然則我與若與人，俱不能相知也，而待彼也耶？」〔註21〕莊子認為，「不言之辯」便是「體道」的「聖人」對待是非所採取的態度——「和之以是非而休乎天鈞」。〔註22〕這與老子所謂「致虛極，守靜篤。萬物並作，吾以觀復。夫物芸芸，各復歸其根。歸根曰靜」的意思是內在相通的。〔註23〕老子主張君主置身於利益之外，不與民爭利的思想對韓非影響很大。區別在於老子的為政之道是就君主治國而言，而韓非相類似的治理卻是對臣而言，成為馭臣之術，「若醉」於君臣利益之外而察姦，治臣。

第二，德。先秦儒家在基本的政治認識和政治實踐中都是德治論的宣導者和實踐者。他們強調道德在政治中的重要性，甚至認為政治的根本問題都是道德問題。政治倫理化是先秦儒家政治哲學的明顯特徵。孟子、荀子的思想都源於孔子，只是側重點各有不同而已。孟子承繼了孔子的仁；而荀子承繼了孔子的禮。

孔子時期，中國歷史正經歷著巨大的變動。西周社會所固有的分封制正在走向解體。臣弒君，強凌弱的事件不斷發生。據統計，在整個春秋時代，被弒君主 36 位，被滅國家 52 個。造成這一歷史大變動的原因在於：生產的發展，貴族們的生活日益腐化墮落，他們已經承擔不了歷史所賦予他們的責任了。由於士階層的日益強大，於是以下犯上，以賤凌貴已成必然之勢。周初制定的典章制度、禮樂文化等隨著社會的發展，已經日益僵化，不能達到維繫人心、整合社會的作用了。於是舊的社會秩序漸遭破壞，而新制度尚未建立。社會處於禮壞樂崩人心不古的狀態。所有生於那個時代的思想家都在思索著如何拯救人心，挽救社會的頹廢。孔子的政治哲學，從其最高原則來講，可以稱之為德治主義。《論語》中提到的有關概念，如仁、義、禮、智、信、忠、恕、孝、悌、勇等，諸概念之間密切相關，而最重要的概念是仁與禮。仁與禮是孔子德治主義的核心觀念，仁學是孔子的創新，禮論是對周禮的因循。基於其仁學與禮論兩大支點，孔子構築了以「人性向善」為哲學起點，以「克己復禮」為政治綱領，以「道之以德，齊之以禮」為治國之道，

〔註21〕《莊子‧齊物論》
〔註22〕《莊子‧齊物論》
〔註23〕《老子‧十六章》

以「君君、臣臣、父父、子子」爲治國方略，以實現有道社會爲最高理想的德治主義框架。

　　禮起源於宗教儀式，在中國文化的史前期，禮的涵義是祀神，其核心和起源是尊敬和祭祀祖先。禮最初指的是祭禮時的儀式，到後來它的內涵才不斷地演變而擴大，到西周時發展成爲禮制，成爲維護當時封建宗法等級制的核心。它的內容相當龐雜。凡政治、經濟、軍事、行政、司法、教育、宗教、祭祀、婚姻家庭、倫理道德等盡皆包括在內，上至國家的立法行政、宗法貴族和官吏的權利義務，下至君臣、百姓、衣食住行來、婚娶喪葬、社交禮節，幾乎無所不包。一切皆以禮爲準繩。禮治，簡言之就是按照禮所規定的以親親爲基礎的等級制度的不可僭越性爲原則來治理國家。孔子之禮，是指周禮。「殷因於夏禮，所損益可知也；周因於殷禮，所損益可知也；其或繼周者，雖百世可知也。」〔註24〕在周禮所確立的規範制度及禮儀中，始終貫穿著幾個基本的原則，這就是《禮記・大傳》所說：「親親也，尊尊也，長長也，男女有別，以其不可得與民變革者也。」「親親」指必須親愛自己的親族，其基本的要求便是「父慈、子孝、兄友、弟恭」。尊尊是晚輩對血親長者的尊敬和服從，後來發展爲下級對上級必須尊敬和服從，特別是對天下大宗的天子和一國宗主的國君，嚴格上下等級秩序，不得僭越，不得犯上作亂，不得以小欺大，不得以貴凌長。「長長」原是弟對兄，就是小者以大者爲大。「男女有別」指男尊女卑，男女授受不親等。這四者中：「親親」和「尊尊」是最基本的原則。因爲親親是宗法原則，而尊尊是等級原則。親親父爲首，尊尊君爲首。前者維護家長制而後者維護君主制。二者都是爲了鞏固宗法等級制服務。從這兩個基本原則出發，周禮在倫理道德上特別強調孝和忠。

　　關於孔子的仁，牟宗三先生說：「仁是全德，是眞實生命，以感通爲性，以潤物爲用，它超越禮樂而又內在於禮樂；在仁之通潤中，一一皆實。……孔子講仁是敞開了每一人光明其自己之門，是使每一人精進其德性生命爲可能，是決定了人文精神生命之基本方向，是開闢了理想、價值之源，是理想之直、方、大」。〔註25〕

〔註24〕《論語・爲政》
〔註25〕牟宗三：心體與性體第一冊〔M〕，上海：上海古籍出版社，1999年，第211頁。

孔子曾說：「人而不仁，如禮何？不仁而仁，如樂何？」〔註26〕顏淵問仁，孔子回答：「克己復禮爲仁，一日克己復禮，天下歸仁焉。」〔註27〕顏淵再問，孔子又答：「非禮勿視，非禮勿聽，非禮勿言，非禮勿動。」〔註28〕孔子弟子有子說：「君子務本，本立而道生，孝悌也者，其爲仁之本與？」只要本立，推己及人，這就是「仁道」。也叫做「忠恕」。又如「子貢問曰：有一言可以終身行乎？子曰：其恕乎，己所不欲，勿施於人。」〔註29〕恕是「己所不欲，勿施於人」，忠是「己欲立而立人，己欲達而達人。」一爲消極，一爲積極，合起來就是「仁」。仁道的建立，是爲了禮的實現。禮的實現，就能達到了社會秩序的建立，就能達到社會安定的目的。所以有子曰：「其爲人也孝悌，而好犯上者鮮矣，不好犯上，而好作亂者，未之有也。」〔註30〕這些是我們瞭解仁與禮的主要材料。我們可以發現，禮和仁是互爲條件成立的，禮居於表而仁居於裏，禮是仁的表現形式，仁是禮的精神內涵，而這本質上是一致的。

孔子說：「爲政以德，譬如北辰，居其所而眾星共之」。〔註31〕「道之以政，齊之以刑，民免而無恥；道之以德，齊之以禮，有恥且格。」〔註32〕他認爲爲政者要有高尚的道德，有仁慈的愛心，如果這樣，民眾就會自覺服從，就像北斗星辰一樣，安居其所，眾星拱衛。爲政以德要求統治者：首先，愛民敬民。爲政者的仁義道德體現於各個方面，其核心就是「愛民敬民」的爲人態度。他說：「道千乘之國，敬事而信，節用而愛人，使民以時」。〔註33〕即治理一個大國，須謹愼從事，講究信用，節約開支，愛護百姓，役使百姓要避開農時。愛民的基礎是實施「仁政」。「仁」一方面表現爲「愛人」和自我犧牲精神，表明了他的道德傾向。譬如他說：「仁者，愛人。」又說：「立人之道曰仁與義」。「己欲立先立人，己欲達先達人。」另一方面也表明了他的治國意向，即「齊之以禮」，他曾說：「克己復禮爲仁，一日克己復禮，天下歸仁焉」。〔註34〕「天下歸仁」是孔子的最高理想。其次，正人正己。孔子

〔註26〕《論語·八佾》
〔註27〕《論語·顏淵》
〔註28〕《論語·顏淵》
〔註29〕《論語·衛靈公》
〔註30〕《論語·顏淵》
〔註31〕《論語·爲政》
〔註32〕《論語·爲政》
〔註33〕《論語·學而》
〔註34〕《論語·顏淵》

在《論語・顏淵》中說：「政者正也。」「正」即統治者「身正」，他又說：「其身正不令而行，其身不正，雖令不從」。〔註35〕這裏他清楚地告訴當權者正人必先正己，「身正」自會令行禁止，如果當政者以身作則，公正無私，秉公辦事，誰還敢搞歪門邪道，他又說：「苟正其身矣，於從政乎何難？不能正其身，如正何人？」〔註36〕也就是說只要秉公爲政，從政不會太難，如果其身不正，還有什麼理由要求別人？只要不懷私心，一身正氣，就能得到百姓的擁護，就能取信於民。再次，取信於民。子貢曾問政於孔子「子曰：『足食，足兵，民信之矣。』子貢曰：『必不得而去，於斯二者何先？』曰：『去兵。』子貢曰：『必不得而去，於斯二者何先？』曰：『去食。自古皆有死，民無信不立。」〔註37〕孔子把「民信」看得比「足食、足兵」更重要，生死安危都可以不顧，但要留住最重要的信譽，「上好信，則民莫敢不用情。」〔註38〕民用情，則政通人和，民富國強。最後，道之以德。孔子指出「道之以政，齊之以刑，民免而無恥；道之以德，齊之以禮，有恥且格」。〔註39〕他認爲以行政命令和刑罰爲導向治理民眾，可以使民眾服從，免於犯罪，但不能使百姓產生羞恥心；用道德良心爲導向，培養百姓的道德意識，並以禮來教化，約束他們，要比行政命令和刑罰爲導向好得多，這樣老百姓不僅有羞恥之心，而且會主動追求理想的道德人格，不做壞事，不觸犯刑律，是積極主動地去適應，而不是強制被動去服從，也就是說，只有道之以德，才是化解矛盾，才是國家長治久安的根本所在。

孟子在孔子仁、禮的基礎上認爲凡人皆性善，只要擴充善端即可實現其仁政之理想。孟子曰：「仁者，人也」。他對仁的解釋爲：「所以謂人有不忍人之心者，今人乍見孺子將入於井，皆有怵惕惻隱之心，非所以內交於孺子之父母也，非所以要譽於鄉黨朋友也，非惡其聲而然也。由是觀之，無惻隱之心，非人也；無羞惡之心，非人也；無辭讓之心，非人也；無是非之心，非人也。惻隱之心，仁之端也；羞惡之心，義之端也；辭讓之心，禮之端也；是非之心，智之端也。人之有此四端也，猶其有四體也。」〔註40〕人心既有

〔註35〕《論語・子路》
〔註36〕《論語・子路》
〔註37〕《論語・顏淵》
〔註38〕《論語・子路》
〔註39〕《論語・爲政》
〔註40〕《孟子・公孫丑上》

源於先天的善端，只要君子將這種先天的善端推而擴之於社會政治，就成爲仁政、王道。這是很自然的。因爲「人皆有不忍人之心，先王有不忍仁之政矣。以不忍人之心，行不忍人之政，治天下可運於掌上。」〔註41〕

孟子說：「不以仁政，不能平治天下。」〔註42〕孟子認爲應該使百姓有制民之產：「五畝之宅，樹之以桑，養以桑蠶，五十者可以衣帛矣。」「百畝之田，深耕易耒辰，勿奪其時，八口之家可以無饑矣。」〔註43〕制民之產的提出是爲了使民有恆產，民有恆產之後，才會有恆心。故孟子說：「無恆產而有恆心者，唯士爲能。若民，則無恆產，因無恒心，苟無恒心，放辟邪侈，無不爲己。及陷於罪，然後從而刑之，是罔民也；爲有仁人在位，罔民而可爲也？是故明君制民之產，必使仰足以事父母，俯足以畜妻子；樂歲終身飽。凶年免於死亡；然後驅而之善，故民之從之也輕。」恆產即是物質的滿足，在此基礎上，再加以教化，施行仁政，則民不會「放辟邪侈」。因此孟子特別重視教化的作用。他說：「謹庠序之教，申之以孝悌之義，頒白者不負戴於道路矣。」〔註44〕「設爲庠序學校以教之，……學則三代共之，皆所以明人倫也。人倫明於上，小民親於下。」〔註45〕這樣「小民親於下」才會「入以事其父兄，出以事其長上。」如此社會才會安定和有序。

孟子言性善而有仁政說。荀子倡性惡，因有隆禮重法之說。荀子認爲人性本惡，人之性是好利多欲的，性中並無禮義。一切善的行爲都是後來訓練而成的。荀子說：「人之性惡，其善者僞也。今人之性，生而有好利焉，順是故爭奪生而辭讓亡焉；生而有疾惡焉，順是故殘賊生而忠信亡焉；生而有耳目之欲，有好聲色焉，順是故淫亂生而禮義文理亡焉。然則從人之性，順人之情，必出於爭奪。合於犯分亂理而歸於暴。故必將有師法之化，禮義之道，然後出辭讓，合於文理歸於治。因此觀之，然則人之性惡明矣。其善者僞也」。〔註46〕人性既然是惡的，那麼禮法的運用，便是自然的事了。荀子學說中的核心觀念是「禮」。他的思想都是圍繞著禮的觀念產生的。而法爲禮之助，所謂「德主刑輔」。著名歷史學家侯外廬先生認爲荀子擴大了

〔註41〕《孟子·公孫丑上》
〔註42〕《孟子·離婁上》
〔註43〕《孟子·梁惠王上》
〔註44〕《孟子·梁惠王上》
〔註45〕《孟子·滕文公上》
〔註46〕《荀子·性惡》

禮的涵義使之近於法。不過春秋戰國時期，禮與法的分別還是很明顯的。
古人云「禮者所以定親疏，決嫌疑，別同異，明是非也。」〔註47〕又「非
禮無以節事天下之神也，非禮無以辨君臣、上下、長幼之位也。非禮無以
別男女、父子、兄弟之親、婚姻疏之交也。」〔註48〕荀子說：「禮也者，貴
者敬焉，老者孝焉，長者弟焉，幼者慈焉，賤者惠焉。」〔註49〕由此可見，
荀子時期的禮爲儀式倫常之規則，其中相當部分屬於道德的範疇且涉及面
也廣。再者，禮既然著眼於倫常，則禮便極富有差異性。相對於禮的法，「所
謂一刑者，刑無等級，自卿相、將軍以及大夫、庶人有不從王令、犯國禁、
亂上制者，罪死不赦。」〔註50〕「有功於前，有敗於後，不爲損刑。有善
於前，有過於後，不爲虧法。忠臣孝子有過，必以其數斷，守法守職之吏
有不行王法者，罪死不赦，刑及三族。」〔註51〕「骨肉可刑，親戚可滅，
王法不可闕。」〔註52〕「法不阿貴，繩不撓曲，法之所加，智者弗能辭，
勇者弗敢爭，刑過不避大臣，賞善不遺匹夫。」〔註53〕由此可見，相對於
禮的差異性，法則是「一刑」。

　　隆禮重法的禮法統一觀是荀子政治思想的核心內容。荀子禮法統一觀的
經典表述是「治之經，禮與刑。」〔註54〕荀子認爲「禮」是治理國家的根本。
他說：「隆禮貴義者其國治」，「禮者，治辨之極也。」〔註55〕「禮義者，治之
始也。」〔註56〕「禮者，政之車免也，爲政不以禮，政不行也。」他認爲法
家的嚴刑重罰思想也很重要，也是治國所必不可少的。因此他主張採用「法
正之治」和「刑罰之辨」以止紛亂。他說「凡刑人之本，禁暴除惡，且徵（懲）
其未也。」〔註57〕「法者，治之端也。」〔註58〕認爲殺人者死，傷人者刑，
對於暴惡的人實行嚴刑重罰，是國家大治的表現。在荀子看來，「隆禮重法則

〔註47〕《禮記・曲禮上》
〔註48〕《禮記・哀公》
〔註49〕《荀子・大略》
〔註50〕《商君書・賞刑》
〔註51〕《商君書・賞刑》
〔註52〕《慎子・外篇》
〔註53〕《韓非子・有度》
〔註54〕《荀子・成相》
〔註55〕《荀子・議兵》
〔註56〕《荀子・王制》
〔註57〕《荀子・正論》
〔註58〕《荀子・君道》

國有常。」〔註59〕禮和法都很重要，兩者都是治國的根本原則。只有禮法結合，雙管齊下，才能使國家「合於文理，歸於治」。荀子指出：「古者聖人以人之性惡，以爲偏險而不正，悖亂而不治，故爲之立君上之勢以臨之。明禮義以化之，起法正以治之，重刑罰以禁之，使天下皆出於治，合於善也。」〔註60〕這種禮法結合的主張正是融王道與霸道爲一體，近似於「霸王道雜之」的兼併思想，從而形成了荀子獨特的政治哲學理論。

第三，法。荀子之後，諸侯割據的局面進一步加劇。禮儀失效、社會混亂、道德淪喪，以韓非爲代表的法家認爲必須以嚴刑峻法而不是靠儒家之仁義道德來拯救社會。其政治秩序的建構方式也自然的由德轉向了法。

在諸多法家中，尤其要提及《管子》，「大抵原本道德，管子最精；按切事情，韓非尤勝。商君書精義較少。欲考法家之學，當重管、韓兩書矣。」〔註61〕《管子》論法與道德相關，不棄仁義，禮法兼重，德教並舉。《管子》很重視以法治國。《權修》篇說：「凡牧民者，欲民之可禦也。欲民之可禦，則法不可不審。法者，將立朝廷者也。將立朝廷者，則爵服不可不貴也。……法者，將用民力者也。將用民力者，則祿賞不可不重也。……法者，將用民能者也。將用民能者，則授官不可不審也。……法者，將用民之死命者也。用民之死命者，則刑罰不可不審。」《任法》說：「聖君任法而不任智」，「法者，天下之至道也，聖君之實用也」。《明法》篇說，以法治國則「不淫意於法之外，不爲惠於法之內也。」

《管子》認爲，法與禮義廉恥是相互補充、相輔相成的，二者缺一不可。「國有四維，一維絕則傾，二維絕則危，三維絕則覆，四維絕則滅。傾可正也，危可安也，覆可起也，滅不可復錯（措）也。何謂四維？一曰禮，二曰義，三曰廉，四曰恥。禮不逾節，義不自進，廉不蔽惡，恥不以枉。」〔註62〕禮義廉恥是維護國家的四根支柱，如果君主拋棄了它們而純任法治，其結果必然會導致國家滅亡。「四維不張，國乃滅亡。」

商鞅遺禮義，棄仁恩，心儀進取，任法治國。他說「法令者民之命也，爲治之本也，所以備民也。爲法而去法令，猶欲無饑而去食也，欲無寒而去

〔註59〕《荀子·君道》
〔註60〕《荀子·性惡》
〔註61〕呂思勉：先秦學術概論〔M〕，昆明：雲南人民出版社，2005年，第96頁。
〔註62〕《管子·牧民》

衣也，欲東而西行也，其不幾亦明矣。」〔註63〕法是治國的根本，是防止人民做惡的工具，所以君主治理國家不可以片刻忘記法治。「故有明主忠臣產於今世而欲領其國者，不可以須臾忘於法。破勝黨任，節去言談，任法而治矣。使吏非法無以守，則雖巧不得爲姦；使民非戰無以傚其能，則雖險不得爲詐。夫以法相治，以數相舉者，不能相益；訾言者，不能相揭。民見相訾無益，相管附惡；見訾言無損，習相憎不相害也。夫愛人者不阿，憎人者不害，愛惡各以其正，治之至也。臣故曰：法任而國治矣。」〔註64〕

慎到主張「事斷於法是國之大道也。」〔註65〕他指出「法之功，莫大使私不行；君之功，莫大使民不爭。今立法而行私，是私與法爭，其亂甚於無法；立君而尊賢，是賢與君爭，其亂甚於無君。故有道之國，法立則私議不行，君立則賢者不尊，民一於君，事斷於法，是國之大道也。」〔註66〕君主不能離開法令而僅靠自己的意志治理國家，凡是必須依法而斷。如果依從「身治」，隨心所欲，則必然會引起人們的不滿。「君人者，舍法而以身治，則誅賞予奪從君心出矣。然則受賞者雖當，望多無窮；受罰者雖當，望輕無已。君舍法而以心裁輕重，則同功殊賞，同罪殊罰矣，怨之所由生也。是以分馬者之用策，分田者之用鉤，非以鉤策爲過於人智也，所以去私塞怨也。故曰大君任法而弗躬，則事斷於法矣。法之所加，各以其分蒙其賞罰，而無望於君也，是以怨不生而上下和矣。」〔註67〕

韓非繼承和發展了前期法家的思想，形成了一套完整的以法爲本，法、術、勢相結合的法治論體系。具體的論述將在下節展開。

第二節　韓非法治論的人性之基

「人性不僅是作爲一種思想，而居於中國哲學思想史中的主要地位；並且也是中華民族精神形成的原理、動力。要通過歷史文化以瞭解中華民族之所以爲中華民族，這是一個起點，也是一個終點。文化中的其它現象，尤其是宗教、文學、藝術，乃至一般禮俗、人生態度，只有與此一問題關聯在一

〔註63〕《商君書・定分》
〔註64〕《商君書・慎法》
〔註65〕《慎子・佚文》
〔註66〕《慎子・佚文》
〔註67〕《慎子・君人》

起時，才能得到比較深刻而正確的理解。」〔註68〕人性論是韓非法治論的重要理論基礎。韓非吸取了早期法家代表的人性觀並繼承了荀子的人性論，在總結兩家人性論的基礎上，以誇張的手法把各階層人與人之間的關係作了描繪，認為人與人之間是一種純粹的利益關係，沒有任何例外。韓非認為，既然人們都好利惡害，那麼君主應該利用臣民的這種心態，制定法令，實行嚴格的獎懲，讓他們去積極從事耕戰。人們會得到溫衣美食的小利，而君主國富兵強，霸王之功的大利就指日可待了。

一、韓非人性論思想的來源

　　韓非子的人性論思想主要來源於前期法家及荀子的人性論思想。

（一）前期法家的人性論

　　《管子》認為人性具有「欲利惡害」的特點，指出統治者要充分認識並利用百姓追求利益、避免傷害的人性特點，以利誘導、以法規範和教育民眾，使其歸附和順從與君主，從而實現國治民安。「民，利之則來，害之則去。民之從利也，如水之走下，於四方無擇也。故欲來民者，先起其利，雖不召而民自至。設其所惡，雖召之而民不來也。」〔註69〕人民，有利則來，有害則去。人民趨利，就像水往下流一樣，不管東西南北。所以，要招來民眾，先創造對他們有利的條件，雖不招而民自至。如對他們有害，雖招而不來。《管子・禁藏》一篇則論述到：「凡人之情，凶利莫能勿憂，見害莫能勿避。」《管子・幼官》曰「民之所利立之，所害除之，則民人從。」《管子・版法解》言「凡人者，莫不欲利而惡害，是故與天下同利者，天下持之；擅天下之利者，天下謀之。天下所謀，雖立必隳；天下所持，雖高不危。」像這樣的思想在《管子・侈靡》篇中也有清楚的論述「飲食者也，侈樂者也，民之所願也，足其所欲，贍其所願，則能用之耳。今使衣皮而冠角食野草，飲野水，庸能用之？傷心者不可以致功。故嘗至味，而罷至樂。而雕卵然後瀹之，雕橑然後爨之。丹沙之穴不塞，則商賈不處。富者靡之，貧者為之，此百姓之怠生百振而食非，獨自為也，為之畜化。……百姓無寶，以利為首。一上一下，唯利所處。利然後能通，通然後成國。利靜而不化，觀其所出，從而移之。」

〔註68〕徐復觀：中國人性論史（先秦篇）〔M〕，上海：上海三聯書店，2001年，第2頁。
〔註69〕《管子・形勢解》

飲食、佚樂是人民的願望，滿足他們的欲求和願望，就可以使用他們。假使只是讓他們身披獸皮，頭戴牛角，吃野草，喝野水，怎麼能夠使用他們呢？心情不舒暢的人是做不好工作的。所以，要提倡吃最好的飲食，聽最好的音樂，把蛋品雕畫了然後煮食，把木柴雕刻了然後焚燒。丹砂礦產的洞口不要堵塞，使商賈販運不要呆滯。讓富人奢侈消費，讓窮人勞動就業。這樣，百姓將安居樂業，百般振奮而有飯吃。這不是百姓可以單獨做到的，需要在上者替他們蓄積財貨。……老百姓別無什麼寶物，只是把求利看得最重，上下奔波，唯利所趨。有財利然後能流通，有流通然後成立城市。假使財利呆滯而交易不暢，那就要查出原因，從而轉移門路。在這裏《管子》指出對於好利惡害，人們都是一致的。而且這種逐利的本性是普遍的，並不因人的尊卑貴賤而有所差別「故凡治亂之情，皆道上始。故善者圍之以害，牽之以利。能利害者，財多而過寡矣。夫凡人之情，見利莫能勿就，見害莫能勿避。其商人通賈，倍道兼行，夜以續日，千里而不遠者，利在前也。漁人之入海，海深萬仞，就波逆流乘危百里，宿夜不出者，利在水也。故利之所在，雖千仞之山無所不上，深源之下，無所不入焉。故善者勢利之在，而民自美安，不推而往，不引而來，不煩不擾，而民自富。如鳥之覆卵，無形無聲，而唯見其成。」〔註70〕一切治亂的根源，都從上面開始。所以，善治國者要用「害」來約束人們，用「利」來引導人們，能掌握人們利害者，則財富增加而過錯減少。凡人之常情，見利沒有不追求的，見害沒有不想躲避的。商人做買賣，一天趕兩天的路，夜以繼日，千里迢迢而不以為遠，是因為利在前面。漁人下海，海深萬仞，在那裏逆流冒險，航行百里，晝夜都不出來，是因為利在水中。所以，利之所在，即使千仞的高山，人們也要上；即使深淵之下，人們也願意進去。所以，善治國者，掌握住利源之所在，人民就自然羨慕而甘心接受；無需推動，他們也會前進；無需引導，他們也會跟來；不煩民又不擾民，而人民自富。這就像鳥孵卵一樣，不見其形，不聞其聲，小鳥就破巢而出了。

　　基於人性「欲利惡害」的特點，君主應該有所作為，為百姓興利除害。「居民於其所樂，事之於其所利，賞之於其所善，罰之於其所惡，信之於其所餘財，功之於其所無誅。於下無誅者，必誅者也；有誅者，不必誅者也。以有刑至無刑者，其法易而民全；以無刑至有刑者，其刑煩而姦多。夫先易者後

難，先難而後易，萬物盡然。明王知其然，故必誅而不赦，必賞而不遷者，非喜予而樂其殺也，所以爲人致利除害也。於以養老長弱，完活萬民，莫明焉。」〔註71〕要使百姓住在他們樂於居住的地方，使他們從事有利於自身的工作，獎勵他們所贊成的事情，懲罰他們所厭惡的行爲，保證百姓的餘財不被剝奪，並致力於百姓不受刑罰。使百姓不受刑罰，是堅持有罪必罰的結果；百姓有受刑現象，才是沒有堅持有罪必罰造成的。從有刑到無刑，能做到法律簡易而人民得到保全；從無刑到有刑，法律就將煩瑣而惡人反會增多。先易者後難，先難而後易，萬事都是如此。明君懂得這個道理，所以，該罰的絕不赦免，該賞的絕不拖延，這不是因爲君主喜歡賞賜和樂於殺人，而是要爲百姓興利除害的緣故。對於養老扶幼，保全萬民來說，沒有比這更可貴的了。

慎到認爲「因人之情也，人莫不自爲也」。「天道因則大，化則細。因也者，因人之情也。人莫不自爲也，化而使之爲我，則莫可得而用矣。是故先王見不受祿者不臣，祿不厚者，不與入難。人不得其所以自爲也，則上不取用焉。故用人之自爲，不用人之爲我，則莫不可得而用矣。此之謂因。」〔註72〕天道因循自然就廣大，人爲地改變它就縮小。所謂因循，就是遵循自然規律，順應民情。人們沒有不願盡心盡力爲自己做事的，要強求他們改變爲自己做事而變成爲我做事，那就不可能找到合用的人材。因此，古代帝王對不肯接受俸祿的人，不任用他們做臣子。對於接受俸祿不優厚的人。不要求他們擔當艱巨的工作。人們如果不能盡自己的能力去做事情，那麼君主就不選拔任用他們。所以，君主要善於利用人們都盡力爲自己做事的特點，不要強求他們去做不願做的事，那麼天下就沒有不能爲我所用的人，這就叫做因循自然，順應民情。「匠人成棺，不憎人死，利之所在，忘其醜也。（《意林》，又《御覽》五百五十一引作：匠人成棺，而無憎於人，利在人死也。）」〔註73〕木匠做成棺材不是厭惡人死，而是這樣做對自己有利，竟忘記了自己行爲的醜惡。利決定了親情的遠近，「家富則疏族聚，家貧則兄弟離，非不相愛，利不足相容。」〔註74〕家庭富裕，即使是疏遠的親族也會從四面八方趕來相聚；家庭貧困，即使是親兄弟也會四下離散，這不是因爲他們不相愛，而是

〔註71〕《管子‧禁藏》
〔註72〕《慎子‧因循》
〔註73〕《慎子‧佚文》
〔註74〕《慎子‧佚文》

財力不足以使他們相互容納。他認爲人的表面上廉潔大度、彬彬有禮的僞裝，最終掩飾不了他重於私利的本性，「能辭萬鍾之祿於朝陛，不能不拾一金於無人之地。能謹百節之禮於廟宇，不能不馳一容於獨居之餘。蓋人情每狎於所私故也。」〔註75〕人們能夠在朝廷上辭去萬鍾的俸祿，卻不能在無人的地方不撿起掉在地上的一兩黃金。

商鞅認爲「民之性：饑而求食，勞而求佚，苦則索樂，辱則求榮，此民之情也。民之求利，失禮之法；求名，失性之常。奚以論其然也？今夫盜賊上犯君上之所禁，而下失臣民之禮，故名辱而身危，猶不止者，利也。其上世之士，衣不煖膚，食不滿腸，苦其志意，勞其四肢，傷其五臟，而益裕廣耳，非性之常也，而爲之者，名也。故曰：名利之所湊，則民道之。」〔註76〕人天生的本性，餓了就要尋找食物，勞累了就尋求安逸，痛苦了就尋找歡樂，屈辱了就追求榮耀，這是人之常情。人追求個人私利時，就會違背禮制的規定；追求名譽時就會喪失人性的特徵。根據什麼說他們這樣呢？現在盜賊向上違反了君主的禁令，而在下面丟失了臣子的禮儀，因此他們的名聲受到恥辱而生命有危險，他們仍然不想停止，這是因爲利益關係。那些古代的士人，穿的衣服不能溫暖皮膚，吃的不能填飽胃腸，爲的是磨練自己的意志，辛勞自己的四肢，從傷害自己的五臟，可自己的心胸更加寬廣，這不是人性的普遍規律，他們這樣做的原因是爲名利。所以說名和利聚集到一塊，那麼民眾就會順從它。人之性好名利，利用人們的這種本性，可以實行賞罰，推行法治。故他說：「人生而有好惡，故民可治矣。人君不可以不審好惡，好惡者，賞罰之本也。夫人情好爵祿而惡刑罰，人君設二者以御民之志，而立所欲焉。」〔註77〕「夫刑者，所以禁邪也；而賞者，所以助禁也。羞辱勞苦者，民之所惡也；顯榮佚樂者，民之所務也。故其國刑不可惡而爵祿不足務也，此亡國之兆也。」〔註78〕刑罰是禁止姦邪的工具。賞賜是輔助刑罰的工具。羞恥、侮辱、疲勞、痛苦是人民憎惡的對象。顯貴、光榮、安逸、快樂是人民追求的對象。如果國家的刑罰不是可以憎惡的東西，官爵、俸祿不是值得追求的東西，這就是亡國的預兆了。國君不僅要利用人們好名利實行法治，而且還可以利用這種心態推動耕戰。因此，商鞅又說：「夫農，民之所苦；而戰，民

〔註75〕《慎子・佚文》
〔註76〕《商君書・算地》
〔註77〕《商君書・錯法》
〔註78〕《商君書・算地》

之所危也。犯其所苦、行其所危者，計也。故民生則計利，死則慮名。名利之所出，不可不審也。利出於地，則民盡力；名出於戰，則民致死。入使民盡力，則草不荒；出使民致死，則勝敵。勝故而草不荒，富強之功可坐而致也。」〔註 79〕從事農耕，是民眾認為痛苦的事，而打仗，是民眾認為最危險的事。民眾做自己信為痛苦的事，幹自己認為危險的事，這是出於一種打算。所以民眾活著就要考慮自己的利益，死就會考慮自己身後的名望。對民眾所追求的名和利的來源，不能不考察。利益的來源是土地，那麼民眾就會竭力耕地；名譽來源於對外作戰，那麼民眾就會拼死打仗。對內讓民眾竭力種地，那麼荒地就不會荒蕪；對外讓民眾拼死作戰，就能戰勝敵國。能戰勝敵國而荒地又不荒蕪，富強的便可以唾手可得了。商君的高明之處在於利用人性的弱點，制定政策，推行法治，使人民積極地從事耕戰，實現富國強兵的遠大目標。

在商鞅看來，人性是好利惡害的，「人君而有好惡，故民可治也。人君不可以不審好惡。好惡者賞罰之本也。夫人情好爵祿而惡刑罰，人君設二者以御民之志，而立所欲焉。夫民力盡而爵隨之，功立而賞隨之，人君能使其民信於此如明日月，則兵無敵矣。」〔註 80〕人天生就有喜歡和討厭的東西，所以君主能利用它治理好民眾。因此君主不能不瞭解清楚民眾的愛好和厭惡的習性。民眾的喜好和厭惡是使用獎賞和刑罰的根本原因。人之常情是喜歡爵位俸祿而討厭刑罰，所以君主設置這兩樣逢迎民眾的志向，而設立民眾想要的爵祿。民眾用盡了力，那爵位也隨著得到，建立了功績，那獎賞也跟著得到了。君主假如能讓他的民眾相信這一點像想念明亮的太陽和月亮一樣，那軍隊就會天下無敵了。所以，君主不可以不審查人們的好惡，尤其是人們對名利的孜孜追求。與此同時，「民，辱則貴爵，弱則尊官，貧則重賞。以刑治民，則樂用；以賞戰民，則輕死。故戰事兵用曰強。民有私榮，則賤列卑官；富則輕賞。治民羞辱以刑，戰則戰。民畏死、事亂而戰，故兵農怠而國弱。」〔註 81〕人民地位卑弱就會崇尚爵位，怯弱就會尊敬官吏；貧窮就重視賞賜。朝廷用刑法統治人民，人民就樂為的用；用賞賜來獎勵戰爭，人民就會輕視死亡。因此臨戰嚴整、士兵全力以赴，就叫強。民眾有自以為榮的尺度就輕

〔註 79〕《商君書・算地》
〔註 80〕《商君書・錯法》
〔註 81〕《商君書・弱法》

視官爵，鄙視官吏；人民富裕就看不起賞賜。治理民眾，以刑法使他們知道何為真正的羞恥，戰爭時他們才會出戰。民眾貪生怕死，政治紛亂，而去與別國交戰，兵眾與農民都會怠惰，國家力量就弱。「凡人主之所以勸民者，官爵也；國之所以興者，農戰也。今民求官爵，皆不以農戰，而以巧言虛道，此謂勞民。勞民者，其國必無力；無力者，其國必削。」〔註82〕平常國君用來勉勵民眾的是官職和爵位。可是國家得以興旺的根本卻是農耕和作戰。現在民眾用來求取官職和爵位的方法都不是農耕和作戰，而是靠花言巧語和空洞無物的說教，這就讓民眾學習姦詐巧舌，不但不能興國，反而誤導了民眾。誤導了民眾，這個國家就一定會沒有實力；國家沒有實力，這個國家的力量就會被削弱。尤其對於士兵，只要他們立下戰功就給予較高的賞賜，如：奴隸、地稅、官職、封邑等，「爵自一級已下至小夫，命曰校、徒、操，出公；爵自二級已上至不更，命曰卒。其戰也五人來簿為伍，一人羽而輕其四人，能人得一首則復。夫勞爵，其縣過三日有不致士大夫勞爵，能。五人一屯長，百人一將。其戰，百將、屯長不得，斬首；得三十三首以上，盈論，百將、屯長賜爵一級。五百主，短兵五十人；二五百主，將之主，短兵百。千石之令短兵百人，八百之令短兵八十人，七百之令短兵七十人，六百之令短兵六十人。國封尉，短兵千人。將，短兵四千人。戰及死吏，而輕短兵，能一首則憂。能攻城圍邑斬首八千已上，則盈論；野戰斬首二千，則盈論；吏自操及校以上大將盡賞。行間之吏也，故爵公士也，就為上造也；故爵上造，就為簪裊；就為不更；故爵為大夫。爵吏而為縣尉，則賜虜六，加五千六百。爵大夫而為國治，就為大夫；故爵大夫，就為公大夫；就為公乘；就為五大夫，則稅邑三百家。故爵五大夫；皆有賜邑三百家，有賜稅三百家。爵五大夫，有稅邑六百家者，受客。大將、御、參皆賜爵三級。故客卿相，論盈，就正卿。就為大庶長；故大庶長就為左更；故四更也，就為大良造。」〔註83〕軍中爵位，從一級以下到小夫叫校徒、操士。朝中爵位，從二級開始到不更，叫卒。在戰爭中，五人編為一個名冊，為一伍，若一人逃跑，就加刑於另四個人，如果誰能斬得敵人一顆首級，就可免除刑罰。每五人設有「屯長」，一百人設有一「將」。百將、屯長在作戰時如果得不到敵人首級，是要殺頭的；如果得到敵人三十三顆首級以上，就算滿了朝廷規定的數目，可以升爵一級。

〔註82〕《商君書・農戰》
〔註83〕《商君書・境內》

五百人的將領有衛兵五十人，統率兩個五百主的主將和享受一千石俸祿的縣令都可以有衛兵一百人。享八百石俸祿的縣令，有衛兵八十人；享七百石俸祿的縣令，有衛兵七十人；享六百石俸祿的縣令，有衛兵六十人。國尉有衛兵一千人，大將有衛兵四千人。如果將官戰死，衛兵要受刑罰；如果衛兵中有人能夠得到敵人一顆首級，就可免除刑罰。軍隊圍攻敵國的城邑，能夠斬敵人首級八千顆以上的，或在野戰中能夠斬敵人首級兩千顆以上的，就算滿了朝廷規定的數目，所有各級將吏都可得到賞賜，都可以升爵一級。軍官舊爵是公士的就升爲上造；舊爵是上造的，就升爲簪裊；舊爵是簪裊，就升爲不更；舊爵爲不更，就升爲大夫。舊爵爲小吏的，就升爲縣尉，賞賜奴隸六人，五千六百錢。舊爵爲大夫，而爲國家掌握一樣行政職務的，升爲官大夫。舊爵爲官大夫的，升爲分大夫；舊爵爲公大夫的，就升爲公乘；舊爵爲公乘的，升爲五大夫，並賞給他三百戶的地稅。舊爵是五大夫，升爲庶長；舊爵爲庶長，升爲左更；舊爵爲三更的升爲大良造。庶長、三更及大良造都賞賜三百戶的封邑，另賞賜三百戶的地稅。有了六百戶的地稅和封邑就可以養客。將軍、車夫、驂乘都賞賜爵位三級。原來客卿輔佐軍政的，滿了朝廷的規定就升爲正卿。以此來激勵士兵與將領奮勇作戰。

正因爲人性好利惡害、趨利避禍，「故吾教令：民之欲利者，非耕不得；避害者，非戰不免。境內之民莫不先務耕戰，而後得其所樂。故地少粟多，民少兵強。能行二者於境內，則霸王之道畢矣。」〔註84〕百姓想追求利益，不耕田，就得不到；想避免刑罰，不去作戰，就不能免除。國內的人民沒有不先致力於耕沽然後才得到他們的安樂的。所以田地少而糧食多，人民少而兵力強。能在國內做到這兩點，那麼就成就王道霸業了。如果統治者在政治上想一味依恃倫理道德等感化力量來整飭國家秩序和消彌社會犯罪，無異於「背法而治，此任重道遠而無馬、牛，濟大川而無舡、楫也。」〔註85〕

（二）荀子的人性論

「荀卿，趙人。年五十始來遊學於齊。騶衍之術迂大而閎辯；奭也文具難施；淳于髡久與處，時有得善言。故齊人頌曰：「談天衍，雕龍奭，炙轂過髡。」田駢之屬皆已死齊襄王時，而荀卿最爲老師。齊尚脩列大夫之缺，而荀卿三爲祭酒焉。齊人或讒荀卿，荀卿乃適楚，而春申君以爲蘭陵

〔註84〕《商君書・慎法》
〔註85〕《商君書・弱法》

令。春申君死而荀卿廢，因家蘭陵。李斯嘗爲弟子，已而相秦。荀卿嫉濁世之政，亡國亂君相屬，不遂大道而營於巫祝，信機祥，鄙儒小拘，如莊周等又猾稽亂俗，於是推儒、墨、道德之行事興壞，序列著數萬言而卒。因葬蘭陵。」〔註86〕

　　荀子有關人性問題的論述，除了專門的《性惡》篇，在《榮辱》、《非相》、《王制》、《禮論》、《正名》等篇也有所涉及。

　　荀子對人性的討論，是基於他對「天」的認識。「天行有常，不爲堯存，不爲桀亡。應之以治則吉，應之以亂則凶。強本而節用，則天不能貧；養備而動時，則天不能病；修道而不貳，則天不能禍。故水旱不能使之饑，寒暑不能使之疾，祅怪不能使之凶。本荒而用侈，則天不能使之富；養略而動罕，則天不能使之全；倍道而妄行，則天不能使之吉。故水旱未至而饑，寒暑未薄而疾，祅怪未至而凶。受時與治世同，而殃禍與治世異，不可以怨天，其道然也。故明於天人之分，則可謂至人矣。……列星隨旋，日月遞照，四時代御，陰陽大化，風雨博施，萬物各得其和以生，各得其養以成，不見其事，而見其功，夫是之謂神。皆知其所以成，莫知其無形，夫是之謂天功。唯聖人爲不求知天。」〔註87〕大自然的規律永恆不變，它不爲堯而存在，不爲桀而滅亡。用導致安定的措施去適應它就吉利，用導致混亂的措施去適應它就兇險。加強農業這個根本而節約費用，那麼天就不能使他貧窮；衣食給養齊備而活動適時，那麼天就不能使他生病；遵循規律而不出差錯，那麼天就不能使他遭殃。所以水澇旱災不能使他挨餓，嚴寒酷暑不能使他生病，自然界的反常變異不能使他遭殃。農業這個根本荒廢而用度奢侈，那麼天就不能使他富裕；衣食給養不足而活動又少，那麼天就不能使他保全健康；違背規律而恣意妄爲，那麼天就不能使他吉利。所以水澇旱災還沒有來到他就挨餓了，嚴寒酷暑還沒有迫近他就生病了，自然界的反常變異還沒有出現他就遭殃了。他遇到的天時和社會安定時期相同，而災禍卻與社會安定時期不同，這不可以埋怨上天，這是他所採取的措施造成的。所以明白了大自然與人類社會的區分，就可以稱作是思想修養達到了最高境界的人了。……布列於天空的恒星互相伴隨著旋轉，太陽月亮交替照耀，四季輪流控制著節氣，陰陽二氣大量地化生萬物，風雨普遍地施加於萬物。萬物各自得到了陰陽形成的和

〔註86〕《史記・孟子荀卿列傳》
〔註87〕《荀子・天論》

氣而產生，各自得到了風雨的滋養而成長。看不見陰陽化生萬物的工作過程
而只見到它化生萬物的成果，這就叫做神妙。人們都知道陰陽已經生成的萬
物，卻沒有人知道它那無形無蹤的生成過程，這就叫做天。只有聖人是不致
力於瞭解天的。

在荀子看來，天不具有什麼神秘的意味，按照自己的規律運行著，不因
為人的好惡、善惡而有所改變。從這個觀點出發，荀子認為來自於自然中的
人的本質首先當然就是一種生來具有的自然本能。「性者、天之就也；情者、
性之質也；欲者、情之應也。以所欲為可得而求之，情之所必不免也。以為
可而道之，知所必出也。故雖為守門，欲不可去，性之具也。雖為天子，欲
不可盡。欲雖不可盡，可以近盡也。欲雖不可去，求可節也。所欲雖不可盡，
求者猶近盡；欲雖不可去，所求不得，慮者欲節求也。道者、進則近盡，退
則節求，天下莫之若也。」〔註88〕這種「生之所以然者」的「性」的具體表
現就是「饑而欲飽，寒而欲暖，勞而欲休」的本能，是任何人都一樣的。「凡
人有所一同：飢而欲食，寒而欲煖，勞而欲息，好利而惡害，是人之所生而
有也，是無待而然者也，是禹桀之所同也。目辨白黑美惡，耳辨聲音清濁，
口辨酸鹹甘苦，鼻辨芬芳腥臊，骨體膚理辨寒暑疾養，是又人之所常生而有
也，是無待而然者也，是禹桀之所同也。可以為堯禹，可以為桀跖，可以為
工匠，可以為農賈，在執注錯習俗之所積耳。是又人之所生而有也，是無待
而然者也，是禹桀之所同也。為堯禹則常安榮，為桀跖則常危辱；為堯禹則
常愉佚，為工匠農賈則常煩勞；然而人力為此而寡為彼，何也？曰：陋也。
堯禹者，非生而具者也，夫起於變故，成乎修為，待盡而後備者也。」〔註89〕

對於這種與生俱來的自然本能，如果「從人之性，順人之情」，就可能
「犯分亂理而歸於暴」。但荀子卻認為人性是惡的，根源在於他的這樣的推
論，「今人之性，生而有好利焉，順是，故爭奪生而辭讓亡焉；生而有疾惡
焉，順是，故殘賊生而忠信亡焉；生而有耳目之欲，有好聲色焉，順是，
故淫亂生而禮儀文理亡焉。然則從人之性，順人之情，必出於爭奪，合於
犯分亂理而歸於暴。故必將有師法之化，禮義之道，然後出於辭址，合於
文理而歸於治；用此觀之，然則人之性惡明矣，其善者偽也」。〔註90〕他指

〔註88〕《荀子·性惡》
〔註89〕《荀子·榮辱》
〔註90〕《荀子·性惡》

出，人的本性是惡的，善是後天人為形成的。現在人的本性，本來就有貪圖私利的一面，順著這種本性發展，於是人們相互之間便出現了爭奪而喪失謙讓；生來就有嫉妒、仇恨的一面，順著這種本性發展，於是殘害忠良的事就發生了，忠誠信用也就消失了；人生來就有耳目的欲望，貪戀聲色的喜好，順著這種本性發展，於是淫亂的事就產生了，而禮義制度由此喪失。如果放縱人的本性，順著人的情慾，就必然發生爭奪，出現違反等級名分，破壞社會秩序的事，以致引起暴亂。所以一定要有君師法制的教化，要有禮義的引導，然後才能產生謙讓，出現合乎等級名分制度的禮義秩序，從而導致社會安定。由此看來，人的本性是惡的已經十分明白，善只不過是後天人為形成的。按照荀子的邏輯：人有欲，就會好利；好利，就必然發生爭鬥；爭鬥必然危及新的統治秩序，所以人性惡。張岱年先生在《中國哲學大綱》中說：「荀子主性惡，認為人之性是好利多欲的，性中並無禮義，一切善的行為都是後天勉強訓練而成的……有後起的道德規律以約束人的性情，然後方能治而不亂；如除去一切約束制裁，則天下將立刻大亂了。由此可證人之本性是惡的，而善乃出於勉強。」〔註91〕

　　既然人性顯惡，我們就需要用一套規範來約束它，使其不至於氾濫。這樣，才可以去惡向善。荀子對於如何提升人生境界、完善道德修養有一套比較完整的應對措施，這些措施的核心就在於一個「偽」字，即「人為」。所以，荀子的人性論可以用「化性起偽」來概括。

　　如何「化性起偽」？

　　首先，「起禮義，制法度」，以師法禮義矯飾人性。「今人之性惡，必將待師法然後正，得禮義然後治，今人無師法，則偏險而不正；無禮義，則悖亂而不治，古者聖王以人性惡，以為偏險而不正，悖亂而不治，是以為之起禮義，制法度，以矯飾人之情性而正之，以擾化人之情性而導之也，始皆出於治，合於道者也。今人之化師法、積文學、道禮義者為君子；縱性情、安恣睢，而違禮義者為小人。用此觀之，然則人之性惡明矣，其善者偽也。……今人之性，生而離其朴，離其資，必失而喪之。用此觀之，然則人之性惡明矣。所謂性善者，不離其朴而美之，不離其資而利之也。使夫資朴之於美，心意之於善，若夫可以見之明不離目，可以聽之聰不離耳，故曰：目明而耳

〔註91〕張岱年：中國哲學大綱〔M〕，北京：中國社會科學出版社，1982年，第188頁。

聰也。今人之性，飢而欲飽，寒而欲煖，勞而欲休，此人之情性也。今人飢，見長而不敢先食者，將有所讓也；勞而不敢求息者，將有所代也。夫子之讓乎父，弟之讓乎兄，子之代乎父，弟之代乎兄，此二行者，皆反於性而悖於情也；然而孝子之道，禮義之文理也。故順情性則不辭讓矣，辭讓則悖於情性矣。用此觀之，然則人之性惡明矣，其善者僞也。……聖人積思慮，習僞故，以生禮義而起法度，然則禮義法度者，是生於聖人之僞，非故生於人之性也。……今人之性惡，必將待聖王之治，禮義之化，然後始出於治，合於善也。用此觀之，然則人之性惡明矣，其善者僞也。……人無禮義則亂，不知禮義則悖。然則生而已，則悖亂在己。用此觀之，人之性惡明矣，其善者僞也。……故古者聖人以人之性惡，以爲偏險而不正，悖亂而不治，故爲之立君上之埶以臨之，明禮義以化之，起法正以治之，重刑罰以禁之，使天下皆出於治，合於善也。是聖王之治而禮義之化也。……故聖人化性而起僞，僞起而生禮義，禮義生而制法度；然則禮義法度者，是聖人之所生也。故聖人之所以同於眾，其不異於眾者，性也；所以異而過眾者，僞也。夫好利而欲得者，此人之情性也。」〔註92〕

　　其次，荀子特別強調後天的學習和環境的影響。在荀子看來，人性的矯治是一個艱苦的過程，需要後天的日積月累的努力，也需要環境的浸染。「故人無師無法而知，則必爲盜，勇則必爲賊，云能則必爲亂，察則必爲怪，辯則必爲誕；人有師有法，而知則速通，勇則速畏，云能則速成，察則速盡，辯則速論。故有師法者，人之大寶也；無師法者，人之大殃也。人無師法，則隆性矣；有師法，則隆積矣。而師法者，所得乎積，非所受乎性。性不足以獨立而治。性也者，吾所不能爲也，然而可化也。積也者，非吾所有也，然而可爲也。注錯習俗，所以化性也；並一而不二，所以成積也。習俗移志，安久移質。並一而不二，則通於神明，參於天地矣。故積土而爲山，積水而爲海，旦暮積謂之歲，至高謂之天，至下謂之地，宇中六指謂之極，塗之人百姓，積善而全盡，謂之聖人。彼求之而後得，爲之而後成，積之而後高，盡之而後聖，故聖人也者，人之所積也。人積耨耕而爲農夫，積斲削而爲工匠，積反貨而爲商賈，積禮義而爲君子。工匠之子，莫不繼事，而都國之民安習其服，居楚而楚，居越而越，居夏而夏，是非天性也，積靡使然也。故人知謹注錯，愼習俗，大積靡，則爲君子矣。縱情性而不足問學，則爲小人

〔註92〕《荀子‧性惡》

矣；爲君子則常安榮矣，爲小人則常危辱矣。凡人莫不欲安榮而惡危辱，故唯君子爲能得其所好，小人則日徼其所惡。詩曰：『維此良人，弗求弗迪；唯彼忍心，是顧是復。民之貪亂，寧爲荼毒。』此之謂也。」〔註93〕荀子重視「積」、「積靡」（通「摩」、「磨」，接觸，磨煉，指受外力的影響），重視環境習俗對人的影響，所以，人必須謹愼地措置自己，小心地對待風俗習慣，加強德行的積纍和磨煉，這樣就可以成爲君子了。反過來，如果放縱本性而不重視學習，就成爲小人了。

在荀子看來，僞是人之所以爲人者也，是人區別於動物的根本依據。他指出：「水火有氣而無生，草木有生而無知，禽獸有知而無義，人有氣、有生、有知亦且有義，故最爲天下貴也。」〔註94〕人性雖惡，但卻可以改變，所謂的化性，就是用禮義教化來改變人們的惡性。他說：「聖人化性而起僞，僞起而生禮義。」〔註95〕聖人爲了改造人的惡性而制定禮義，用禮義教化使人們去惡從善。人的善性不是與生俱來的，而要通過後天的道德教育和修養慢慢培養，努力使自己具備善性。荀子說：「凡人欲爲善者，爲性惡也。夫薄願厚，惡願美，狹願廣，貧願富，賤願貴，苟無之中者，必求於外；故富而不願財，貴而不願勢，苟有之中者，必不及於外。……今人之性，固無禮義，故彊學而求有之也；性不知禮義，故思慮而求知之也。然則生而已，則人無禮義，不知禮義。人無禮義則亂，不知禮義則悖，然則生而已，則悖亂在己。用此觀之，人之性惡明矣，其善者僞也。」〔註96〕

荀子從經驗的現實，看到了人自利自爲的本性，但他看到的僅僅是人的這種自利自爲本性引發的爭奪生、辭讓亡、殘賊生、忠惡亡的惡果，在荀子看來，人性是與封建道德，統治秩序互相衝突的，因此，爲了維持封建統治，就必須對人性加以改造和限制，即所謂「化性起僞」。他認爲「化性起僞」的最好辦法就是「師法之化，禮義之道」，也就是師法並用，禮刑並行。在中國古代，禮入於法，法出於禮，所謂禮刑並行，也就是法刑並行。所以他主張要治理天下，穩定秩序，就要「立君上之勢以臨之，明禮義以化之，起法正以治之，重刑罰以禁之，使天下皆出於治，合於善也。」〔註97〕正是在這個

〔註93〕《荀子・儒效》
〔註94〕《荀子・王制》
〔註95〕《荀子・性惡》
〔註96〕《荀子・性惡》
〔註97〕《荀子・性惡》

意義上，荀子提出了被人們認爲的所謂是具有人性平等思想萌芽的「塗之人可以爲禹」的命題。後來，宋明理學家進一步發揮了荀子的觀點，主張「存理滅欲」，「存理去欲」，荀子的「性惡」說就變成了統治階級「忍而殘殺」的工具。

二、韓非的人性論思想

　　韓非沒有專門論述人性理論的篇章，其人性理論散見於《韓非子》一書中的《五蠹》、《六反》、《外儲說》、《內儲說》、《備內》等。對韓非人性論的探討，學界圍繞韓非是否是性惡論者展開爭論，主要有三種觀點：第一，人性惡。此種觀點以蔡元培、馮友蘭和熊十力先生爲代表。蔡元培先生認爲，荀子主張人性惡，商鞅對人性的觀察也是如此，韓非承接了荀子、商鞅的觀點。馮友蘭也指出：「蓋人之性惟知趨利避害，故惟利害可以驅使之。法家多以爲人之性惡。韓非爲荀子弟子，對於此點，尤有明顯之主張。」〔註 98〕因爲韓非以爲天下之人，皆自私自利，「皆挾自爲心」，互相「用計算之心以相待」。對於韓非與其師荀子在人性論上的繼承關係，馮先生又進一步指出：「韓非沒有提出抽象的人性論，也沒有提過荀子。但是荀子的性惡論似乎對他有極大的影響。他對於具體社會問題的見解，似乎是荀子的性惡論的極端的應用。」〔註 99〕熊十力先生說：「韓非子以爲人之性，本無有善。凡人皆挾自爲心，只知有利而已矣。韓非受學荀卿，卿言性惡，韓非之人性論，實紹承荀卿性惡說，此無可諱言也。」〔註 100〕綜觀以上觀點，主張韓非爲性惡論者的依據主要是兩條：一是他曾經師從荀子，荀子主張人性惡，韓非必定受其影響。二是韓非主張人性好利，因此他必定主張人性惡。第二，人性自私。此說以朱伯崑和陳瑛等爲代表。朱伯崑指出：「齊國法家提出『人心悍』的觀點，荀況發展爲人性惡的理論。韓非依據荀況的性惡論，又提出人性自私說。」〔註 101〕並且進一步指出，這種私心說仍舊是抽象人性論的一種形式，即將人的欲

〔註98〕馮友蘭：中國哲學史（上冊）〔M〕，北京：中華書局，1961 年，第 398～399頁。

〔註99〕馮友蘭：中國哲學史新編（第 1 冊）〔M〕，北京：人民出版社，1962 年，第564～565 頁。

〔註100〕熊十力：韓非子評論〔M〕，臺北：臺灣學生書局，1978 年，第 16～18 頁。

〔註101〕朱伯崑：先秦倫理學概論〔M〕，北京：北京大學出版社，1984 年，第 258～260 頁。

望的滿足歸之為個人生理上的需要，從而引出人性自私的理論。陳瑛等人也表達了同樣的觀點，「他把人的本性看成是自私自利、就安利而避危害的。」〔註102〕總之，主張韓非是人性自私論者的主要理由是，韓非將趨利避害看作人的本性，因此行為總是從自己的私心和私利出發，處理人與人之間的關係也總是從個人的利害角度考慮。但是，好利惡害並不是人性論的內容，李增指出，雖然韓非認為人具有「好利惡害」的情性，「然而此等敘述則是在描述人之欲望傾向，而不是在論述人性之內涵，亦不是性惡論之肯定。」〔註103〕因此自私並非韓非人性論的內容。這種觀點比較準確地把握住了韓非對人性的認識。第三，人性自然。持這種觀點的代表人物是張申，他首先反駁了韓非為性惡論者的觀點，他指出，「韓非從來沒有說過『自為』的人性是惡的。如果認為這就是性惡論，那麼試問：這是韓非的觀點，還是我們根據某種觀點對韓非的觀點所作的評論？」〔註104〕同時，他又反駁了認為韓非主張人性自私的觀點，他指出，雖然韓非認為人人都是「自為」即利己的，但這是一種合理的利己主義，並不是極端自私自利的利己主義。國在反駁上述兩種觀點的基礎上，他提出，韓非的人性論既不是性善論，也不是性惡論，而是無善無惡的自然人性論。這種人性論是韓非繼承和發展前期法家慎到和商鞅等關於人性「自為」、好利惡害的思想的基礎上形成的。

　　法家認為，人都有「好利惡害"或者「就利避害」的本性。「見利莫能勿就，見害莫能勿避……故利之所在，雖千仞之山，無所不上；深淵之下，無所不入焉」。〔註105〕就如《管子》中所說，商人日夜兼程，即使上千仞之山也不覺得高遠，是因為利益在前邊吸引他。打魚的人不怕危險，即使去深淵之下也不在意，他追求的是打魚的利益。有了這種相同的思想，所以商鞅才得出結論：「人生有好惡，故民可治也。」〔註106〕韓非則繼承了前期法家人人皆好利惡害的思想。他說：「好利惡害，人之情也。」〔註107〕又說「安利者就之，危害者去之，此人之情也。」〔註108〕人們受利己心的驅使，在行為上總是表現

〔註102〕陳瑛，等：中國倫理思想史〔M〕，貴陽：貴州人民出版社，1985年，第191～200頁。

〔註103〕李增：先秦法家哲學〔M〕，臺北：臺北編譯館，2001年，第72頁。

〔註104〕張申・韓非是性惡論者嗎？〔J〕，吉林師範大學學報，1979（3）。

〔註105〕《管子・禁藏》

〔註106〕《商君書・錯法》

〔註107〕《韓非子・難二》

〔註108〕《韓非子・姦劫弒臣》

出趨利避害的特徵。個人利害是人們思考問題和從事活動的出發點與終結點。

韓非主張，人不分賢愚皆好利惡害，「人情皆喜貴惡賤」，〔註109〕「人無愚智，莫不有趨舍」，〔註110〕所謂「趨舍」即趨利捨害，這是一種天生的自然本性，但是，人們爲了達到這一目的，其行動是具體的，有條件的，不是盲目的，絕對的，他說：「布帛尋常，庸人不釋；爍金百溢，盜跖不掇。不必害，則不釋尋常；必害手，則不掇百溢。」〔註111〕意思是說，尋常之布帛，於已有利，一般人也不會把它丟掉；正在熔化的大量黃金，就是盜跖也不會冒險去撿。不是一定受害時，小的東西也不肯拋棄；一定會燒傷手，給人帶來嚴重危害時，就連百溢之金也不會去取。一切以利之多寡爲前提條件，利多害少，則取之，利少害多，則捨之。也就是說，人們並不是見利就上；見利就得，而是有所權衡，有所取捨，有所分別。

在韓非看來，人與人之間的關係就是以利爲中心的取捨關係。這種關係體現在：

（一）父母子女之間。他說：「且父母之於子也，產男則相賀，產女則殺之。此俱出父母之懷袵，然男子受賀，女子殺之者，慮其後便，計之長利也。故父母之餘子也，猶用計算之心相待也，而況無父子之澤乎？」〔註112〕父母對於子女，生了男孩就相互道賀，生了女孩就殺死她。他們都出自父母的懷抱，然而男孩道賀，女孩被殺，這是父母考慮到將來的好處，計算到長遠的利益。所以父母對於自己的子女尚且利用計算之心看待，何況沒有父子之情的人呢？韓非又說：「人爲嬰兒也，父母養之簡，子長而怨。子盛壯成人，其供養薄，父母怒而誚之。子父至親也，而或誚或怨者，皆挾相爲而不周於爲己也。」〔註113〕人在嬰兒時，父母對他撫養馬虎，長大了就要埋怨父母；兒子長大成人，對父母的供養微薄，父母就要怒責兒子。父子是至親骨肉，但有時怒責，有時埋怨，都是因爲懷著相互依賴的心理而又認爲對方不能周到的照顧自己。

（二）社會成員之間。從家庭推至社會，社會成員的關係亦體現了人自私自利的本性。「故王良愛馬，越王句踐愛人，與戰與馳。醫善吮人之傷，含

〔註109〕《韓非子·難三》
〔註110〕《韓非子·解老》
〔註111〕《韓非子·五蠹》
〔註112〕《韓非子·六反》
〔註113〕《韓非子·外儲說左上》

人之血，非骨肉之親也，利所加也。故輿人成輿，則欲人之富貴；匠人成棺，則欲人之夭死也。非輿人仁而匠人賊也，人不貴，則輿不售；人不死，則棺不賣。情非憎人也，利在人之死也。」〔註114〕王良愛馬，是爲了讓馬爲他服務；越王句踐愛人，是爲了讓人替他打仗。醫生用嘴吮吸病人的傷口，並非因爲他與病人有骨肉之親，而是因爲他想得到更多的錢財。造車子的人造好車子，則希望別人富貴；做棺材的人做好棺材，則希望別人早死。這並不是因爲造車子的人仁慈而做棺材的人狠毒，而是因爲人不富貴車子就賣不出去，人不死棺材就沒人買。問題的根源都在於利所導致。他還舉例說：「夫買庸而播耕者，主人費家而美食，調布而求易錢者，非愛庸客也，曰：如是，耕者且深，耨者熟耘也。庸客致力而疾耘耕者，盡巧而正畦陌者，非愛主人也，曰：如是，羹且美，錢布易云也。此其養功力，有父子之澤矣，而心調於用者，皆挾自爲心也。」〔註115〕主人雇傭雇工種地，花費錢財好吃好喝的招待雇工並給以優厚的報酬和雇工爲主人好好的種地都不是出於他們之間相互關愛的結果，而是各爲自己的利而做的。

　　（三）君臣之間。韓非指出君臣之間的利害是相互對立的，「臣主之利相與異者也。何以明之哉？曰：主利在有能而任官，臣利在無能而得事；主利在有勞而爵祿，臣利在無功而富貴；主利在豪傑使能，臣利在朋黨用私。」〔註116〕雖然君臣利害對立，但因爲利之緣故，二者又達成了一種交易。韓非說「人臣之情，非必能愛其君也，爲重利之故也。」〔註117〕「夫君臣非有骨肉之親，正直之道可以得利，則臣盡力以事主；正直之道不可以得利，則臣行私以干上。」〔註118〕君臣之間沒有骨肉之親，正直的言行可以得到利益，臣下就會竭盡力量來侍奉君主；如果得不到安全，臣下就隱私舞弊以侵犯君主。韓非認爲：「人臣之與其君，非有骨肉之親也。縛於勢而不得事也。」〔註119〕在韓非看來，君臣關係完全是由於君主的勢位和尊卑關係所迫。他又說：「君以計畜臣，臣以計事君，君臣之交，計也。害身而利國，臣弗爲也；富國而利臣，君不行也。臣之情，害身無利；君之情，害國無親。君臣也者，以計合者也。」

〔註114〕《韓非子・備內》
〔註115〕《韓非子・外儲說左上》
〔註116〕《韓非子・孤憤》
〔註117〕《韓非子・二柄》
〔註118〕《韓非子・姦劫弒臣》
〔註119〕《韓非子・備內》

〔註120〕君主靠利益蓄養臣子，臣子靠利益侍奉君主，君臣交往的是利益。危害自身而有利國家，臣子是不做的；危害國家而有利臣子，君主是不幹的。臣子的本心，危害自身就談不上利益；君主的本心，危害國家就談不上親近。君臣關係是憑藉利益結合起來的。韓非在《難一》中更具體地把君臣關係看成是一種買賣關係，說：「臣盡死力以與君市，君垂爵祿以與臣市，君臣之際，非父子之親也，計數之所出也。」這就是君臣在進行「死力」與「爵祿」交易。君賣權勢利祿，臣賣心智技能，他們之間是互相有利益關係的合作夥伴，為著各自的利益走在一起。更甚者，后妃、夫人、太子與君王既有君臣關係又有夫妻父子關係，但為了利益他們也會加害君王，「后妃夫人、適子為太子者，或有欲其君之早死者。……故后妃夫人太子之黨成，而欲君之死也，君不死則勢不重，情非憎君也，利在君之死也。」〔註121〕就是說，后妃、太子所以期君早亡，並非憎惡君上，而僅僅是為了極早繼位，為己謀利耳。

似無情處卻有情。韓非深刻的剖析了人性好利的利己方面，那麼人性中是否有無私利他的方面？既然家庭成員之間都以計算之心相待，那麼，家人不就跟路人完全一樣了？似乎又不盡然，因為韓非子有時又確實承認親情的存在。例如，他說「孝子，不非其親……孝子之事父也，非競取父之家也……非其親者之謂之不孝」〔註122〕，「慈母之於弱子也，愛不可為前。……子母之愛，性也」，〔註123〕「人之情性莫先於父母」，這些論述，都表明了父母與子女之間的脫離計算之心的親情。在這裏，我們看到了韓非人性中的一種緊張：家庭成員間的功利心與超功利心的緊張，或者人性好利以利己與無私以利他的緊張。

韓非認為，「好利惡害，夫人之所有也。賞厚而信，人輕敵矣；刑重而必，失人不比矣。長行徇上，數百不一失；喜利畏罪，人莫不然。將眾者不出乎莫不然之數，而道乎百無失人之行，人未知眾之道也。」〔註124〕愛好利厭惡害是人所固有的本性，賞賜多而守信用，戰士就不怕敵人；刑法重而且實行堅決，戰士就不會敗逃。人的這種自利的本性是先天注定不能改變的，而且也不需要改變，倒是應該加以調動和發揮，因為在他看來，自利的欲望乃是

〔註120〕《韓非子·飭邪》
〔註121〕《韓非子·備內》
〔註122〕《韓非子·忠孝》
〔註123〕《韓非子·八說》
〔註124〕《韓非子·難二》

人們從事事業的推動力。他說：「鱔似蛇，蠶似蛛，人見蛇則驚駭，見蛛則毛起。漁者持鱔，婦人拾蠶，利之所在，皆為賁、諸。」〔註125〕他認為，人們只有充分發揮其自利性，自覺地追求個人利益，而不是勉強實行仁義道德，才能做出一番事業。他說：「霸王者，人主之大利也。人主挾大利以聽治，故其任官者當能，其賞罰無私。使士民明焉盡力致死，則功伐可立而爵祿可致，爵祿致而富貴之業成矣。富貴者，人臣之大利也。人臣挾大利以從事，故其行危至死，其力盡而不望。此謂君不仁，臣不忠，則可以霸王矣。」〔註126〕因此，他認為，能調動人的自為心便無往而不可，雖然在主人與傭客之間，亦可有「父子之澤」；反之，如果只是要求互相盡義務，則雖在父子之間也不免互相怨怒：「挾夫相為則責望，自為則事行。故父子或怨噪，取庸作者進美羹。」〔註127〕

韓非將人的自利本性以及發揮這種本性的必要性，作為實行刑賞法制之可能性和必要性的理論根據。他認為，正因為人性是好利惡害的，所以才可能用予人以利害的刑賞法製作為驅使人民、治理國家的手段，他說：「凡治天下，必因人情。人情者，有好惡，故賞罰可用；賞罰可用則禁令可立而治道具矣。」〔註128〕同時認為，要想發揮人們好利惡害的本性以鞏固封建君主的統治，就必須實行刑賞法制：「賞刑明則民盡死，民盡死則兵強主尊。」〔註129〕「主施其法，大虎將怯；主施其刑，大虎自寧。」〔註130〕

韓非基於對人性欲望的深刻洞悉，認為要使世間減少爭奪之事，多仁讓之心，就必須發展農業，使人們豐衣足食，人與人之間就像兄弟般和平相處。韓非極力反對脫離物質基礎而空談仁愛，主張「聖人之治民，度事本，不以其欲，期於利民而已」，〔註131〕不可空談仁愛而害民。韓非繼承了商鞅發展農業的政策方針，主張獎勵耕者，打擊工商之民和文學遊說之士。《韓非子·五蠹》說：「今境內之民皆言治，藏商管之法者家有之，而國愈貧。言耕者眾而執者寡也」。雖然大多數人已認識到農耕的重要性，但還是不願投身於農業中去，原因是社會上存在著嚴重的賤農思想。《韓非子·六反》說：「力作而食，

〔註125〕《韓非子·說林下》
〔註126〕《韓非子·六反》
〔註127〕《韓非子·外儲說左上》
〔註128〕《韓非子·八經》
〔註129〕《韓非子·飾邪》
〔註130〕《韓非子·揚權》
〔註131〕《韓非子·有度》

生利之民也，而世之曰『寡能之民』……百姓循私利而訾之，世主壅於俗見而賤之」。自然就沒有人願意從事。要改變「言耕者眾，執來者寡」的局面，就必須獎勵耕者，使之有利可圖，「民有餘食，使以粟出爵，必以其力，則農不怠」。〔註132〕

韓非並不籠統言人性的善、惡，他認爲人性的善、惡也有一定的條件，而不是絕對的，「夫陳輕貸於幽隱，雖曾、史可疑也；懸百金於市，雖大盜不取也。不知，則曾、史可疑於幽隱；必知，則大盜不取懸金於市。」〔註133〕不貴重的物品放在隱蔽，人不易察的地方，像曾參、史鰌這種道德修養極高的人，說不定也要彼此爭得頭破血流，但把百金放在市場上，人人得以見之，即使小偷大盜也不會去取。於此，他還認爲人們有時看來是善的並不一定是善，看來是惡的也不一定是惡。「輿人成輿，則欲人之富貴；匠人成棺，則欲人之夭死也。非輿人不仁，而匠人賊也，人不貴，則輿不售；人不死，則棺不買。情非憎人也，利在人之死也。」〔註134〕車匠造車，希望別人陞官發財，並不是他心善，而是希望把車賣出去，獲得利益；同樣，木匠做棺材，希望別人早死，也不是他心壞，對別人有什麼仇恨，而是人死了，使他有利可圖。一切都以利爲槓杆，是根本談不上什麼善、惡的。更有意義的是，他試圖以物質生活爲條件來解釋人們的善、惡之舉，說明不同條件下不斷變化著的人性，「故饑歲之春，幼弟不晌；稚歲之秋，疏客必食。非疏骨肉愛過客也，多少之實異也。」〔註135〕在荒年，即使是親兄弟之間也無法照顧，豐年，即使過路之客也會供給食物。這並非人們疏遠自己的親人而愛護過往的客人，而是形勢所使然。這種有條件的善、惡論比絕對的善、惡論更具體、更合理。

韓非的人性論將人性歸結爲人的自然性。人既然是動物的一種，當然具有動物性，也就是說，具有飲食男女的欲望和滿足這些欲望以保存個體、延續種族的自然本能。韓非的錯誤不在於承認人的這種自然性，而在於把它看成人性的唯一內容。其實，人性的主要內容和本質不是自然性，而是社會性。人畢竟是高級的社會動物。人類要維持生存和發展必須進行生產勞動改造自然，這就不能不組成社會，將人類的個體聯結在社會關係網中，進行一定的分工。人類的思想意識既然是改造環境以利生存的工具，也就當然要反映、

〔註132〕《韓非子・飭令》
〔註133〕《韓非子・六反》
〔註134〕《韓非子・備內》
〔註135〕《韓非子・五蠹》

鞏固、調整或革新某種社會關係，形成相應的道德觀念及其它自覺意識，以加強或改善個體的聯結。正是這種爲人類生存和發展所必需的、在生活方式和思想意識方面的社會性，構成了人類區別於其它動物的本質特徵。

第三節　以法爲本

　　法是法家思想的核心範疇。先秦法家不大講師承關係，但他們在思想上有著共同的特點，歸納起來主要有如下幾點；第一，他們特別強調法的作用。認爲法是治國的不二法門，概括言之，即以法治國，一切由法裁斷。第二，宣導耕戰。法家特別注重實力，認爲實力是解決社會矛盾的基本手段。在社會諸因素中，他們認爲農與戰是力的源泉，與之相應，都有一套加強耕戰的政策。第三，強化君主專制。法家是君主專制的謳歌者，事事都爲君主打算，從而把君主專制主義思想推到了頂峰。第四，法家關於社會的基本理論是歷史進化說和人性好利說。第五，法家在政治上使用的最基本的概念和範疇，主要有法、勢、術、刑、罰、賞、公、私、耕、戰等。這些概念和範疇是法家思想的支柱，使法家獨具特色。

　　韓非之法也擺脫不了法家的整體特徵，他承繼商鞅任法爲治的思想，提出治國應該以法爲本的主張。

一、韓非之法的主要來源

　　商君之法是韓非法治思想的主要來源。《史記・商君列傳》對商君記曰：「商君者，衛之諸庶孽公子也，名鞅，姓公孫氏，其祖本姬姓也。鞅少好刑名之學，事魏相公叔座，爲中庶子。公叔座知其賢，未及進。……公叔既死，公孫鞅聞秦孝公下令國中求賢者，將修繆公之業，東復侵地，迺遂西入秦，因孝公寵臣景監，以求見孝公。……衛鞅曰：『治世不一道，便國不法古。故湯武不循古而王，夏殷不易禮而亡。反古者不可非，而循禮者不足多。』孝公曰：『善。』以衛鞅爲左庶長，卒定變法之令。……令既具，未布，恐民之不信，已乃立三丈之木於國都市南門，募民有能徙置北門者予十金。民怪之，莫敢徙。復曰『能徙者予五十金』。有一人徙之，輒予五十金，以明不欺。卒下令。……商君相秦十年，宗室貴戚多怨望者。……後五月而秦孝公卒，太子立。公子虔之徒告商君欲反，發吏捕商君。商君亡至關下，欲舍客舍。客

人不知其是商君也，曰：『商君之法，舍人無驗者坐之。』商君喟然歎曰：『嗟乎，爲法之敝一至此哉！』去之魏。魏人怨其欺公子卬而破魏師，弗受。商君欲之他國。魏人曰：『商君，秦之賊。秦彊而賊入魏，弗歸，不可。』遂內秦。商君既復入秦，走商邑，與其徒屬發邑兵北出擊鄭。秦發兵攻商君，殺之於鄭黽池。秦惠王車裂商君以徇，曰：『莫如商鞅反者！』遂滅商君之家。太史公曰：商君，其天資刻薄人也。跡其欲干孝公以帝王術，挾持浮說，非其質矣。且所因由嬖臣，及得用，刑公子虔，欺魏將卬，不師趙良之言，亦足發明商君之少恩矣。余嘗讀商君開塞耕戰書，與其人行事相類。卒受惡名於秦，有以也夫！」這段敘述已基本上將商鞅的出身、求學、入仕、實踐、鬥爭、結局及太史公的評判進行了詳細的說明。

商鞅的思想集中體現在《商君書》中，其書今本共五卷二十六篇，其中有題無文者兩篇，實僅存二十四篇。現今所能考知《君書》最早的刻本當爲元刊本，但已經過清代學者嚴萬里的校改，至於其原貌今已不可考見；其後所出現的眾多明刊本《商君書》，除歸有光《諸子匯函》本著有少量校釋內容外，其它諸刻本均爲刊刻、著錄之作。

商鞅法的思想，主要體現在以下方面：

法爲治之本。「法令者，民之命也，爲治之本也，所以備民也。爲治而去法令，猶欲無饑而去食也，欲無寒而去衣也，欲東而西行也，其不幾亦明矣。一兔走，百人逐之，非以兔爲可分以爲百，由名之未定也。夫賣兔者滿市，而盜不敢取，由名分已定也。故名分未定，堯、舜、禹、湯且皆如鶩焉而逐之；名分已定，貪盜不取。今法令不明，其名不定，天下之人得議之。其議，人異而無定。人主爲法於上，下民議之於下，是法令不定，以下爲上也。此所謂名分之不定也。夫名分不定，堯、舜猶將皆折而姦之而況眾人乎？此令姦惡大起、人主奪威勢、亡國滅社稷也道也。今先聖人爲書而傳之後世，必師受之，乃知所謂之名；不師受之，而人以其心意議之，至死不能知其名與其意。故聖人必爲法令置官也置吏也，爲天下師，所以定名分也，名分定，則大詐貞信，巨盜願愨，而各自治也。故夫名分定，勢治之道也；名分不定，勢亂之道也。故勢治者不可亂，勢亂者不可治。夫勢亂而治之，愈亂；勢治而治之，則治。故聖王治治，不治亂。」〔註136〕法令就是人民的生命，治國的根本，是用來防備人民的。爲治國而拋棄法令，好比希望不挨餓而拋棄糧

<hr>

〔註136〕《商君書・定分》

食，希望不受凍而拋棄衣服，希望到東方而向西走一樣，其相去甚遠是很明顯的。一隻兔子跑了，一百個人亂哄哄蜂擁而上，要逮住他，並不是因爲捉到兔子後每個人都能分到兔子的百分之一，而是因爲兔子的所有權沒有確定。而市場上有好多兔子在賣，盜賊都不敢去偷，這是因爲市場上兔子的所有權是明確的。所以，當事物的名分沒有確定以前，堯、舜、禹、湯也像奔馬似地追逐，而名分確定後，貪婪的盜賊也不敢奪取。如法令不明確，其條目不確定，天下百姓都會評議，其評議因人而異沒有定說。人君在上制定法令，百姓在下議論紛紛，這是法令不定，以下代上，這就是所說的名分不定。名分不定堯、舜尙且都會違法，何況普通百姓。這樣就使姦惡大興，人君失掉權威，這是國家滅亡的根本。好比古代聖人著書，流傳於後世，必須由教師教授，才能知道其具體內容，如不同教師傳授，人人都以自己的想法來評議，到死時也不能知道書文字的它的具體意義。所以，聖人一定給法令設置法官。設置法官做天下人的老師，就是爲了定名分。名分確定了，姦詐之人可以變得正直誠實，人民都謹愼忠誠，而且都能自治。所以確定名分是勢所必治的辦法，不確定名分是勢所必亂的辦法。勢所必治就不會亂；勢所必亂就不會治。勢所必亂再加治理，就會更亂；勢所必治再加治理，才會更治。聖王在勢所必治的情況下來治國，不是在勢所必亂的情況下來治國。

　　法應以時而定。「法者所以愛民也，禮者所以便事也。是以聖人苟可以強國，不法其故，苟可以利民，不循其禮。……前世不同教何古之法？帝王不相復何禮之循？伏羲、神農，教而不誅；黃帝、堯、舜，誅而不怒；及至文、武，各當時而立法，因事而制禮。禮、法以時而定；制、令各順其宜；兵甲器備，各便其用。臣故曰：治世不一道，便國不必法古。湯、武之王也，不脩古而興；殷、夏之滅也，不易禮而亡。然則反古者未必可非，循禮者未足多是也。」〔註137〕法度，是用來愛護百姓的。禮制，是爲了方便辦事的。所以聖明的人治理國家，如果能夠使國家富強，就不必去沿用舊有的法度。如果能夠是百姓得到益處，就不必去遵循就的禮制。……以前的朝代政教各不相同，應該去效法哪個朝代的古法呢？古代帝王的法度不相互因襲，又有什麼禮制可以遵循呢？伏羲、神農教化不施行誅殺，黃帝、堯、舜雖然實行誅殺但卻不過分，等到了周文王和周武王的時代，他們各自順應時勢而建立法度，根據國家的具體情況制定禮制，禮制和法度都要根據時勢來制定，法制、

〔註137〕《商君書・更法》

命令都要順應當時的社會事宜，兵器、鎧甲、器具、裝備的製造都要方便使用。所以臣說：治理國家不一定用一種方式，只要對國家有利就不一定非要效法古代。商湯、周武王稱王於天下，並不是因爲他們遵循古代法度才興旺，殷朝和夏朝的滅亡，也不是因爲他們更改舊的禮制才覆亡的。既然如此，違反舊的法度的人，不一定就應當遭責難；遵循舊的禮制的人，不一定值得肯定。

　　治法者國強。「以強去強者，弱；以弱去強者，強。國爲善，姦必多。國富而貧治，曰重富，重富者強；國貧而富治，曰重貧，重貧者弱。兵行敵所不敢行，強；事興敵所羞爲，利。主貴多變，國貴少變。國多物，削；主少物，強。千乘之國守千物者削。戰事兵用曰強，戰亂兵息而國削。……治法者，強；以治政者，削；常官治者，遷官。治大，國小；治小，國大。強之，重削；弱之，重強。夫以強攻強者亡，以弱攻強者王。國強而不戰，毒輸於內，禮樂虱官生，必削；國遂戰，毒輸於敵，國無禮樂虱官，必強。」〔註138〕運用強民的辦法來清除不服從法令的民眾，國家會被削弱；運用刑罰使民眾聽話等措施來清除不服從法令的民眾，國家就會強大。國家施行善政，姦詐的壞人就一定會多。國家很富強，卻按照窮國的辦法治理，這樣的國家會富上加富，富上加富的國家就強大。國家貧窮卻當做富國來治理，這就叫窮上加窮，窮上加窮的國家會被削弱。軍隊能做敵人所不敢做的事就強大；對征戰等國家大事能做敵人認爲恥辱不願做的事（儒家把發動戰爭看做恥辱）就有利。君主貴在多謀善變，國家貴在法制穩定。國家政務繁多，就會被削弱；國君政務精簡而不雜，國家就會強大。有一千輛兵車的國家，只是滿足守住一千輛兵車的物資，國家就會削弱。行軍征戰之事，士兵用心效命，國家就強大；打仗時軍陣安排混亂，士兵不賣力，國家就會被削弱。……能用法律來治國，國家就強。專靠政令來治國，國家就削弱。久任一個官而他能把政事治理得很好，就升他的官級。治道繁多，國家就會弱小。治道縮小，國家就會強大。人民不守法，國家就會越來越削弱。使人民遞補遵紀守法，國家就會越來越強大，採用使民化爲強的政策來整治不守法的百姓，就要亡國。採用使民化爲弱的政策來整治不守法的百姓，就能成就王業。國強而不去戰爭，毒素灌輸於國內，禮樂虱害就產生了，國家進行戰爭，毒素輸於國外，國內沒有禮樂虱害，這樣，國家必強。任用有功勞的人，國家就強大。

〔註138〕《商君書・去強》

　　重罰輕賞。「重罰輕賞，則上愛民，民死上；重賞輕罰，則上不愛民，民不死上。興國行罰，民利且畏；行賞，民利且愛。國無力而行知巧者，必亡。怯民使以刑，必勇；勇民使以賞，則死。怯民勇，勇民死，國無敵者強，強必王。貧者使以刑，則富；富者使以賞，則貧。治國能令貧者富，富者貧，則國多力，多力者王。王者刑九賞一，強國刑七賞三，削國刑五賞五。……以刑去刑國治，以刑致刑國亂，故曰：行刑重輕，刑去事成，國強；重重而輕輕，刑至事生，國削。刑生力，力生強，強生威，威生惠，惠生於力。舉力以成勇戰，戰以成知謀。」〔註139〕加重刑罰，慎用賞賜，那麼國君愛護民眾，民眾就會拼死爲君主效命。興盛的國家，使用刑罰，民眾以爲對自己有利，而且心中畏懼；使用賞賜，民眾也認爲對自己有利，而且一心要得到。國家沒有實力，卻使用智謀和欺詐的辦法，國家就一定會滅亡。對於膽小的人用刑罰來讓他們作戰，一定會勇敢；勇敢的人使用獎賞的辦法，他們就會不怕犧牲，舍生忘死去作戰。膽小的人勇敢，勇敢的人不怕犧牲，國家就沒有對手，這樣的話就強大。國家強大就一定能稱王天下。用刑罰來約束窮人，讓他們去務農，那就會富，對富人使用獎賞，讓他們用錢糧買官，那就會變窮。治理國家能讓窮人變富，富人變窮，那麼這個國家就能實力雄厚，稱王天下。稱王天下的國家用十分之九的刑罰，十分之一的賞賜，強大的國家刑事罰占十分之七，賞賜占十分之三，弱國的刑罰占十分之五，賞賜也占十分之五。……用刑罰消除刑罰，國家就能大治；用刑罰招致辭刑罰，國家會混亂。所以說：加重刑於輕罪，弄罰就是不用也能將事情辦成，這樣的國家才能強大；重罪重罰，輕罪輕罰，用刑輕重不一，即使用了刑罰，犯法的事情卻不斷發生，國家會被削弱，重的刑罰產生實力，實力能產生強大，強大能產生威力，威力能產生恩惠，恩惠從實力中產生。崇尚實力能用來成就勇敢作戰，作戰才能產生出智慧和計謀。「罰重，爵尊；賞輕，刑威。爵尊，上愛民；刑威，民死上。故興國行罰，則民利；用賞，則上重。法詳，則刑繁；法繁，則刑省。民治則亂，亂而治之又亂。故治之於其治，則治；治之於其亂，則亂。民之情也治，其事也亂。故行刑，重其輕者，輕者不生，則重者無從至矣，此謂治之於其治者。行刑。重其重者，輕其輕者，輕者不止，則重者無從止矣，此謂治之於其亂也。故重輕則刑去事成，國強；重重而輕輕，

〔註139〕《商君書・去強》

則刑至而事生，國削。」〔註140〕刑罰重了，爵位顯得尊貴；賞罰少了，刑罰才更威嚴。爵位尊貴，這是君主愛護民眾；刑罰有威嚴，民眾才能拼死爲君主效命。所以強盛的國家使用刑罰，民眾就能被君主役使；施用獎賞，那麼君主就會受到尊重。法令周詳，那麼刑罰就會繁多；法令簡明，那麼刑罰就會減少。民眾不服從管治國家就會混亂，混亂了又去治理它，就會更亂。所以治理國家要在社會安定的時候，那麼才能治理好。在它混亂的時候去治理，就會更亂。民眾的心情本來希望國家安定，他們做的事情卻是國家混亂。所以使用刑罰，對民眾犯的輕罪施行重的刑罰，那麼輕微的犯罪就不會發生，嚴重的犯罪就不能出現了。這就叫國家安定的時候去治理。使用刑罰，犯重罪的重罰，犯輕罪的輕罰，那麼輕微的犯罪不能制止，嚴重的犯罪就更無法制止了。這就叫在民眾亂的時候去治理。所以輕罪重罰，那麼刑罰能除掉而事情也能辦成，國家就會強大；使用刑罰有重有輕，那麼刑罰雖然用了，犯罪的事卻仍然發生，國家就會被削弱。

　　刑無等級。「聖人之爲國也，壹賞，壹刑，壹教。壹賞則兵無敵，壹刑則令行，壹教則下聽上。夫明賞不費，明刑不戮，明教不變，而民知於民務，國無異俗。明賞之猶至於無賞也，明刑之猶至於無刑也，明教之猶至於無教也。……所謂壹刑者，刑無等級，自卿相、將軍以至大夫、庶人，有不從王令、犯國禁、亂上制者，罪死不赦。有功於前，有敗於後，不爲損刑。有善於前，有過於後，不爲虧法。忠臣孝子有過。必以其數斷。守法守職之吏有不行王法者，罪死不赦，刑及三族。周官之人，知而訐之上者，自免於罪，無貴賤，尸襲其官長之官爵田祿。故曰：重刑，連其罪，則民不敢試。民不敢試，故無刑也。夫先王之禁，刺殺，斷人之足，黥人之面，非求傷民也，以禁姦止過也。故禁姦止過，莫若重刑。刑重而必得，則民不敢試，故國無刑民。國無刑民，故曰：明刑不戮。晉文公將欲明刑以親百姓，於是合諸卿大夫於侍千宮，顛頡後至，吏請其罪，君曰：「用事焉。」吏遂斷顛頡之脊以殉。晉國之士，稽焉皆懼，曰：「顛頡之有寵也，斷以殉，況於我乎！」舉兵伐曹、五鹿，及反鄭之埤，東征之畝，勝荊人於城濮。三軍之士，止之如斬足，行之如流水。三軍之士，無敢犯禁者。故一假道重輕於顛頡之脊，而晉國治。昔者，周公旦殺管叔、流霍叔，曰：「犯禁者也。」天下眾皆曰：「親昆弟有過，不違，而況疏遠乎！」故天下知用刀鋸於周庭，而海內治，故曰：

〔註140〕《商君書·說民》

明刑之猶至於無刑也。」〔註141〕聖人治理國家的辦法，統一獎賞，統一刑罰，統一教化。實施統一獎賞，那麼軍隊就會無敵於天下；實行統一的刑罰，那麼君主的命令就能實行；實行了統一教化，那麼民眾就會聽從君主的役使。公正高明的獎賞並不浪費財物，嚴明的刑罰不殺人，修明教育不改變風俗，而民眾卻知道自己該做什麼，國家也沒有特殊的風俗。公正高明的獎賞到了一定程度就可以不用獎賞，嚴明的刑法到一定時候就可以不用刑罰，修明教育到了一定程度就可以不用教化。……所說的統一刑罰是指使用刑罰沒有等級，從卿相、將軍、一直到大夫和平民百姓，有不聽從君主命令的，違反國家法令的。違反國家禁令，破壞君主制定的法律的，可以處以死罪，不赦免。從前立過戰功，但後來有觸犯刑罰的事發生，也不因此而減輕刑罰。從前做過好事，又在後來犯過錯誤，也不因此而破壞法令。就是那些忠臣、孝子犯了罪也一定根據他們罪過的大小來判斷。執行法令的官吏，擔任現職的官吏有不實行君主法令的，也犯了死罪，決不赦免。而且刑罰株及到了他們的父、母、妻子的身上。官吏四周的人，知道他們的罪過，並能向君主揭發檢舉他們罪行的人，自己不僅能免受刑罰的處分，而且不分富貴貧窮，都能繼承那位官吏的官爵、土地和俸祿。所以說：加重刑罰，株連他們的父、母、妻子，那麼民眾就不敢以身試法，也就等於沒有刑罰了。古代帝王制定的法令，有將人處死的，有砍斷犯人的腳的，有在犯人臉上刺字再塗上墨的，這不是追求傷害民眾，而是要用來禁止姦邪阻止犯罪。因此禁止姦邪阻止犯罪，沒有什麼辦法能比得上使用重刑。刑罰重就一定能捕獲犯人，那麼民眾就不敢以身試法了，所以國家就等於沒有受刑罰處治的民眾。國家沒有受刑罰處治的民眾，因此說嚴明的刑罰不是爲了殺人。晉文公想要嚴明刑罰使百姓親近服從他，於是招集所有的卿相、大夫一塊待千宮、顛頡來晚了，執法官請示晉文公定他的罪，晉文公說：「對他用刑吧。」執法官於是砍斷了顛頡的脊樑骨來示眾。晉國的將士、民眾議論起這件事都很懼怕，相互說：「顛頡是國君寵愛的大臣，觸犯了刑律都腰斬來示眾，何況對於我們了。」後來，晉文公發兵進攻曹國及衛國的五鹿，回軍時又推翻了鄭國的矮牆，命令衛國的田壟一律改東西方向，用來方便自己國家的兵車通過。晉國一位三軍將領和士兵，如下令停止前進，他們就像被砍斷了肢一樣站立，命令他們進攻，走路像流水一樣迅速。三軍的將領和士兵沒有誰敢於違反禁令。因此晉文公一借用顛

〔註141〕《商君書・賞刑》

頡犯輕罪而處以重刑腰斬的辦法，晉國就得到了治理。過去周公旦殺了管叔，流放了霍叔，說：「他們是犯了法令的人。」天下的人都說：「親兄弟犯了罪過都執行法律，更何況我們這些疏遠的人了？」從此天下人都知道周公將刑罰用在了朝廷內，國境內的秩序得到治理。因此說：「公正嚴明的刑罰用到一定程度，等於沒有刑罰。」

　　法應嚴明，仁義不足以治天下。「仁者能仁於人，而不能使人仁；義者能愛於人，而不能使人愛。是以知仁義之不足以治天下也。聖人有必信之性，又有使天下不得不信之法。所謂義者，為人臣忠，為人子孝，少長有禮，男女有別；非其義也，餓不苟食，死不苟生。此乃有法之常也。聖王者，不貴義而貴法。法必明，令必行，則已矣。」〔註142〕講求仁慈的人能夠對別人仁慈卻不能使別人仁慈；講求道義的人能夠愛別人，卻不能使別人相愛。因此，懂得仁慈、道義的人不足以治理天下。聖人有一定讓天下人信任的品德，又具有讓天下人不能不信任的辦法。這裏所說的道義，是說作為臣子定要有忠心，做兒子一定有孝心，長幼之間有禮節，男女之間要有別。如果不合乎道義，就是餓死也不能苟且吃飯，死了也不能苟且偷生。這些不過是有法律國家的平常之事。因此，聖明的帝王不重視道義而重視法律，而且法律必定要平明，君主的命令一定要貫徹執行，那就可以了。

　　商鞅重視法的作用，「故有明主忠臣產於今世而散領其國者，不可以須臾忘於法。破勝黨任，節去言談，任法而治矣。使吏非法無以守，則雖巧不得為姦；使民非戰無以徼其能，則雖險不得為詐。夫以法相治，以數相舉者，不能相益；訾言者，不能相損。民見相譽無益，相管附惡；見訾言無損，習相憎不相害也。夫愛人者，不阿；憎人者，不害。愛惡各以其正，治之至也。臣故曰：法任而國治矣。」〔註143〕「故明主慎法制。言不中法者不聽也，行不中法者不高也，事不中法者不為也。言中法，則辯之；行中法，則高之；事中法，則為之。」〔註144〕「故有明主忠臣產於今世而散領其國者，不可以須臾忘於法。破勝黨任，節去言談，任法而治矣。」〔註145〕「世之為治者，多釋法而任私議，此國之所以亂也。先王縣權衡，立尺寸，而至今法之，其分明也。夫釋權衡而斷輕重，廢尺寸而意長短，雖察，商賈不用，為其不必

〔註142〕《商君書・賞刑》
〔註143〕《商君書・慎法》
〔註144〕《商君書・君臣》
〔註145〕《商君書・慎法》

也。故法者，國之權衡也。」〔註146〕「度數已立，而法可修。故人君者不可不慎己也。夫離朱見秋豪百步之外，而不能以明目易人；烏獲舉千鈞之重，而不能以多力易力。夫聖人之存體性，不可以易人，然而功可得者，法之謂也。」〔註147〕

　　商鞅提出的這些主張，都為韓非的法治思想提供了許多可靠的理論來源和實際借鑒。

二、韓非之法

　　「法者，編著之圖籍，設之於官府，而布之於百姓者也。……法者，憲令著於官府，刑罰必於民心，賞存乎慎法，而罰加乎姦令者也。」〔註148〕

　　這是韓非對法的定義，其中可以發現：第一，法是用文字確定下來的成文法，是朝廷的法律、禁令和賞罰準則。第二，法律的主要對象是民眾。第三，法律是公開實施的統治工具。

　　法是韓非法治論的核心，也是其治國的中心支柱。韓非不止一次的論述了法對於治國的重要性和必要性。

> 是故明君……盡之以法，質之以備。〔註149〕

> 國無常強，無常弱。奉法者強，則國強；奉法者弱，則國弱。……明主使法擇人，……使法量功。……故明主使其群臣不游意於法之外，不為惠於法之內，動無非法。峻法，所以禁過外私也。……法不阿貴，繩不撓曲。法之所加，智者弗能辭，勇者夫敢爭。刑過不避大臣，賞善不遺匹夫，故矯上之失，詰下之邪，治亂決繆，絀羨齊非，一民之軌，莫如法。〔註150〕

> 故其治國也，正明法，陳嚴刑。〔註151〕

> 人主使人臣雖有智慧，不得背法而專制；雖有賢行，不得逾功而先勞；雖有忠信，不得釋法而不禁。此之謂明法。〔註152〕

〔註146〕《商君書・修權》
〔註147〕《商君書・錯法》
〔註148〕《韓非子・難三》
〔註149〕《韓非子・愛臣》
〔註150〕《韓非子・有度》
〔註151〕《韓非子・姦劫弒臣》
〔註152〕《韓非子・南面》

　　古者先王金盡力於親民，加事於明法。彼法明，則忠臣勸。……故曰明法者強，慢法者弱。強弱如是其明矣，而世主弗為，國亡宜矣。……治國之道，去害法者，則不或於智慧，不矯於名譽矣。……故先王以道為常，以法為本。本治者名尊，本亂者名絕。……明主之道，必明於公私之分，明法制，去私恩。〔註153〕

　　是以有道之君貴靜（韓非解靜「天下有道，無急患，則曰靜……不離位，曰靜《喻老》），不重變法。」〔註154〕

　　明主之道忠法，其法忠心，故臨之而法，去之而恩。〔註155〕

　　今天下無一伯夷，而姦人不絕世，故立法度量。度量信，則伯夷不失是，而盜跖不得非。法分明，則賢不得奪不肖，強不得侵弱，眾不得暴寡。……立法，非所以備曾、史也，所以庸主能止盜跖也。〔註156〕

　　因道全法，君子樂而大姦止。〔註157〕

　　愛多者則法不立。〔註158〕

　　人主者，守法責臣以立功者也。〔註159〕

　　明主之國，令者，言最貴者也；法者，事最適者也。言無二貴，法不兩適，故言行而不軌於法令者必禁。〔註160〕

　　法也者，官之所以師也。〔註161〕

　　所以治者，法也；所以亂者，私也。法立，則莫得為私矣。故曰：道私者亂，道法者治。〔註162〕

　　聖人之治也，審於法禁，法禁明著，則官治。……明主之法，

〔註153〕《韓非子・飭邪》
〔註154〕《韓非子・解老》
〔註155〕《韓非子・安危》
〔註156〕《韓非子・守道》
〔註157〕《韓非子・大體》
〔註158〕《韓非子・內儲說上七術・經二》
〔註159〕《韓非子・外儲說右下・經四》
〔註160〕《韓非子・問辯》
〔註161〕《韓非子・說疑》
〔註162〕《韓非子・詭使》

揆也。治賊，非治所治也；知所治也者，是治死人也。刑盜，非治
所刑；治所刑也者，是治胥靡也。〔註163〕

故明王峭其法而嚴其刑也。……法莫如一而故，使民知之。……
明主之道，一法而不求智。……故明主之國，無書簡之文，以法爲
教。〔註164〕

不務德而務法。〔註165〕

上法而不上賢。〔註166〕

飭令，則法不遷；法平，則吏無姦。法已定矣，不以善言售法。
〔註167〕

故法者，王之本也。……故治民無常，唯治爲法。法與時轉則
治，與世宜則有功。〔註168〕

治國者莫不有法。〔註169〕

對於韓非的法來講，它的特點主要表現在：

第一，法要詳明。韓非言：「法者，編著之圖籍，……而布之於百姓者也……
故法莫如顯。」〔註170〕「明主之法必詳事。」有了公佈於眾的詳細具體的法
律，舉國上下，事無鉅細，將一斷於法。

第二，法要嚴峻。「峭其法而嚴其刑。」韓非認爲，人有好惡之情。故應
按照愛好行賞，依從厭惡施刑。只要嚴格執法，重賞重罰，就能做到令行禁
止，保持威勢。他在《主道》、《二柄》二篇中提出：「君臣陳其言，君以其言
授其事，事以責其功；功當其事，事當其言則賞。功不當其事，事不當其言
則誅。」〔註171〕「故明主之蓄臣，臣不得越官而有功，不得陳言而不當；越
官則死，不當則罪。」〔註172〕法如此之嚴峻在於「嚴刑者，民所畏也，重罰

〔註163〕《韓非子・六反》
〔註164〕《韓非子・五蠹》
〔註165〕《韓非子・顯學》
〔註166〕《韓非子・忠孝》
〔註167〕《韓非子・飭令》
〔註168〕《韓非子・心度》
〔註169〕《韓非子・制分》
〔註170〕《韓非子・難三》
〔註171〕《韓非子・主道》
〔註172〕《韓非子・二柄》

者，民所惡也，故聖人陳其所畏，禁其所為，設其所惡，以防其姦，是以國安而暴亂不起。」〔註173〕

第三，法不常易。韓非在《忠孝》中說：「法也者，常者也」另外在《亡徵》中談及：「法禁易變，號令數下者，可亡也」都說明法要「常』，也就是要穩定，不要「朝令夕改」。

第四，法要公開。《難三》中：「法莫如顯」，「是境之民，其一談者必軌於法，」《五蠹》中表示：「以法為教』，「以吏為師」。說明法一定要「顯」，公開，臣民言談就有法為依據了。

第五，尚法不尚賢。韓非主張法治，雖有強調政治規範化的內容。但更主要的表現了君主信法不信人，尚法不尚賢，視群臣為統治工具的獨裁本質。韓非認為君有二患：一是任由賢能，被其挾持；二是隨意推舉賢能，不易成功。

第六，法不阿貴。韓非在《有度》中有言：「法之所加，知者弗能辭，勇者弗敢爭，刑過不避大臣，賞善不遺匹夫。」無論對權臣還是匹夫應該一律對待，也就是現在人們常說的法律面前，人人平等。

韓非在許多篇章都談到了立法的原因，歸納起來，主要是以下三方面：第一，「使庸主能止盜跖也"，防止君主被姦臣迷惑。韓非說「凡敗法之人，必設詐託物以來親，又好言天下之所稀有。此暴君亂主之所以惑也」，於是「人主離法失人，則危於伯夷不妄取，而不免於田成、盜跖之禍。」他看到當今之世，姦人不絕，「故立法度量。度量信則伯夷不失是，而盜跖不得非。」只有用法分明，則「賢不得奪不肖，強不得侵弱，眾不得暴寡。」當然在這裏，韓非所說的主要是為「庸主」立法，「立法，非所以避曾、史也，所以使庸主能止盜跖也。」第二，「莫知察孝悌忠順之道而審行之，是以天下亂」，韓非認為傳統的孝悌忠順之道是導致天下大亂的原因，他說「天下皆以孝悌忠順之道為是也，而莫知察孝悌忠順之道而審行之，是以天下亂。」並舉例說明不立法，而遵循堯、舜、湯、武之道的嚴重消極後果，「皆以堯、舜之道為是而法之，是以有弒君，有曲父。堯、舜、湯、武或反君臣之義，亂後世之教者也。堯為人君而君其臣，舜為人臣而臣其君，湯、武為人臣而弒其主、刑其尸，而天下譽之，此天下所以至今不治者也。」所以，明君應摒棄傳統的倫理道德，要以法治國。第三，「夫立法令者以廢私也」，立法就是為了廢除

〔註173〕《韓非子・姦劫弒臣》

臣民的私智、私心，「夫立法令者以廢私也，法令行而私道廢矣。」如果君主對於言語，只求辯論而不求恰當；對於行動，只求動聽不求功勞，則君臣百姓「其談言者務爲辯而不周於用，故舉先王言仁義者盈廷，而政不免於亂；行身者競於爲高而不合於功，故智士退處巖穴，歸祿不受，而兵不免於弱，政不免於亂，此其故何也？民之所譽，上之所禮，亂國之術也。今境內之民皆言治，藏商、管之法者家有之，而國愈貧。」他還認爲「恬淡，無用之教也；恍惚，無法之言也，……恍惚之言，恬淡之學，天下之惑術也。」所以，私智的危害導致「民儇詗智慧，欲自用，不聽上。」在韓非看來，崇尙賢治、私治，是一種逆道，而君臣百姓卻認爲是正確的治國方法，殊不知，這樣對國家不利，「士有二心私學、巖居窞路，計伏深慮，大者非世，細者惑下，上不禁，又從而尊之以名，化之以實，是無功而顯，無勞而富也。如此，則士之有二心私學者，焉得無深慮、勉知詐、與誹謗法令以求索，與世相反者也。凡亂上反世者，常士有二心私學者也。」所以，在這種國家「人臣稱伊尹、管仲之功，則背法飾智有資；稱比干、子胥之忠而見殺，則疾強諫有辭。」歷史上，「田氏奪呂氏於齊，戴氏奪子氏於宋」，這些就是廢常、上賢、捨法、任智的結果，「廢常、上賢則亂，舍法、任智則危」。所以治理國家應「上法而不上賢」。總之，韓非已對私智的危害有很深的認識，「是以百人事智而一人用力，事智者眾則法敗，用力者寡則國貧」。他認爲國家亂亡一定是私智引起的，只有法律才能治國，立法，則「群官無姦詐矣」。所以說用私智治國，則「上無其道，則智者有私詞，賢者有私意。上有私惠，下有私欲，聖智成群，造言作辭，以非法措於上。上不禁塞，又從而尊之，是教下不聽上、不從法也。是以賢者顯名而居，姦人賴賞而富。賢者顯名而居，姦人賴賞而富，是以上不勝下也」。所以，聖明的君主治理國家，「無書簡之文，以法爲教；無先王之語，以吏爲師；無私劍之捍，以斬首爲勇」，「必明於公私之分，明法制，去私恩。夫令必行，禁必止」，「一法而不求智，固術而不慕信」。

　　我們可從立法、明法、守法、執法等方面深入剖析韓非之法的具體奧義。

　　立法。韓非寄予法以很高的期望，他認爲在當今之世，如果能夠除去專謀私利的歪門邪道，而遵照國家法令辦事，就民眾安定，國家治安；如果能夠除去姦邪的行爲而實行國家法令，那就兵力強盛，敵人削弱。所以經過考察得失，有法度作規定，用來駕馭群臣，君主就不會被臣下的權詐虛僞所欺騙；經過考察得失，有法度做衡量，用來察聽遠離自己的事，君主就不會被

天下輕重顛倒的事所欺騙。選拔人才與衡量功勞也不是憑藉個人的好惡而是靠法制，這樣君主才能清楚的分辨臣下。所以，只有用法，才能統一百姓的行為規範，打擊荒淫怠惰，禁止欺詐虛偽。「故當今之時，能去私曲就公法者，民安國治；能去私行行公法者，則兵強而敵弱。故審得失有法度之制者，加以群臣之上，則主不可欺以詐偽；審得失有權衡之稱者，以聽遠事，則主不可欺以天下之輕重。……故明主使法擇人，不自舉也；使法量功，不自度也。能者不可弊，敗者不可飾，譽者不能進，非者弗能退，則君臣之間明辯而易治，故主仇法則可也。……故明主使其群臣不游意於法之外，不為惠於法之內，動無非法。峻法，所以禁過外私也；嚴刑，所以遂令懲下也。威不貳錯，制不共門。威、制共，則眾邪彰矣，法不信，則君行危矣；刑不斷。則邪不勝矣。……故以法治國，舉措而已矣。法不阿貴，繩不撓曲。法之所加，智者弗能辭，勇者弗敢爭。刑過不避大臣，賞善不遺匹夫。故矯上之失，詰下之邪，治亂決繆，絀羨齊非，一民之軌，莫如法。……人主釋法用私，則上下不別矣。」〔註174〕只有立法，依法治國，才能消除齊桓公為臣下要求做官和韓宣子為馬消瘦發愁之類的事情，「利所禁，禁所利，雖神不行。譽所罪，毀所賞，雖堯不治。夫為門而不使入，委利而不使進，亂之所以產也。齊侯不聽左右，魏主不聽譽者，而明察群臣，則鉅不費金錢，屏不用璧。西門豹請復治鄴，足以知之。猶盜嬰兒之矜裘與蚑危子榮衣。子綽左右畫，去蟻驅蠅。安得無桓公之憂索官與宣主之患臞馬也？」〔註175〕

明法。「人主使人臣雖有智慧，不得背法而專制；雖有賢行，不得逾功而先勞，雖有忠信，不得釋法而不禁：此謂之明法」。一個國家要想富強，必須「明其法禁，察其謀計」，「法明則內無變亂之患，計得則外無死虜之禍」。宣明法令，治理國家就井然有序，有條不紊，則「夫國事務先而一民心，專舉公而私不從，賞告而姦不生」，國君「雖彈弋馳騁，撞鐘舞女，國猶且存也」。如果君主不明法，「主上有令而民以文學非之，官府有法而民以私行矯之，人主顧漸其法令而尊學者之智行」，君王「雖節儉勤勞，布衣惡食，國猶自亡也」。韓非舉上古先王的例子來說明明法的重要性，秦因明法而地廣主尊，齊因行私曲而地削主卑等。「古者先王盡力於親民，加事於明法。彼法明，則忠臣勸；罰必，則邪臣止。忠勸邪止而地廣主尊者，秦是也。群臣朋黨比周，以隱正

〔註174〕《韓非子‧有度》
〔註175〕《韓非子‧外儲說左下‧經四》

道，行私曲而地削主卑者，山東是也」。還比如：「越王句踐恃大朋之龜與吳戰而不勝，身臣入宦於吳；反國棄龜，明法親民以報吳，則夫差爲擒」。所以，治理國家，不明法危害很大，「恃鬼神者慢於法，恃諸侯者危其國」。也列舉了歷史上的例子「曹恃齊而不聽宋，齊攻荊而宋滅曹。荊恃吳而不聽齊，越伐吳而齊滅荊。許恃荊而不聽魏，荊攻宋而魏滅許。鄭恃魏而不聽韓，魏攻荊而韓滅鄭。今者韓國小而恃大國，主慢而聽秦、魏，恃齊、荊爲用，而小國愈亡。故恃人不足以廣壤，而韓不見也。荊爲攻魏而加兵許、鄢，齊攻任扈而削魏，不足以存鄭，而韓弗知也」。這些都是不明法禁，卑躬屈膝於他國，而導致國家滅亡的例證。韓非又舉例魏國、趙國、燕國從「明法」到「慢法」的轉變，而導致國家的由盛變衰，說明「明法」應有始有終，不能朝令夕改。「當魏之方明《立闢》，從憲令行之時，有功者必賞，有罪者必誅，強匡天下，威行四鄰；及法慢，妄予，而國日削矣。當趙之方明國律，從大軍之時，人眾兵強，闢地齊、燕；及國律慢，用者弱，而國日削矣。當燕之方明奉法，審官斷之時，東縣齊國，南盡中山之地；及奉法已亡，官斷不用，左右交爭，論從其下，則兵弱而地削，國制於鄰敵矣」。所以說，「家有常業，雖饑不餓；國有常法，雖危不亡。夫舍常法而從私意，則臣下飾於智慧；臣下飾於智慧，則法禁不立矣。是妄意之道行，治國之道廢也」。

　　韓非之法是君主進行賞罰的客觀依據和最高準則。「明主之所導制其臣者，二柄而已矣。二柄者，刑德也。何謂刑德？曰：殺戮之謂刑，慶賞之謂德。爲人臣者畏誅罰而利慶賞，故人主自用其刑德，則君臣畏其威而歸其利矣！」〔註176〕賞罰是君主治理民眾最好的辦法，君主通過賞罰就可以「掌好惡以御民力」。進行賞罰必須遵循兩個原則：一是信賞必罰；二是厚賞重罰。所謂信賞必罰是指該賞的一定賞，該罰的一定罰。其原因在於「賞罰不信則禁令不行」〔註177〕，「聖人之治國也，賞不加於無功，而誅必行於有罪者也。」〔註178〕不論是賞是罰，都應當以法爲準繩，不受私情所左右。「明君無偷賞，無赦罰。賞偷，則功臣墮其業；赦罰，則姦臣易爲非。是故誠有功，則雖疏賤必賞；誠有過，則雖近愛必誅。疏賤必賞，近愛必誅，則疏賤者不怠，而近愛者不驕也。」〔註179〕關於厚賞重罰，韓非解釋說：「凡賞之必者，勸禁也。

〔註176〕《韓非子・二柄》
〔註177〕《韓非子・外儲說左上》
〔註178〕《韓非子・姦劫弒臣》
〔註179〕《韓非子・主道》

賞厚，則所欲之得也疾；罰重，則所惡之禁也急。……是故欲治甚者，其賞必厚矣；其惡亂甚者，其罰必重矣。」〔註180〕凡是賞罰堅決的，都是爲了鼓勵立功和禁止犯罪。賞賜厚，所需要的東西就會很快得到；懲罰重，所厭惡的東西就會很快禁止。所以希望治理最迫切的人，他的賞賜必然豐厚；厭惡禍亂最迫切的人，他的刑罰必然嚴厲。其結果是「賞莫如厚而信，使民利之；罰莫如重而必，使民畏之。」〔註181〕

守法。韓非認爲君主應該「據法而進賢」，「使法擇人，不自舉也；使法量功，不自度也。能者不可弊，敗者不可飾，譽者不能進，非者弗能退，則君臣之間明辯而易治，故主讎法則可也」。這樣「明主之吏，宰相必起於州部，猛將必發於卒伍」。韓非認爲不依法擇人會產生消極後果，例「商君之法曰：『斬一首者爵一級，欲爲官者爲五十石之官；斬二首者爵二級，欲爲官者爲百石之官。』官爵之遷與斬首之功相稱也。今有法曰：斬首者令爲醫匠，則屋不成而病不已。夫匠者，手巧也；而醫者，齊藥也；而以斬首之功爲之，則不當其能。今治官者，智慧也；今斬首者，勇力之所加也。以勇力之所加、而治智慧之官，是以斬首之功爲醫匠也。故曰：二子之於法術，皆未盡善也」。君王「據法而進賢」思想另一方面表現在，聖王明君「內舉不避親，外舉不避讎」。並舉歷史上堯、舜、武王的例子來說明不論親仇和貴賤，只要對國家和臣民有利，就要重用。「堯有丹朱，而舜有商均，啓有五觀，商有太甲，武王有管、蔡。」五王之所誅者，皆父兄子弟之親也，而所殺亡其身殘破其家者何也？以其害國傷民敗法類也。觀其所舉，或在山林藪澤岩穴之間，或在囹圄縲紲漫索之中，或在割烹芻牧飯牛之事。然明主不羞其卑賤也，以其能、爲可以明法，便國利民，從而舉之，身安名尊」，「是在焉從而舉之，非在焉從而罰之。是以賢良遂進而姦邪並退，故一舉而能服諸侯」。

執法。「愛多者則法不立，威寡者則下侵上。是以刑罰不必則禁令不行。其說在董子之行石邑，與子產之教游吉也。故仲尼說隕霜，而殷法刑棄灰；將行去樂池，而公孫鞅重輕罪。是以麗水之金不守，而積澤之火不救。成歡以太仁弱齊國，卜皮以慈惠亡魏王。管仲知之，故斷死人；嗣公知之，故買胥靡。」〔註182〕韓非指出，君主過分仁慈，法制就難以建立；威嚴不

〔註180〕《韓非子·六反》
〔註181〕《韓非子·五蠹》
〔註182〕《韓非子·內儲說上七術》

足，就要受到臣下的侵害。因此刑罰執行得不堅決，禁令就無法推行。這種論點的說明在董閼於巡視石邑和子產教導遊吉。的故事中。所以孔子要解說落霜，殷法要重刑把灰燼倒到街上的人，領隊因為自己沒有賞罰的權力而辭別了中山之相樂池，商鞅要重罰輕罪。由於執行刑罰不堅定，所以麗水的砂金常會因為盜竊而守不住，積澤的大火沒人營救而不能撲滅。成歡認為齊王太仁會削弱齊國，卜皮認為魏王慈惠會走向滅亡。管仲懂得必罰，所以要分斬屍體來禁止厚葬；衛嗣君懂得必罰，所以要買回逃到魏國的罪犯。如果沒有公正執法的人，那麼法律制定的再周全也無濟於事。執法也要適當，「晏子之貴蹲，非其誠也，欲便辭以止多刑也。此不察治之患也。夫刑當無多，不當無少。無以不當聞，而以太多說，無術之患。敗軍之誅以千百數，猶且不止；即治亂之刑如恐不勝，而姦尚不盡。今晏子不察其當否，而以太多為說，不亦妄乎？夫惜草茅者耗禾穗，惠盜賊者傷良民。今緩刑罰，行寬惠，是利姦邪而害善人也，此非所以為治也。」〔註183〕韓非認為執法者要有遠見和明察秋毫的能力，又要有強毅和剛直的性格。「智術之士，必遠見而明察，不明察不能燭私；能法之士，必強毅而勁直，不勁直不能矯姦」。還要「大忠」，忠於君主和法律，因為「小知不可使謀事，小忠不可使主法，……小忠，大忠之賊也。若使小忠主法，則必將赦罪，赦罪以相愛，是與下安矣，然而妨害於治民者也」。所以，執法人員要有高尚的品德情操，百姓就會愛戴他尊敬他，「故行之而法者，雖巷伯信乎卿相；行之而非法者，雖大吏詘乎民萌」。「飭令則法不遷，法平則吏無姦」執法者必須公平對待臣民和百姓，例「法不阿貴，繩不撓曲」；「刑過不辟大臣，賞善不遺匹夫」；飭令則法不遷，法平則吏無姦」；「誠有功則雖疏賤必賞，誠有過則雖近愛必誅。疏賤必賞，近愛必誅，則疏賤者不怠，而近愛者不驕也」，「有功者必賞，有罪者必誅」執法必須堅決，韓非認為有了法律就不能再有彈性，該賞即賞，該罰即罰，所謂「從憲令行之時，有功者必賞，有罪者必誅」。

　　韓非提倡以法治國，一切由法斷事，反對儒家的仁政學說。他指出：「夫嚴刑者，民之所畏也；重罰者，民之所惡也。故聖人陳其所畏以禁其邪，設其所惡以防其姦，是以國安而暴亂不起。吾以是明仁義愛惠之不足用，而嚴

〔註183〕《韓非子・難二》

刑重罰之可以治國也。」〔註184〕儒家重視人治，強調統治者的道德修養，認為統治者的修養提高了，國家自然就可以治理好。這樣就必然忽視外在的約束機制——法的作用。韓非認為，仁義恩惠不僅無益於治國，而且會給國家帶來混亂，而嚴刑重罰則可以有效的禁止姦邪。法律追求的不是道德上的完善，只是防止人們做惡，法律關注的只是那些惡人或者可以為惡的人。韓非強調「以仁義教人，是以智與壽說也，有度之主弗受也。故善毛嬙、西施之美，無益吾面；用脂澤粉黛，則倍其初。言先聖王之仁義，無益於治；明吾法度，必吾賞罰者，亦國之脂澤粉黛也。故明主急其助而緩其頌，故不道仁義。」〔註185〕宣揚仁義學說，就像用漂亮的話誇獎別人一樣，聽起來悅耳，實際無用。治理國家不能靠動聽的言辭，而是靠嚴格的法律，只有法律才能使國家大治。「夫聖人之治國，不恃人之為吾善也，而用其不得為非也。恃人之為吾善也，境內不什數；用人不得為非，一國可使齊。為治者用眾而舍寡，故不務德而務法。」〔註186〕法治的建立不是針對少數自覺為善的人，而是針對多數不能自覺為善的人。對於大多數人來說，如果沒有強有力的外在約束，他們就可能為一己私利而為非作歹。法治雖然不能導人為善，但卻可以禁人為惡，從而使社會秩序得以穩定。相反，如果提倡德治，靠道德教化治國，則只能對少數自覺為善的人起作用，而對大多數人來說則不會起什麼作用，這樣就等於對這一部分人放任自流，以至於幹出種種為非作歹的事情來，導致社會秩序的破壞。故聖人治國必須加強法治。韓非的這種觀點固然有其合理性，但拋卻道德教化的作用，輕視道德修養的力量卻是相當片面的。

韓非用辯證的眼光分析了法在實行過程中可能出現的問題。「法所以制事，事所以名功也。法有立而有難，權其難而事成，則立之；事成而有害，權其害而功多，則為之。無難之法，無害之功，天下無有也。」〔註187〕又說：「法之為道，前苦而長利；仁之為道，偷樂而後窮。聖人權其輕重，出其大利，故用法之相忍，而棄仁人之相憐也。」〔註188〕在實行法的過程中，難免產生一些負作用，但不能因噎廢食。如果權衡利弊，實行法應該是利大於弊。因此，英明的君主總是積極的推行法而反對道德說教。

〔註184〕《韓非子·姦劫弒臣》
〔註185〕《韓非子·顯學》
〔註186〕《韓非子·顯學》
〔註187〕《韓非子·八說》
〔註188〕《韓非子·六反》

第四節　潛御之術

先秦法家中，申不害以術聞名。韓非集前輩術理論之大成，以獨特的角度和豐富的層次解析複雜多變的社會政治現象，從而爲君主得出了一整套以功利計算爲基本方法的治人之術。所謂「六微」、「七術」、「八姦」、「十過」等就是這種術的具體展開。

一、韓非術論的主要來源

《史記・老子韓非列傳》曰：「申不害者，京人也，故鄭之賤臣。學術以干韓昭侯，昭侯用爲相。內修政教，外應諸侯，十五年。終申子之身，國治兵強，無侵韓者。申子之學本於黃老而主刑名。著書二篇，號曰申子。」公元前 375 年，韓滅鄭後，被韓昭侯任爲相，十五年的苦心經營換來了韓國的國富兵強。韓昭侯二十二年，申不害死。葛榮晉在《先秦兩漢哲學論稿》中指出：「申子之學，漢代劉向概括爲：「申子學號刑名。刑名者，以名責實，尊君卑臣，崇上抑下。」（唐顏師古引劉向《別錄》）可見，申不害所謂「術」，即是刑名之法術，是爲「尊君卑臣」提供理論根據，是爲建構「崇上抑下」的中央專制主義服務的。」〔註189〕

關於《申子》這部書，很早就散逸了。現在只能看到《大體》篇和部分片斷章句。《申子》一書的篇目，自西漢以來，就有兩種不同的記載。《史記・老子韓非列傳》說申不害「著書二篇」，而《史記集解》引劉向《別錄》則說：「今民間有上下二篇，中書六篇，皆合二篇，已備，過太史公所記。」《漢書・藝文志》沿襲了劉向的說法，認爲《申子》有六篇。直到唐朝司馬貞作《史記索隱》時，仍然這祥主張。自《隋書・經籍志》以下，歷代史志都多只著錄「《申子》三卷」，而不再提篇數。至於《申子》的篇目名稱，自司馬遷以下都不記述或記述不全。劉向所說的《申子》六篇，今有書可查、篇名可考的，只有《君臣》、《三符》、《大體》三篇。而三篇之中，《三符》篇、《君臣》篇，都是僅留有篇名，至於文字內容就不得而知了。只有《大體》保存比較完整，詳細可見唐魏徵所集的《群書治要》卷三十六，其它著述則以引言等形式散載於各典籍中。

〔註189〕葛榮晉：先秦兩漢哲學論稿〔M〕，北京：中國人民大學出版社，2014 年，第 210 頁。

　　申不害之術論是韓非術論思想的主要來源，究其術論旨要，包涵以下三個方面：

　　第一，君主應統領群臣，確保自己一呼百應的無上地位。「獨視者謂明，獨聽者謂聰，能獨斷者，故可以為天下主。」〔註190〕唯獨立足於國法觀察問題，才算得上眼睛明亮，唯獨立足於國法來聽取意見，才稱得上耳朵靈光，唯獨立足於國法來判斷事情，才可以做天下的君主。「夫一婦擅夫，眾婦皆亂；一臣專君，群臣皆蔽。故妒妻不難破家也，而群臣不難破國也。是以明君使其臣，並進輻湊，莫得專君焉。今人君之所以高為城郭而謹門閭之閉者，為寇戒盜賊之至也。今夫弒君而取國者，非必逾城郭之險而犯門閭之閉也。蔽君之明，塞君之聰，奪之政而專其令，有其民而取其國矣。今使烏獲、彭祖負千鈞之重，而懷琬琰之美；令孟賁、成荊帶干將之劍衛之，行乎幽道，則盜猶偷之矣。今人君之力，非賢乎烏獲、彭祖，而勇非賢乎孟賁、成荊也。其所守者，非特琬琰之美，千金之重也而欲勿失，其可得耶？明君如身，臣如手；君若號，臣如響。君設其本，臣操其末；君治其要，臣行其詳；君操其柄，臣事其常。」〔註191〕一妻獨佔丈夫，其它的妻妾便沒有了依靠。一臣控制國君，群臣與國君的關係就會被隔絕。因此，嫉妒的妻子容易使家庭敗亡，專權的亂臣容易使國家滅亡。明智的君主要使臣下像車輪的輻條圍著車軸那樣，聽命於自己。國君之所以高築城牆，嚴閉門戶，為的是防備外來故人的侵犯和盜賊的到來。可是如今殺害國君奪取政權的，不一定是越過城牆闖入門禁的人，而倒是欺騙國君的人篡奪政權，發號施令，統治人民和國家了。如今像烏獲、彭祖那樣的人肩背大量財物，懷揣珍貴寶器，仗孟賁、成荊兩勇士身佩寶劍護送，走到偏僻的小道還會遭到搶劫。國君論力量超不過烏獲、彭祖，論智勇超不過孟賁、成荊，他所持有的不僅僅是珍貴的寶器和大量的財物，要想不失掉，能辦得到嗎？明智的國君好像身體，臣下好像雙手。國君好像聲音，臣下好像迴響。國君決定根本的方針，臣下承擔具體的任務。國君掌握綱要，臣下分理細目。國君掌權，臣下辦事。

　　第二，以無為遮掩行跡，守靜自處。「天道無私，是以恒正；天道常正，是以清明。地道不作，是以常靜；地道常靜，是以正方。舉事為之，乃有恆

〔註190〕《申子‧伊文》
〔註191〕《申子‧大體》

常之靜者，符信受令必行也。」〔註192〕天的運行，從不越出軌道，經常在軌道上運行。天的運行，經常在軌道上，所以天經常是清晰明亮的。地球只按照軌道運行，不另有所作爲。所以看去經常處於靜止狀態。人間的最高統治者，應該像大地那樣正正方方，一切舉措均有規可循，就有條不紊。「上明見，人備之；其不明見，人惑之。其知見，人飾之；不知見，人匿之。其無欲見，人司之；其有欲見，人餌之。故曰：吾無從知之，惟無爲可以規之。」〔註193〕君主表現出觀察問題的能力，臣下就會防備他，君主表現出沒有觀察問題的能力，臣下就會愚弄他。君主的智慧表現出來，臣下就會奉承他，不表現出來，臣下就會欺騙他。君主的好惡不表現出來，臣下就會揣測他，表現出來，臣下就會引誘他。所以說我不知道該怎麼辦，只知道排除干擾，按法辦事，才能夠駕馭臣下。「故善爲主者，倚於愚，立於不盈，設於不敢，藏於無事，竄端匿疏，示天下無爲，是以近者親之，遠者懷之。示人有餘者，人奪之；示人不足者，人與之。剛者折，危者覆，動者搖，靜者安。名自正也，事自定也。是以有道者，自名而正之，隨事而定之也。鼓不與於五音，而爲五音主；有道者不爲五官之事，而爲治主。君知其道也。臣知其事也。十言十當，百爲百富者，人臣之事也，非君人之道也。」〔註194〕因此，善於做國君的，要保持愚拙的態度，不自作聰明，不高傲自大，不憑個人的意氣之勇辦事，表現出終日無事的樣子，把自己的行跡隱蔽起來，向天下人不表示自己的作爲，這樣做，就會使左右的人親近自己，遠處的人歸服自己。向人暴露出自己有多餘的東西，別人就會來搶爭；向別人表示不足，別人就會給予幫助。硬的東西容易折斷，高的東西容易傾倒，動的東西容易搖擺，靜的東西容易安定。事物的名是由它本身的特點決定的，事物的存在是由它本身的條件決定的，所以，善於治理國家的國君，使「名」符合變化了的「實」，做到名實相符，並且使「名」隨著「實」的變化而變化。鼓不在五音之列，但它能夠指揮五音。治國有方的國君不做臣下的事，但不失爲善於治國的君主，國君掌握治國的根本原則，臣下熟悉應做的實際工作，說話句句恰當，做事件件妥貼，是臣下應盡的職責，卻不是國君治國的道理。

　　第三，君主要按照循名責實的要求，聽取意見，做出決斷。「昔者堯之治

〔註192〕《申子‧伊文》
〔註193〕《申子‧伊文》
〔註194〕《申子‧大體》

天下也，以名。其名正，則天下治。桀之治天下也，亦以名。其名倚，而天下亂。是以聖人貴名之正也。主處其大，臣處其細。以其名聽之，以其名視之，以其名命之。鏡設精無爲，而美惡自備；衡設平無爲，而輕重自得。凡固之道，身與公無事，無事而天下自極也。」〔註195〕從前堯以「名」治理天下，因爲他使名實相符，所以天下大治；桀也用「名」治理天下，由於他使名實相違，所以天下大亂。因此聖人都重視名實相符。國君決斷國家的大事，臣下處理具體的工作。國君依據循名責實的原則去聽取意見，觀察問題，發佈命令。鏡子明亮，自然就會照出美醜。秤桿平正，自然就會稱出輕重。所以國君依照循名責實的原則，一切以法爲準則，堅守君道，雖然好像無事的樣子，但國家的政治卻會達到最美好的境地。

申不害術論對韓非的影響非常大，韓非將申不害的諸種馭臣之術進行梳理，其目的就在於使君王「天下不得不爲己視，天下不得不爲己聽。故身在四海之中而明照四海之內，而天下弗能蔽弗能欺」。〔註196〕

二、韓非術論的內容

「術者，因任而授官，循名而責實，操殺生之柄，課群臣之能者也。此人主之所執也。」〔註197〕「術者，藏之於胸中以偶眾端，而潛御群臣者也。故法莫如顯，而術不欲見，是以明主言法，則境內卑賤莫不聞知也，不獨滿於堂；用術，則親愛近習莫之得聞，不得滿室。」〔註198〕

這是韓非對術的定義，有人據此認爲韓非的術有兩種：陰術與陽術，或曰明術與暗術；還有人提出韓非的術是君主對臣之術和君主己用之術。筆者以爲韓非之術就是君主用來潛御群臣而不可泄人之術，不存在陰陽、明暗之分。「明主之行制也天，其用人也鬼」〔註199〕是韓非對術的最經典的描述。

韓非對術也有如下的論述：

今人主之於法術也，未必和璧之急也；而禁群臣士民之私邪。……主用術，則大臣不能擅斷，近習不敢賣重。〔註200〕

〔註195〕《申子‧大體》
〔註196〕《韓非子‧姦劫弒臣》
〔註197〕《韓非子‧定法》
〔註198〕《韓非子‧難三》
〔註199〕《韓非子‧八經》
〔註200〕《韓非子‧和氏》

人主誠明於聖人之術，而不苟於世俗之言，循名實而定是非，因參驗而審言辭。〔註201〕

萬乘之主，有能服術行法以爲亡徵之君風雨者，其兼天下不難矣。〔註202〕

臣故曰：明於治之術，則國雖小，富；賞罰敬信，民雖寡，強。〔註203〕

寄治亂於法術，託是非於賞罰。〔註204〕

無術而御之，身雖痒臞，猶未有益。〔註205〕

故有術之王，信賞以盡能，必罰以禁邪，雖有駁行，必得所利。〔註206〕

故國者，君之車也；勢者，君之馬也。無術以御之，身雖勞，猶不免亂；有術以御之，身處佚樂之地，又致帝王之功也。……人主者不操術，則威勢輕而臣擅名。〔註207〕

人主之大物，非法則術也。……用術，則親愛近習莫之得聞也，不得滿室。〔註208〕

無術以任人，無所任而不敗。〔註209〕

故明主之道，……固術而不慕信。〔註210〕

故有術之君，不隨適然之善，而行必然之道。〔註211〕

以刑治，以賞戰，厚祿以用術。〔註212〕

烽煙不絕，兵戈戰亂的歷史與現實讓韓非認識到術對君主的重要。懂得權術

〔註201〕《韓非子・姦劫弒臣》
〔註202〕《韓非子・亡徵》
〔註203〕《韓非子・飭邪》
〔註204〕《韓非子・大體》
〔註205〕《韓非子・外儲說左上・說一》
〔註206〕《韓非子・外儲說左上・經二》
〔註207〕《韓非子・外儲說右下・說四》
〔註208〕《韓非子・難三》
〔註209〕《韓非子・八說》
〔註210〕《韓非子・五蠹》
〔註211〕《韓非子・顯學》
〔註212〕《韓非子・飭令》

的君主，有功必賞，以使人們竭盡所能；有罪必罰，以禁止姦邪。即使臣下有作亂的行為，也一定有可以利用的地方。「恃勢而不恃信，故東郭牙議管仲。恃術而不恃信，故渾軒非文公。故有術之主，信賞以盡能，必罰以禁邪，雖有駁行，必得所利。簡主之相陽虎，哀公問『一足』。」〔註213〕所以，君主只有掌握了術，同時重用兩個人也不會有憂患；如果不掌握術，重用兩個人就會導致內爭權勢外通敵國，重用一個人就會被大臣專權而威脅、殺害君主。「或曰：「昔者齊桓公兩用管仲、鮑叔，成湯兩用伊尹、仲虺。夫兩用臣者國之憂，則是桓公不霸，成湯不王也。愍王一用淖齒，而手死乎東廟；主父一用李兌，減食而死。主有術，兩用不為患；無術，兩用則爭事而外市，一則專制而劫弒。今留無術以規上，使其主去兩用一，是不有西河、鄴、郅之憂，則必有身死減食之患，是繆留未有善以知之知言也。」〔註214〕韓非說：「人主者，利害之招轂也，射者眾，故人主共矣。」〔註215〕君主就像是利害積聚的車轂，眾人追求利益的欲望都像輻條一樣投向他，所以，君主成了群臣共同對準的目標。於是人主的一言一行，最容易為親貴所利用，從而韓非教導人主御臣必須深藏不露。韓非說：「函掩其跡，匿其端，下不能原；去其智，絕其能，下不能意。……不謹其閉，不固其門，虎乃將存；不慎其事，不掩其情，賊乃將生。」〔註216〕這裏所說的「虎」和「賊」就是韓非所說的重臣、親信、左右近習之人。君主要掩蓋自己的行跡，隱藏事情的苗頭，臣下就不能推測到君主的心意；如果君主不牢固的關好大門，餓虎就將潛入，如果不謹慎的對待自己的事情，掩蓋自己的真情，姦賊就要產生。韓非指出，大國的禍患是大臣過於受重用，小國的禍患是身邊的侍從過於寵信，這是諸侯國君主共同招致禍患的原因。而權臣欺詐君主圖謀私利的原因就在於君主喪失了尊貴的權勢和地位。「萬乘之患，大臣太重；千乘之患，左右太信，此人主之公患也。……主利在有能而任官，臣利在無能而得事；主利在有勞而爵祿，臣利在無功而富貴；主利在豪傑使能，臣利在朋黨用私。是以國地削而私家富，主上卑而大臣重。故主失勢而臣得國，主更稱蕃臣，而相室剖符，此人臣之所以謫主便私也。」〔註217〕韓非通過宓子賤治單父的例子來說明術的重要性，

〔註213〕《韓非子・外儲說左下・經二》
〔註214〕《韓非子・難一》
〔註215〕《韓非子・外儲說右上》
〔註216〕《韓非子・主道》
〔註217〕《韓非子・孤憤》

「宓子賤治單父，有若見之曰：「子何臞也？」宓子曰：「君不知賤不肖，使治單父，官事急，心憂之，故臞也。」有若曰：「昔者舜鼓五弦，歌《南風》之詩而天下治。今以單父之細也，治之而憂，治天下將奈何乎？故有術而御之，身坐於廟堂之上，有處女子之色，無害於治；無術而御之，身雖瘁臞，猶未有益。」〔註218〕掌握了術去治理國家，即使身處朝堂之上，也不會對治理國家產生妨害；不掌握術而統治國家，即使日漸勞累，身體消瘦，也對國家治理沒有任何益處。

　　「人主者不操術，則威勢輕而臣擅名。」〔註219〕韓非的潛御之術主要有無爲術、聽言術、察姦術、禁姦術等。

　　第一，無爲術。「無爲術」是韓非將老子「無爲」論向他的政治論作了創造性發揮。在《解老》、《喻老》等篇中表現了韓非對老子的精深研究，但他所談「無爲」已非老子原意。韓非所謂虛靜無爲，並非要君主無所事事、無所裁決。無爲的全面意義，應該是君「去好去惡」、「去其智，絕其能」，「盡人之智」、「盡人之力」、「不親小事」，「君操其名，臣效其形」、「循名而責實」、「按法以治眾」。因此，獨攬大權以觀聽制斷乃是韓非所謂無爲的應有之意。《揚權》一篇解釋「無爲」說：「聖人執要，四方來效，虛而待之，彼自以之。」韓非認爲，君主爲了認清群臣，不使他們有「飾行」的機會，就必須「去好去惡」、「去智與巧」，這樣才能「進退以爲寶」。韓非借申子之言，進一步說明「無爲」，「申子曰：「上明見，人備之；其不明見，人惑之。其知見，人飾之；不知見，人匿之。其無欲見，人司之；其有欲見，人餌之。故曰：吾無從知之，惟無爲可以規之。」〔註220〕韓非針對種種陰謀，爲人君提出了相應的七術：一曰「眾端參觀」，即多方面驗證臣下的言行；二曰「必罰明威」，即對罪犯堅決施罰，顯示君主的威嚴；三曰「信賞盡能」，即對功臣的獎賞保證兌現；四曰「一聽責下」，即全面聽取意見，以便督責臣下的行動；五曰「疑詔詭使」，即用可疑的命令和詭詐的手段，以便考察臣下是否忠誠；六曰「挾知而問」，即用知道的事來探測臣下言行的眞僞；七曰「倒言反事」，即用反語反事來探測臣下的陰謀。〔註221〕

〔註218〕《韓非子·外儲說左上·說一》
〔註219〕《韓非子·外儲說右下·說四》
〔註220〕《韓非子·外儲說右上·說二》
〔註221〕《韓非子·內儲說上七術》

　　第二，聽言術。韓非的聽言術並不是要求君主公開徵詢各種不同意見。相反，他主張君主要「若醉」，即故意裝出什麼也不知道的樣子，而由臣下任意發表意見，從中洞悉姦情，或者「以其言授其事，以其事責其功」，〔註222〕就是要依據臣言授予他事情做，根據做事的情況給予獎賞，最後「功當其事，事當其言則賞；功不當其事，事不當其言則誅」。〔註223〕臣下做事結果與他的言語相符就賞，不符就誅罰。那麼，對於那些因爲害怕負責而有話不說的人又怎麼辦呢？韓非的辦法是：「主道者，使人臣必有言之責，又有不言之責」，「則人臣莫敢妄言矣，又不敢默然矣，言默則皆在責也」。〔註224〕再加上他的「不得兩諫」即不准模棱兩可，前後相反，否則「有功必伏其罪」之法，其聽言之術不可謂不周密。韓非強調，君主聽言，一定要以功效爲目的，「人主之聽言也，不以功用爲的，則說者多「棘刺」、「白馬」之說；不以儀的爲關，則射者皆如羿也。人主於說也，皆如燕王學道也；而長說者，皆如鄭人爭年也。是以言有纖察微難而非務也。故季、惠、宋、墨皆畫策也；論有迂深閎大，非用也。故魏、長、瞻、陳、莊皆鬼魅也；行有拂難堅確，非功也，故務、卞、鮑、介、田仲皆堅瓠也。且虞慶詘匠也而屋壞，范且窮工而弓折。是故求其誠者，非歸餉也不可。」〔註225〕聽取言論不以功效爲目的，就像射箭不以箭靶爲中心一樣。所以，憑藉虛浮縹緲的言論可能會壓到一國，但是考察實際，對照具體事物時，可能連一個人也偏不了，「兒說，宋人，善辯者也，持「白馬非馬也」服齊稷下之辯者。乘白馬而過關，則顧白馬之賦。故籍之虛辭，則能勝一國；考實按形，不能謾於一人。」〔註226〕

　　第三，察姦術。由於君臣利異，爲了達到個人的目的，私利之心會使臣下使用種種姦術蒙蔽君主。君主要想控制與自己不同利的臣下就應該知道臣下可能運用什麼樣的手段對付自己，然後採取相應的措施進行防備。爲了防止君主受蒙蔽，韓非提醒君主要防備臣下的姦邪之事，主要講到了六微和八姦。「六微：一曰權借在下，二曰利異外借，三曰託於似類，四曰利害有反，五曰參疑內爭，六曰敵國廢置。此六者，主之所查也。」〔註227〕有六種微妙

〔註222〕《韓非子‧主道》
〔註223〕《韓非子‧主道》
〔註224〕《韓非子‧主道》
〔註225〕《韓非子‧外儲說左下‧經二》
〔註226〕《韓非子‧外儲說左下‧說二》
〔註227〕《韓非子‧內儲說下六微》

的情況：一是君權被臣下盜用；二是君臣利益不同，臣下借助外援謀取私利；三是姦臣假借類似情況欺騙君主；四是利害關係相反，姦臣危害他人謀取私利；五是不同等級名分的人相互越位，爭權奪利；六是按照敵國的意圖任免大臣。這六種情況，是君主應予以明察的。「八姦」之術便是：「同床」、「在旁」、「父兄」、「養殃」、「民萌」、「流行」、「威強」、「四方」。就是說，臣子們會利用君王的夫人、愛妃在其安逸快樂之時提出要求，或靠左右近臣察顏觀色，或對民眾施小惠加以籠絡，或結交外部勢力以自重。韓非告知了君主關於一些姦邪行爲，如果君主身邊出現這些情況，就能判斷出臣子行爲是否姦邪，韓非對君主關於六微、八姦的提醒亦起到了察姦的作用。〔註228〕此外，制定一定標準，設置相對固定的考覈原則，亦有利於防止君主被蒙蔽，「夫新砥礪殺矢，彀弩而射，雖冥而妄發，其端未嘗不中秋毫也，然而莫能復其處，不可謂善射，無常儀的也；設五寸之的，引十步之遠，非羿、逢蒙不能必全者，有常儀的也；有度難而無度易也。有常儀的，則羿、逢蒙以五寸爲巧；無常儀的，則以妄發而中秋毫爲拙。故無度而應之，則辯士繁說；設度而持之，雖知者猶畏失也，不敢妄言。今人主聽說，不應之以度而說其辯；不度以功，譽其行而不入關。此人主所以長欺，而說者所以長養也。」〔註229〕

　　第四，禁姦術。韓非指出治理得最好的國家，都善於把禁止姦邪作爲急務，因爲禁止姦邪的法律是和人情息息相通，和政理緊密相關的。「是故夫至治之國，善以止姦爲務。是何也？其法通乎人情，關乎治理也。」〔註230〕君臣之間，不如父子般親情關係，都是從自身利害得失出發。君主有正確的治國原則，臣下就盡力爲君主效勞，姦邪就不會產生；君主沒有正確的治理原則，臣下就會對上蒙蔽君主而在下謀取自己的私利。「君臣之際，非父子之親也，計數之所出也。君有道，則臣盡力而姦不生；無道，則臣上塞主明而下成私。管仲非明此度數於桓公也，使去豎刁，一豎刁又至，非絕姦之道也。且桓公所以身死蟲流出尸不葬者，是臣重也。臣重之實，擅主也。有擅主之臣，則君令不下究，臣情不上通。一人之力能隔君臣之間，使善敗不聞，禍福不通，故有不葬之患也。明主之道：一人不兼官，一官不兼事；卑賤不待尊貴而進論，大臣不因左右而見；百官修通，群臣輻湊；有賞者君見其功，

〔註228〕《韓非子·八姦》

〔註229〕《韓非子·外儲說左下·說二》

〔註230〕《韓非子·制分》

有罰者君知其罪。見知不悖於前，賞罰不弊於後，安有不葬之患？管仲非明此言於桓公也，使去三子，故曰：管仲無度矣。」〔註231〕

怎樣禁姦呢？韓非在《說疑》中指明：「是故禁姦之法，太上禁其心，其次禁其言，其次禁其事。」即禁止姦邪的辦法，首要的是禁止姦邪的思想，其次是禁止姦邪的言論，再次是禁止姦邪的行為。在韓非看來，姦邪的思想和言論無非是在《五蠹》、《顯學》等篇中多次說到的儒家、墨家等。韓非說：「世之顯學，儒、墨也。……無參驗而必之者，愚也；弗必而據之者，誣也。故明據先王，必定堯、舜者，非愚則誣也。愚誣之學，雜反之行，明主弗受也。」〔註232〕世上最出名的學派是儒家和墨家。……不對事實加以檢驗就對事物作出判斷，那就是愚昧；不能正確判斷就引為根據，那就是欺騙。所以，公開宣稱依據先王之道，武斷地肯定堯舜的一切，不是愚蠢就是欺騙。對於這種愚昧欺騙的學說，雜亂矛盾的行為，明君是不能接受的。韓非說：「其位至而任大者，在三節持之：曰質，曰鎮，曰固。親戚妻子，質也；爵祿厚而必，鎮也；參伍貴帑，固也。賢者止於質，貪饕化於鎮，姦邪窮於固。忍不制則下上，小不除則大誅，而名實當則徑之。生害事，死傷名，則行飲食；不然，而與其仇；此之謂除陰姦也。」〔註233〕對於職位很高並擔任重大職務的人，要用三種不同辦法來加以控制：一是質，一是鎮，一是固。厚待他們的親戚妻子而嚴加看管，叫做質；給以豐厚的爵祿而且一定實行，叫做鎮；檢驗言論，督責實效，叫做固。賢者因有人質抵押而不敢妄自行動，貪婪的人因受獎賞撫慰而消除野心，姦邪的人因有種種約束而無計可施。寬容而不予制裁，臣下就會侵犯君主：小的姦邪不除掉，勢必要導致大的誅罰。可見罪名與罪行相符時就該加以處置。對那些活著會妨礙自己的權力，殺掉又敗壞自己的名聲的權臣，君主最好是用隱秘或間接的手段將其除掉。

韓非說：「聖人之所以為治道者三：一曰利，二曰威，三曰名。夫利者，所以得民也；威者，所以行令也；名者，上下之所同道也。」〔註234〕是說聖人用來治理國家的措施有三種：第一是利祿，第二是威權，第三是名稱。利祿是用來贏得民眾的，威利是用來推行政令的，名稱是君臣共同遵行的準則。

〔註231〕《韓非子‧難一》
〔註232〕《韓非子‧顯學》
〔註233〕《韓非子‧八經》
〔註234〕《韓非子‧詭使》

韓非在闡明了何謂姦邪思想和言論後，給帝王出謀劃策：「故明主舉實事，去無用，不道仁義者故，不聽學者之言。」〔註235〕明君辦實事，去無用，不空談什麼仁義道德，也不聽信學者的言論。對於姦邪的思想和言論，韓非的觀點就是去仁義。帝王帶頭對姦邪學說進行禁心和禁言，最後一步是「禁其事」，要做到禁事，就必須採用嚴刑重罰的手段。韓非說：「夫嚴刑者，民之所畏也；重罰者，民之所惡也。故聖人陳其所畏以禁其邪，設其所惡以防其姦，是以國安而暴亂不起。」〔註236〕嚴刑是百姓畏懼的，重罰是百姓厭惡的。賞罰並施才是君主治國之道。

術也有不能推行的時候，其緣故往往在於身邊存有欺瞞的臣子。「術之不行，有故。不殺其狗，則酒酸。夫國也有狗，且左右皆社鼠也。人主無堯之再誅，與莊王之應太子，而皆有薄嫗之決蔡嫗也。知貴、不能，以教歌之法先揆之。吳起之出愛妻，文公之斬顛頡，皆違其情者也。故能使人彈疽者，秘其忍痛者也。」〔註237〕對術的作用和地位的認識，高柏園在《韓非哲學研究》中指出，術如能在韓非設計的理想狀態下運作不但不會損害法治的順利施行而且恰恰是爲了防止君主的有爲對法治客觀性的破壞：「術的目的原本就是在保護並貫徹法結構的執行，因此，術原本即在於避免主體之主觀性對法之客觀結構之破壞，是以術的引入既只是在消解個人主體對客觀法結構之扭曲與破壞，因而便不至於破壞法的客觀結構。然而，這樣的結論乃是建立在以下的前提之下的：術的運用是十分成功的。」〔註238〕

第五節　人爲之勢

《孫子兵法・計》對勢給出了明確的定義：「勢者，因利而制權也。」還有諸如《孫子兵法・勢篇》有所謂：「故善戰人之勢，如轉圓石於千仞之山者，勢也。」「激水之疾，至於漂石者，勢也」，「勢如弩廣弩，節如發機」等。《荀子・王霸》則將勢與人主之尊聯繫起來，「人主者，天下之利勢也。」可以看出，勢是一種待發的優勢和力量，由於勢有這種形勝勢便之意，所以又引申爲趨勢、力量、權勢等。

〔註235〕《韓非子・顯學》
〔註236〕《韓非子・姦劫弒臣》
〔註237〕《韓非子・外儲說右上・經三》
〔註238〕高柏園：《韓非哲學研究》，臺北：文津出版社，1994年，第138頁。

一、韓非之勢的來源

勢對君主而言即意味著權力,權力掌控的強弱直接影響著君主治國之效果。《管子‧法法》說:「凡人君之所以爲君者,勢也。故人君失勢,則臣制之矣。」這句話指出了勢的實質和失勢後的結果。所以商鞅明確提出「權制斷於君」的君主集權論。他說:「國之所以治者三:一曰法;二曰信;三曰權。法者,君臣之所共操也。信者,君臣之所共立者也。權者,君之所獨制也。……權制斷於君則威,惟明主愛權重,而不以私害法。」〔註239〕商君認爲法、信、權是治理國家的三寶。其中的法令和誠信是君臣之間共同建立的,惟有「權」是君主所獨有的。國家至高無上的統治權集於君主一人,他就具有無比的威力,這對穩定統治是至關重要的。商鞅還曾用比賦的手法描述了「勢」對君主的重要性:「今夫飛蓬遇飄風,西行千里,乘風之勢也。探淵者知千仞之深,縣繩之數也。故託其勢者,雖遠必至;守其數者,雖深必得。今夫幽夜,山陵之大,而離婁不見;清朝日撤,則上別飛鳥,下察秋毫,故目之見也,託日之勢也。」〔註240〕國君善於運用勢,就像借助風力可以飄行千里,借助懸繩可知潭之深淺,有陽光可以明察秋毫一樣。

慎子關於「勢」的思想是韓非子「勢論」理論的主要來源。慎子,名到,戰國中期的思想家,具體生卒年代無法確考。《史記‧田敬仲完世家》說:「宣王喜文學遊說之士,自如騶衍、淳于髡、田駢、接予、慎到、環淵之徒七十六人,皆賜列第,爲上大夫,不治而議論。是以齊稷下學士復盛,且數百千人。」《史記正義》說:「慎到,趙人,戰國時處士。」《史記‧孟子荀卿列傳》說:「自騶衍與齊之稷下先生,如淳于髡、慎到、環淵、接予、田駢、騶奭之徒,各著書言治亂之事,以干世主,豈可勝道?」又說:「慎到,趙人。田駢、接予,齊人。環淵,楚人。皆學黃老道德之術,因發明序其指意。故慎到著十二論,環淵著上下篇,而田駢、接子皆有所論焉。」《漢書‧藝文志》在著錄《慎子》四十二篇後說:「名到,先申、韓,申、韓稱之。」從這幾處記載來看,慎到與田駢、接子、環淵等同爲齊宣王時的稷下學士,其活動年代當與孟子、商鞅相差無幾。

《慎子》一書的原貌從古至今未有定論。《史記‧孟子荀卿列傳》:「慎到著十二論。」宋朝裴駰《史記集解》引徐廣曰:「今《慎子》,劉向所定,有

四十一篇。」錢熙祚在《諸子集成・慎子》跋中曰：「徐注『一』字誤也。」《漢書・藝文志》法家類曰：「《慎子》四十二篇。」《隋書・經籍志》、《舊唐書・經籍志》和《新唐書・藝文志》皆曰：「《慎子》十卷。」《宋史・藝文志》法家類曰：「《慎子》一卷。」南宋鄭樵《通志・藝文略》載：《慎子》舊有十卷，四十二篇，今亡九卷三十七篇。以上記載表明，《慎子》一書在西漢中期以前是十二論，故司馬遷見到並記載在《史記》中的是「慎到著十二論」。西漢末年，「詔光祿大夫劉向校經傳諸子詩賦」。劉向卒後，其子劉歆競父業，寫成了《七略》。因此，《漢書・藝文志》中載「《慎子》四十二篇」當是《慎子》十二論的版本經劉向重新編訂，後漢班固所見到的版本。魏晉南北朝時期，戰亂不斷，經籍多有遺散。隋建立後，「開皇三年，秘書監牛弘，表請分遣使人，搜訪異本……於是民間異書，往往間出。」經過這次整理編次，四十二篇的《慎子》被重新編訂爲十卷，這一版本一直保存到北宋神宗年間，所以歐陽修在《新唐書》中記載《慎子》爲十卷。北宋末年戰亂頻仍，「迨夫靖康之難，而宣和、館閣之儲，蕩然靡遺。」雖然南宋高宗時曾搜訪遺闕，但已無法恢復原來豐富的館藏。《慎子》大至就是在這一時期遺失大半，只剩下殘章斷篇被整理爲一卷。故元代脫脫等撰寫的《宋史・藝文志》中說《慎子》爲一卷。此一卷本的《慎子》大致包括五篇，即《威德》、《因循》、《民雜》、《德立》、《君人》。清人嚴可均從魏徵《群書治要》中輯出七篇，多《知忠》、《君臣》二篇，且其《威德》篇多二百五十三字。嚴可均的輯本收入《四錄堂》本，七篇中《威德》以外的六篇都比較簡短，肯定不是全文，僅是一些殘存的段落。清人錢熙祚從各種典籍中校出《慎子》逸文四十餘條。這些一併收入《守山閣叢書》本《諸子集成・慎子》中，這是目前學界普遍認可的研究慎到思想的最可靠資料。

慎子之「勢」，「受之也，非取之也。」「天有明，不優人之暗也；地有財，不優人之貧也；聖人有德，不優人之危也。天雖不優人之暗，辟戶牖必取已明焉，則天無事也；地雖不優人之貧，伐木刈草必取已富焉，則地無事也；聖人雖不優人之危，百姓準上而比於下，其必取已安焉，則聖人無事也。故聖人處上，能無害人，不能使人無己害也，則百姓除其害矣。聖人之有天下也，受之也，非取之也。百姓之於聖人也，養之也，非使聖人養己也，則聖人無事矣。」〔註241〕天有無限的光明，不必擔優人間存在的黑暗；地有無窮

<hr>

〔註241〕《慎子・威德》

的財富，不必擔優人間存在的貧窮；聖人具有美好的德行，不必擔優人間存在的危難。天雖然不擔優人間的黑暗，人們開闢門窗，一定會使自己取得光明，那麼天就沒有事了。地雖然不擔優人間的貧窮，人們伐木割草，一定會使自己取得財富，那麼地就沒有事了。聖人雖然不擔優人間的危難，人們都效法於上，親近於下，就一定能得到社會的安定，那麼聖人就沒有事了。因此，聖人處在上位，能夠做到不損害人，卻不能使人們不危害自己，那麼百姓就要除掉他們的禍害。聖人能夠統治天下，是接受了人民的重託，不是自己私自竊取的。百姓對於聖人，是奉養他，而不是靠聖人來養活自己，那麼聖人就沒有事了。

慎子之「勢」，重自然，尚權位。「毛嬙，西施，天下之至姣也。衣之以皮俱，則見者皆走；易之以元緆，則行者皆止。由是觀之，則元緆，色之助也。姣者辭之，則色厭矣。走背跂蹻窮谷野走十里，藥也。走背辭藥則足廢。故騰蛇遊霧，飛龍乘雲，雲罷霧霽，與蚯蚓同，則失其所乘也。故賢而屈於不肖者，權輕也；不肖而服於賢者，位尊也。堯為匹夫，不能使其鄰家。至南面而王，則令行禁止。由此觀之，賢不足以服不肖，而勢位足以屈賢矣。」
〔註242〕毛嬙、西施，是天下最美麗的女子，要是讓她們穿上獸皮和粗麻布衣，那麼看見的人都會馬上跑開；要是讓她們換上漂亮的細麻布衣，那麼過路的人都會停下來觀看。由此看來，則是好看的細麻布衣資助的結果。美女不穿好看的衣服而穿難看的衣服，就會讓人產生嫌惡。背著沉重的東西長途跋涉，走完山穀與原野，跑了十多里路，是因為把東西捆綁在背上的緣故。如果把東西不捆綁好放在背上，就無法走路。所以，騰蛇趁霧遊行，飛龍乘雲往來，如果雲消霧散，騰蛇、飛龍與蚯蚓沒有什麼兩樣，這是因為它們失掉了依託的緣故。因此，賢人之所以屈服於不肖者，是因為賢人的權力太輕；而不肖者能服從於賢人，是因為賢人的地位尊貴。堯作為普通老百姓，不能指使他的鄰家；等到他坐北朝南稱王的時候，就能有令必行，有禁必止。由此看來，賢德並不能使不肖者服從，而權勢地位卻能使賢人屈服。

慎子之「勢」，「得助則成，釋助則廢矣」。「故無名而斷者，權重也；弩弱而矰高者，乘於風也；身不肖而令行者，得助於眾也。故舉重越高者，不慢於藥；愛赤子者，不慢於保；絕險歷遠者，不慢於御。此得助則成，釋助

〔註242〕《慎子·威德》

則廢矣。夫三王五伯之德，參於天地，通於鬼神，周於生物者，其得助博也。」
〔註243〕因此，沒有名望的人能決斷一切，是由於權重的緣故；弓弩不強而矰
射得高，是憑藉風勢的緣故；自身不賢而命令卻能得到推行，是借助於眾人
的力量。所以，託負重物跨越高處的人，一定不會忽視把東西捆綁好；喜愛
嬰兒的人，一定不會慢待保姆；經過艱難險阻長途跋涉的人，一定不會輕視
駕御車馬的本領。這是因爲得到幫助就會成功，失去幫助就會失敗。古代三
王、五伯的德行，可與天地相參，可與鬼神相通，可以遍及萬物，這是因爲
他們得到了廣泛的幫助。

　　慎子之「勢」，立君以成，「多賢不可以多君，無賢不可以無君」。但君國
有分，「立國君以爲國，非立國以爲君也」。「古者，工不兼事，士不兼官。工
不兼事則事省，事省則易勝；士不兼官則職寡，職寡則易守。故士位可世，
工事可常。百工之子，不學而能者，非生巧也，言有常事也。今也國無常道，
官無常法，是以國家日繆。教雖成，官不足，官不足則道理匱，道理匱則慕
賢智，慕賢智則國家之政要，在一人之心矣。古者，立天子而貴之者，非以
利一人也。曰：天下無一貴，則理無由通，通理以爲天下也。故立天子以爲
天下，非立天下以爲天子也；立國君以爲國，非立國以爲君也；立官長以爲
官，非立官以爲長也。法雖不善，猶愈於無法，所以一人心也。」〔註244〕古
時候，工匠不兼做其它事情，士人不兼任其它官職。工匠不兼做其它事情，
事情就不多，事情不多就容易做好。士人不兼任其它官職，職責就少，職責
少就容易勝任。所以士人的職位可以世代相繼，工匠的職業可以長期不變。
各種工匠的子弟不用學習就能做工，這不是他們生來就心靈手巧，而是說他
們能經常看到做工的緣故。現在國家沒有長期穩定的政策，官吏沒有常久實
行的法令，因此國家政治日趨謬誤。實行教化雖然很有成效，但各級官吏缺
乏且多數不稱職；官吏缺乏又不稱職，治理國家的方法就匱竭；治理國家的
方法匱竭，就會仰慕渴求賢能智慧的人；仰慕渴求賢能智慧的人，那麼國家
政治的關鍵就完全操縱在一個人的手中。古時候，擁立天子而使他尊貴，並
不是讓天子一個人得到利益。這是說：天下沒有一位尊貴的君主，那麼國家
的法令就行不通，讓法令行得通是爲了治理好天下。所以擁立天子是爲了治
理好天下，並不是設置天下來爲天子一個人服務；擁立國君是爲了治理好國

〔註243〕《慎子・威德》
〔註244〕《慎子・威德》

家，並不是建立國家來爲國君一個人服務；設置官職是爲了更好地履行職責，並不是設置官職來爲長官個人享樂。國家的法制雖然還不完善，但還是勝過沒有法制，法制可以用來統一人心。

慎子之「勢」，需君「立公，所以棄私也」，「行德制中必由禮」。「夫投鉤以分財，投策以分馬，非鉤策爲均也。使得美者，不知所以德；使得惡者，不知所以怨，此所以塞願望也。故蓍龜，所以立公識也；權衡，所以立公正也；書契，所以立公信也；度量，所以立公審也；法制禮籍，所以立公義也。凡立公，所以棄私也。明君動事分功必由慧，定賞分財必由法，行德制中必由禮。故欲不得干時，愛不得犯法，貴不得逾親，祿不得逾位，士不得兼官，工不得兼事，以能受事，以事受利。若是者，上無羨賞，下無羨財。」〔註245〕用拈鬮來分配財物，用抽籤來分配馬匹，不是說拈鬮、抽籤是最均平的，而是借用這種公正的方式方法，讓那些分得好東西的人不知道對誰感恩戴德，讓那些分得壞東西的人不知道對誰抱怨懷恨，這樣來堵塞人們的各種欲望。所以用蓍龜占卜吉凶禍福來確立公正的認識，用秤稱量物體輕重來確立公正的標準，用文書契約來確立公正的信譽，用度量丈量物體的長短來確立公正的審查準則，用法令制度、禮儀典章來確立公正的道義。凡是確立公正的準則，都是爲了摒棄私心。聖明的君主做事論功，一定要憑藉聰明才智；確定獎賞和分配財物，一定要遵循國家制定的統一法規；施行德政要做到恰到好處，一定要符合禮儀規範。所以君主的欲望不能錯過時機，愛好不能違犯法制，尊貴賢人不能超過親族輩分，賞賜俸祿不能超過官職爵位。士人不得兼任其它官職，工匠不得兼做其它事務，根據才能的大小分配合適的工作；根據工作中的貢獻賞給相應的報酬。如果能做到這樣，君主和官吏就不會濫用賞賜，臣下和百姓就不會貪收財物。

慎子之「勢」，提及君主要因人情，顧君臣。「因人之情也，人莫不自爲也……故用人之自爲，不用人之爲我，則莫不可得而用矣。此之謂因。」〔註246〕要遵循自然規律，順應民情。人們沒有不願盡心盡力爲自己做事的。君主要善於利用人們都盡力爲自己做事的特點，不要強求他們去做不願做的事，那麼天下就沒有不能爲我所用的人，這就叫做因循自然，順應民情。「是以大

〔註245〕《慎子·威德》
〔註246〕《慎子·因循》

君因民之能為資，盡包而畜之，無能去取焉。」〔註247〕「君臣之間，猶權衡也。權左輕則右重，右重則左輕。輕重迭相橛，天地之理也。」「君明臣直，國之福也。父慈子孝，夫信妻貞，家之福也。故比干忠而不能存殷，申生孝而不能安晉，是皆有忠臣孝子而國家滅亂者。何也？無明君賢父以聽之。故孝子不生慈父之家，忠臣不生聖君之下。」〔註248〕

　　於慎子而言，最大理想莫過於「望天地，觀江海，因山穀。日月所照，四時所行，雲布風動。不以智累心，不以私累己。寄治亂於法術，託是非於賞罰，屬輕重於權衡。不逆天理，不傷情性，不吹毛而求小疵，不洗垢而察難知，不引繩之外，不推繩之內，不急法之外，不緩法之內。守成理，因自然。禍福生乎道法，而不出乎愛惡。榮辱之責在乎己，而不在乎人。故至安之世，法如朝露，純樸不欺，心無結怨，口無煩言。故車馬不弊於遠路，旌旗不亂於大澤，萬民不失命於寇戎，豪傑不著名於圖書。不錄功於盤盂，記年之牒空虛。故曰：利莫長於簡，福莫久於安。」〔註249〕

二、韓非之勢的內容

　　在韓非看來，勢是君主尊貴於臣下的資本，「抱法處勢則治，背法去勢則亂」，是韓非之勢的主要觀點。

　　韓非對勢的論述主要有：

　　　　萬物莫如身之至貴也，位之至尊也，主威之重，主勢之隆也。
〔註250〕

　　　　人臣之於其君，非有骨肉之親也。縛於勢而不得不事也。〔註251〕

　　　　恃勢而不恃信。〔註252〕

　　　　勢不足以化則除之。〔註253〕

　　　　故國者，君之車也；勢者，君之馬也。〔註254〕

〔註247〕《慎子‧民雜》
〔註248〕《慎子‧逸文》
〔註249〕《慎子‧逸文》
〔註250〕《韓非子‧愛臣》
〔註251〕《韓非子‧備內》
〔註252〕《韓非子‧外儲說左下‧經二》
〔註253〕《韓非子‧外儲說右上‧經一》
〔註254〕《韓非子‧外儲說右下‧說四》

凡明主治國也，任其勢。勢不可害，則雖強天下無奈何也。
〔註255〕

夫勢者，非能必使賢者用之，而不肖者不用之也。賢者用之則
天下治，不肖者用之則天下亂。人之情性，賢者寡而不肖者眾，而
以威勢之利濟亂世不肖之人，則是以勢亂天下者多矣，以勢治天下
者寡矣。夫勢者，便治而利者也。……勢之餘治亂，本末有位也，
而語專言勢之足以治天下者，則其智之所治者伐矣。……夫勢者，
名一而變無數者也。勢必於自然，則無為言於勢矣。吾所言勢者，
言人之所設也。……吾所以為言勢者，中也。中者，上不及堯、舜，
而下亦不為桀，紂。抱法處勢則治，背法去勢則亂。〔註256〕

勢者，勝眾之資也。〔註257〕

威勢者，人主之筋力也。今大臣得威，左右得勢，是人主失力；
人主失力而能有國者，千無一人。〔註258〕

夫國之所以強者，政也；主之所以尊者，權也。〔註259〕

從以上韓非對勢的認識中，我們可以發現：

第一，韓非之勢來源於對慎到勢的批判。在《難勢》中，韓非首先引述
慎到的觀點：「慎子曰飛龍乘雲，騰蛇遊霧，雲罷霧霽，而龍蛇與蚓蟻同矣，
則失其所乘也。賢人而詘於不肖者，則權輕位卑也；不肖而能服於賢者，則
權重位尊也。堯為匹夫不能治三人，桀為天子能亂天下，吾以此知勢位之足
恃，而賢智之不足慕也。」〔註260〕慎到的意思是說能否做到令行禁止、施威
於眾，不在於是否有德，而在於是否有位，有了權勢，不肖也可以治眾；沒
有權勢，賢智也無濟於事。接著韓非又引一位辯難者的話，介紹了另一種觀
點。這位辯難者首先指出慎到的邏輯錯誤，認為飛龍乘雲、騰蛇遊霧，固然
是由於有勢可憑，然而，有雲霧之勢是一回事，能否乘之又是一回事。比如
同樣的雲霧之勢，龍蛇可以乘之，而蚯蚓卻不能，說到底還是因為龍蛇與蚯

〔註255〕《韓非子·難三》
〔註256〕《韓非子·難勢》
〔註257〕《韓非子·八經》
〔註258〕《韓非子·人主》
〔註259〕《韓非子·心度》
〔註260〕《韓非子·難勢》

蚓的材質能力不同的緣故。這位辯難者針對慎到釋賢而專任勢的主張提出了批評，認為權勢雖同，「賢者用之則天下治，不肖者用之則天下亂」。而且，世上往往賢者少而不肖者眾，若單任權勢，結果只能「是以勢亂天下者多矣，以勢治天下者寡矣。」〔註261〕

　　第二，韓非把慎到之勢稱作「自然之勢」，在他看來，自然之勢不考慮效果，因此無法抵擋尚賢論的攻擊。賢者在位則治，不肖者在位則亂，治亂的根據顯然不在勢，而在於賢或不肖。所以韓非特別強調「人為之勢」，也就是君主自己通過法和術主動營造的制度環境。韓非明確指出，如果「勢」理論僅止於「自然之勢」，那就沒有什麼可多說的。正是因為「人為之勢」大有可為，「勢」才是真正有意義的。法和術都是塑造「勢」的手段。對民，要形成「法如朝露」之勢，使「民一於君，事斷於法」。對臣，要形成「群臣驚懼」的局面，使臣下都像被拔去下翎的籠中之鳥一樣，不好好服侍君主就根本無法存活。

（一）自然之勢

　　自然之勢即客觀即成條件下所掌握的權力以及對權力的運用。「桀為天子，能制天下，非賢也，勢重也。堯為匹夫，不能正三家，非不肖也，位卑也……有勢之與無勢也。」〔註262〕韓非繼承了慎到等人「君之本位」的立場，贊同君主權威至高無上的天生性。《人主》中韓非寫道：「萬乘之主、千乘之君所以制天下而徵諸侯者，以其威勢也。威勢者，人主之筋力也」，即君主能征服諸侯，靠的是威勢。所以在《愛臣》中他又言：「萬物莫如身之至貴也，位之至尊也，主威之重，主勢之隆也。」什麼都比不上勢的尊貴，然而，他也認為：「夫勢者，非能必使賢者用己，而不肖者不用也」，「賢者用之則天下治，不肖者用之則天下亂。」〔註263〕因此，只有自然之勢是不夠的，它還需人為之勢來保證。

　　韓非也通過伯樂教人識馬的例子來說明先天形勢的重要。「伯樂教二人相踶馬，相與之簡子廄觀馬。一人舉踶馬。其一人從後而循之，三撫其尻而馬不踢。此自以為失相。其一人曰：「子非失相也，此其為馬也，踒肩而腫膝。夫踢馬也者，舉後而任前，腫膝不可任也，故後不舉。子巧於相踢馬拙於任

〔註261〕《韓非子·難勢》
〔註262〕《韓非子·功名》
〔註263〕《韓非子·難勢》

腫膝。」夫事有所必歸，而以有所腫膝而不任，智者之所獨知也。惠子曰：『置猿於柙中，則與豚同。』故勢不便，非所以逞能也。」〔註264〕事物都有存在的依賴條件，如果形勢不利，就不能更好的施展才能。

（二）人為之勢

人為之勢是針對自然之勢的不足而提出的。韓非認為，確保和利用人為之勢的關鍵如下：第一，一統君權。「上古竟於道德，中世逐於智謀，當今爭於氣力」。〔註265〕韓非指出，勢與人的德、才無關，勢歸於利而不歸於德，歸於力而不歸於心。勢的威力在於一而忌兩，君主必須牢牢將權勢掌握。第二，適度授權。與「治務在無為而已」的無為術相一致，君主本屬「中人」，僅靠其一人之力不足以治國。「夫為人主而身查百官，則日不足，力不給。且上用目，則下飾觀；上用耳，則下飾聲；上用慮，則下繁辭。先王以三者為不足，故捨己能而因法數，審賞罰。」〔註266〕人主親自查百官，由於精力有限不可能做到，所以必須用法施以賞罰。因此，君主必須借助眾人力量，實施必要的授權。「明君之道，使智者盡其慮，而君因以斷事，故君不窮於智；賢者效其材，君因而任之，故君不窮於能」，〔註267〕給臣適度授權為君辦事，但是，君主的授權不是無原則的。他必須「刑名一致」，必須建立在各官僚階層權力職責明確的基礎之上。從這個角度看，這種授權使政治及其職責落實給各級朝臣，同時分隔了屬下臣僚的權勢，其實它是對君主勢的保護。

第三，關於勢的重要性，韓非和其它法家代表人物一樣看重勢在治國中的份量，他說：「明君操權而上重，一政而國治」。〔註268〕凡是英明的君主治理國家，都是依靠他的權勢。權勢不被侵害，即使天下最強大的國家也不能對君主怎麼樣。「凡明主之治國也，任其勢。勢不可害，則雖強天下無奈何也，而況孟常、芒卯、韓、魏能奈我何？其勢可害也，則不肖如耳、魏齊及韓、魏猶能害之。然則害與不侵，在自恃而已矣，奚問乎？自恃其不可侵，強與弱奚其擇焉？失在不自恃，而問其奈何也，其不侵也幸矣。」〔註269〕韓非認

〔註264〕《韓非子・說林下》

〔註265〕《韓非子・五蠹》

〔註266〕《韓非子・有度》

〔註267〕《韓非子・主道》

〔註268〕《韓非子・心度》

〔註269〕《韓非子・難三》

為勢的重要性表現為：其一，勢是制服眾人的條件，是君主制服眾人的資本和憑籍，「勢者，勝眾之資也」。君主能否統治的關鍵不在於賢與不賢，而在於有勢無勢，猶如物的沉浮不在輕重而在於有無船載所造成的飄浮之勢一樣。所以「夫有材而無勢，雖賢不能制不肖。故立尺材於高山之上，則臨千仞之溪，材非長也，位高也。桀為天子，能制天下，非賢也，勢重也；堯為匹夫，不能正三家，非不肖也，位卑也。千鈞得船則浮，錙銖失船則沉。非千鈞輕錙銖重也，有勢之與無勢也。故短之臨高也以位，不肖之制賢也以勢。」〔註270〕他又說：「仲尼，天下聖人也，修行明道以遊海內，海內說其仁，美其義，而為服役者七十人，蓋貴仁者寡，能義者難也。故以天下之大，而為服役者七十人，而仁義者一人。魯哀公，下主也，南面君國，境內之民莫敢不臣。民者固服於勢，誠易以服人，故仲尼反為臣，而哀公顧為君。仲尼非懷其義，服其勢也。故以義則仲尼不服於哀公，乘勢則哀公臣仲尼。」〔註271〕魯哀公是一個下等的君主，而仲尼卻是天下賢士。仲尼對哀公俯首稱臣，是屈服於其權勢也。其二，勢是君主備受尊重的原因。他說：「國之所以強者，政也，主之所以尊者，權也」，「君執柄以處勢，則令行禁止。」他告誡君主：「夫虎之所以能服狗者，爪牙也，使虎釋其爪牙而使狗用之，則虎反服於狗矣。」〔註272〕所以權勢不可外借，權勢一旦外借，就會出現：「宋君失刑而子罕用之，故宋君見劫。田常徒用德而簡公弒，子罕徒用刑而宋君劫」的舊事重演的悲劇。其三，勢是君主力量的源泉。「勢重者，人主之淵也」，君主必須大權獨攬，決不能出現「一棲兩雄」和「一家二貴」的局面。

第四，韓非對「勢」的作用的認識。其一，以勢用人。「彼民之所為我用者，非以吾愛之為我用者，以吾勢之為我用者也」，「人臣之於其君，非有骨肉之親也，縛於勢而不得不事也。」〔註273〕其二，以勢治國。「善任勢者國安，不知任其勢者國危。」「凡明主之治國也，任其勢。勢不可害，則雖強天下無奈何也……其勢可害也，則不肖如如耳、魏齊及韓、魏猶能害之。然則害與不侵，在自恃而已矣。」〔註274〕其三，以勢制天下。「夫馬之所以能任重引車

〔註270〕《韓非子·功名》
〔註271〕《韓非子·五蠹》
〔註272〕《韓非子·二柄》
〔註273〕《韓非子·備內》
〔註274〕《韓非子·難三》

致遠道者，以筋力也。萬乘之主、千乘之君所以制天下而徵諸侯者，以其威勢也」。〔註275〕勢對君主之重要不言而喻，因此君主要守勢並嚴防臣下因權勢過大而篡權。「愛臣太親，必危其身；人臣太貴，必易主位；主妾無等，必危嫡子；兄弟不服，必危社稷。臣聞千乘之君無備，必有百乘之臣在其側，以徙其民而傾其國。是以姦臣蓄息，主道衰亡。是故諸侯之博大，天子之害也；群臣之太富，君主之敗也。將相之管主而隆家，此君人者所外也。萬物莫如身之至貴也，位之至尊也，主威之重，主勢之隆也。此四美者，不求諸外，不請於人，議之而得之。故曰：人主不能用其富，則終於外也。此君人者之所識也。」〔註276〕韓非強調君主過於寵信臣下，必定危及自身；臣子過於尊貴，必定篡君權。諸侯強大是天子的禍害，群臣太富是君主的失敗。萬事萬物中沒有比君身更高貴、比君位更尊崇、比君威更強大、比君權更隆盛的。君主只要保有身貴、位尊、威重、勢隆，就不會被姦臣驅逐在外。

韓非之所以強調勢在政治領域的重要性，根本目的是要在政治秩序混亂的社會重新確立最高政治權力的權威性，從而將勢視為重建和恢復社會秩序的基本政治前提。重建秩序固然離不開權勢，然而權勢只有在得到合理使用並符合正義價值的前提下才能最終獲得政治正當性。這樣，韓非子的政治思想已經內在地蘊涵了一種對君主最高政治權力進行約束和限制的意味。

如何才能防止君主失勢呢？韓非指出：

第一、君主固握賞罰大權。人有好惡之情，君主應順人情行賞罰，「君見賞，臣則損之以為德；君見罰，臣則益之以為威。」〔註277〕對於權勢不能馴化的臣下，君主就應除掉他。「勢不足以化則除之。師曠之對，晏子之說，皆合勢之易也，而道行之難，是與獸逐走也，未知除患。患之可除，在子夏之說《春秋》也：「善持勢者，蚤絕其姦萌。」故季孫讓仲尼以遇勢，而況錯之於君乎。是以太公望殺狂矞，而臧獲不乘驥。嗣公知之，故不駕鹿。薛公知之，故與二欒博。此皆知同異之反也。故明主之牧臣也，說在畜鳥。」〔註278〕

第二，君主獨擅法令和任免大權。「臣閉其主則主失位；臣制財利則主失

〔註275〕《韓非子·人主》
〔註276〕《韓非子·愛臣》
〔註277〕《韓非子·喻老》
〔註278〕《韓非子·外儲說右上·經一》

德；臣擅行令則主失制；臣得行義則主失名；臣得數人則主失黨——此人主之所以獨擅也，非人臣之所以得操也。」〔註279〕要善於把握權勢，急躁杜絕姦邪苗頭。「子夏曰：「《春秋》之記臣殺君、子殺父者，以十數矣，皆非一日之積也，有漸而以至矣。凡姦者，行久而成積，積成而力多，力多而能殺，故明主蚤絕之。」今田常之爲亂，有漸見矣，而君不誅。晏子不使其君禁侵陵之臣，而使其主行惠，故簡公受其禍。故子夏曰：『善持勢者，蚤絕姦之萌。』」〔註280〕

　　第三，剗除重臣，起用法術之士。重臣即擅令違法之臣。在韓非看來，「愛臣太親，必危其身，人臣太貴，必易其主位，諸侯博大，天子之害也，群臣太富，君主之敗也。起用法術之士，是因爲智術之士，明察聽用，可燭重人之陰情；能法之士，勁直聽用，可矯重人之姦情。」〔註281〕

　　韓非認爲只要有了這種制度環境，一切都在君主掌握之中，雖中材之主亦可爲國，完全不必等待千世一出的堯、舜來治理天下。無論政治、軍事、經濟、社會、文化，國家中一切的一切都縛於「勢」下，只能以君主的利益爲利益、以君主的意志爲意志。

第六節　韓非法治論評析

　　韓非的法、術、勢實則爲一整體，我們刻意將之人爲分割並在以上各節一一論述，只是相對的單獨對其剖析，而絕無割裂之意。

　　韓非法、術、勢一體的法治論既來自於現實的客觀需要，又是在對前期法家理論的批判基礎上形成的。對法而言，主承商鞅，但純任法治不足以治國，「然而無術以知姦，則以其富強也資人臣而已矣。及孝公、商君死，惠王即位，秦法未敗也，而張儀以秦殉韓、魏。惠王死，武王即位，甘茂以秦殉周。武王死，昭襄王即位，穰侯越韓、魏而東攻齊，五年而秦不益尺土之地，乃城其陶邑之封。應侯攻韓八年，成其汝南之封。自是以來，諸用秦者，皆應、穰之類也。故戰勝，則大臣尊；益地，則私封立；主無術以知姦也。」〔註282〕對術而言，主承申不害，然申子任術治而不擅其法，不足用。「申不害不擅其法，

〔註279〕《韓非子・主道》
〔註280〕《韓非子・外儲說右上・說一》
〔註281〕《韓非子・愛臣》
〔註282〕《韓非子・定法》

不一其憲令，則姦多。故利在故法前令則道之，利在新法後令則道之，利在故新相反，前後相勃，則申不害雖十使昭侯用術，而姦臣則猶有所譿其辭矣。故託萬乘之勁韓，十七年而不至於霸王者，雖用術於上，法不勤飾於官之患也。」〔註283〕對勢而言，主承慎到，慎子重自然之勢，而韓非重人為之勢，勢本身無所謂賢與不賢，關鍵在於居勢之人如何去治，「慎子曰：飛龍乘雲，騰蛇遊霧，雲罷霧霽，而龍蛇與蚓蟻同矣，則失其所乘也。賢人而詘於不肖者，則權輕位卑也；不肖而能服於賢者，則權重位尊也。堯為匹夫，不能治三人；而桀為天子，能亂天下：吾以此知勢位之足恃而賢智之不足慕也。……應慎子曰：飛龍乘雲，騰蛇遊霧，吾不以龍蛇為不託於雲霧之勢也。雖然，夫釋賢而專任勢，足以為治乎？則吾未得見也。……且其人以堯之勢以治天下也，其勢何以異桀之勢也，亂天下者也。夫勢者，非能必使賢者用之，而不肖者不用之也。賢者用之則天下治，不肖者用之則天下亂。……夫勢者，便治而利亂者也。……勢之餘治亂，本末有位也，而語專言勢之足以治天下者，則其智之所至者伐矣。」〔註284〕批判後的結果，使韓非明白，居勢之君「無術則蔽於上，臣無法則亂於下，此不可一無，皆帝王之具也。」〔註285〕

總體而言，韓非的法治論思想主要有以下幾點：

第一、人性好利。前期法家都以人性惡為出發點，韓非則認為人性「好利惡害」，即使君臣、父子、夫妻關係也不例外。而人們的這種「好利惡害」的本性是不能改造的，「性命者非所學於人也」，〔註286〕後天的學習和改造是沒有作用的。統治者只能像「馴鳥者斷其下翎焉，斷其下翎則必恃人而食，焉得不馴乎？夫明主畜臣亦然，令臣不得不利君之祿，不得無服上之躬；去利君之祿，服上之名，焉得不服。」〔註287〕，君主只能利用人們的自私自利的心理，以利害相挾，用賞和罰的辦法來控制臣民。

第二，抱法、用術、處勢。法、術、勢是君主執行賞罰的手段與權能。法是衡量一切是非曲直的準繩，由官府制定，針對趨利避害的民心施以刑罰。術是君主執掌殺生、考覈、監察的手段與方法。韓非認為，統治者只要抱法、用術、處勢，一切皆備矣。

〔註283〕《韓非子・定法》
〔註284〕《韓非子・難勢》
〔註285〕《韓非子・定法》
〔註286〕《韓非子・顯學》
〔註287〕《韓非子・外儲說右上》

　　第三，無書簡之文，棄倫常之禮。韓非將治國之希望完全寄託在君主實行法治上。他說：「故明主之國，無書簡之文，以法為教；無先王之語，以吏為師。」〔註288〕「故父母之愛，不足以教子，必待州部之嚴刑者，民固驕於愛，聽於威矣。」〔註289〕他把人完全置於法的控制之下，所謂「聖王者不貴義而貴法」也。

　　第四，以刑去刑，嚴刑重罰。韓非指出：「賞厚則所欲之得也疾，罰重則所惡之禁也急。」〔註290〕「行刑，重其輕者，輕者不至，重者不來，此謂以刑去刑。」何謂重其輕，「所謂重刑者，姦之所利者細。而上之所加罪者大也；民不以小利蒙大罪，故姦必止者也。」〔註291〕利小刑重，使人民丟掉僥倖得利的心理。

　　第五，君主集權，專制獨斷。韓非力主君主集權，他提出：「權勢不可以借人，上失其一，臣以為百。」〔註292〕「夫以王良、造父之巧，共轡而御不能使馬，人主安能與其臣共權以為治？」〔註293〕「能獨斷者，故可以為天下王。」〔註294〕國家權力不允許分割與共用，唯君主一人而已。

　　筆者對三者關係的基本看法是：法、術、勢是韓非法治論的基本範疇。所謂勢，是指權力權位，即指君主的勢位；所謂法，是指君主用以統治臣民的成文法令；所謂術，是指君主實行統治的手段，亦指君主駕馭群臣的權術或心計，三者之間有著嚴謹的內在邏輯。勢是君主抱法、用術的憑藉；法是約制臣民的行為規範和準則；術是統治臣下的手段。在此三者中，法莫如顯，術不欲見，勢必固守。無法無以為治，無術難以為之，有勢無法術「君則蔽於上，臣心亂於下」，以致君臣易位，王冠落地。三者結為一體，才能使「明君無為於上」，「群臣悚懼乎下」，「臣有其勞，君有其功」；才能造成一種」強不凌弱，眾不暴寡，耆老得遂，幼孤得長，邊境不侵，君臣相親，父子相保，而無姦臣弒君之患」〔註295〕的政治局面。法、術、勢三者有圓融之趨，但也

〔註288〕《韓非子・五蠹》
〔註289〕《韓非子・五蠹》
〔註290〕《韓非子・六反》
〔註291〕《韓非子・六反》
〔註292〕《韓非子・內儲說下》
〔註293〕《韓非子・外儲說右下》
〔註294〕《韓非子・外儲說右上》
〔註295〕《韓非子・姦劫弒臣》

有細微的上下主次之別，筆者傾向於以勢爲中心的觀點。〔註296〕「法、術、勢三者之間並非一平列的關係，而是有優先性關係，此中乃是以勢爲優先，而法與術皆只是助成君勢之充分伸張之方法與條件而已。」〔註297〕勢對於法、術而言，是目的與手段的關係。

「在理論上，法、術、勢的關係中，法似乎是法家的主要手段，在實際上，其起作用的程序卻要倒過來，法家最重視的是勢，如果沒有勢，就失去了推行法和術的依據。《韓非予》中一篇不太顯眼的短文中明確、扼要地指出這個問題：夫有材而無勢，雖賢不能制不肖。故立尺材於高山之上，下臨千仞之溪，材非長也，位高也。桀爲天子，能制天下，非賢也，勢重也。堯爲匹夫，不能正三家，非不肖也，位卑也。千鈞得船則浮，錙銖失船則沉，非千鈞輕而錙銖重也，有勢之與無勢也。故短之臨高也以位，不肖之制賢也以勢。(《功名》) 勢是前提和依據，有了勢才談得上推行法和術……從法、術、勢的綜合關係考慮，實際上君主最看重的是勢……新君上來，首先要抓住的還是勢，用韓非的話，就是『魚不可脫於淵』。〔註298〕

我們之所以以勢爲中心，在於以下原因：第一，在韓非子的法治理論中，大量地論證了權力對於統治的重要和君主如何維護既得大權。韓非反覆強調權力對統治的重要性。如：「勢者，勝眾之資也」，「得勢位則不進而名成」，「民以制畏上，而上以勢卑下」，「無威嚴之勢，賞罰之法，雖堯舜不能以爲治」，「萬乘之主，千乘之君所以制天下而征服諸侯者，以其威勢也」等等。而在他的「術」治論中，則告誡君主竭力維護好手中大權，防止姦劫軾臣的竊奪。他不僅強調爲了不給「姦臣」有機可乘，君主應當掩情匿端，使臣下不可捉摸，還要君主使用「詭使」、「挾知」、「倒言」、「反事」之術，察「五姦」、「六微」，塞「五壅」除「五患」，可謂竭盡心智。

〔註296〕學界關於韓非法、術、勢何者爲中心的爭論大致有以下幾點：第一，法中心論。楊幼炯：中國政治思想史〔M〕，北京：商務印書館，1998 年，第 155 頁。王邦雄：韓非子的哲學〔M〕，臺北：東大圖書公司，1983 年，第 235 頁。第二，術中心論。熊十力：韓非子評論〔M〕，臺北：臺灣學生書局，1984 年，第 22 頁。王元化：韓非論稿，中華文史論壇〔J〕，1980（4）。飯冢由樹：韓非子中法、術、勢三者的關係，中國人民大學學報〔J〕，1993（5）。第三，術中心論。谷方：韓非與中國文化〔M〕，貴陽：貴州人民出版社，1996 年，第 170 頁。高柏園：韓非哲學研究〔M〕，北京：文津出版社，1994 年，第 97 頁。

〔註297〕高柏園：韓非哲學研究〔M〕，北京：文津出版社，1994 年，第 97 頁。

〔註298〕施覺懷：韓非評傳〔M〕，南京：南京大學出版社，2011 年，第 364 頁。

　　第二，韓非思想之產生離不開當時的社會壞境。而當時的具體史實如《史記‧太史公自序》載：「春秋之中，弒君三十六，亡國五十二。諸侯奔走，不得保其社稷者，不可勝數。」《史記‧六國表序》云：「三國終之卒分晉，田亦滅齊而有之……雖置質剖符，猶不能約束也。」《韓非子》內外儲說中，亦記錄了大量臣弒君，僕殺主，竊纂大權的事實。加之戰國時期法家思想的基本點都是崇力信法，這個思想產生的基礎，一是新興地主階級奪取天下、統一天下的雄心壯志給了法家之士生氣勃勃的意志力量。二是當時激烈複雜的階級矛盾靠禮儀教化已經無法解決了，只有用現實的強權才能解決。徐復觀認爲：「法家政治，是以臣民爲人君的工具，以富強爲人君的唯一目標，而以刑罰爲達到上述兩點的唯一手段的政治。這是經過長期精密構造出來的古典的極權政治。任何極權政治的初期，都有很高的行政效率；但違反人道精神，不能作爲立國的長治久安之計。秦所以能吞併六國，但又二世而亡，皆可於此求得解答。」〔註299〕所以，君權勢落才導致以下犯上，小臣弒君屢屢不絕，而治國之要務在禁止姦邪篡奪君權，保證君主享有至高無上的權威。

　　在韓非看來，國乃君之車，勢乃君之馬。「今以國位爲車，以勢爲馬，以號令爲轡，以刑罰爲鞭策，是堯、舜御之則天下治，桀、紂御之則天下亂，則賢不肖相去遠矣。」〔註300〕君乃國之車夫，使鞭（刑罰，術）執轡（號令，法）以驅馬（勢）。勢是韓非思想最終的關注點和落腳點。韓非重法之效果，所論之法權遠大於君權，立法以治國本身也是對君權的限制，然法由君立，誰又能以法限君？韓非重術之運用，所論之術乃君控臣之秘笈，不可輕易告人。如果法是明於天下，使人人皆知的治國明規則，那麼術就是藏於胸中，密不可漏的潛規則。然用術之種種技巧，豈非庸主所悟？所以，法是爲中主能止盜跖而立，而術是爲明主能使臣而設。韓非重勢之尊貴，所論之勢皆在以勝人，然勢本身無所謂善治禍亂之分，全在掌勢之人，占勢者如堯、舜、桀、紂等鮮矣，而中主多多。中主只有用法占勢運術才能平治天下。

　　對韓非的法治理論，歷史上多有不同的評價。班固在《漢書》中設置了一個《古今人物表》，列出上古至秦朝的三六九等人物，作爲對他們的評價與總結。在《古今人物表》的「九品量表」中，所有人物被分爲上（上

〔註299〕徐復觀：兩漢思想史（卷二）〔M〕，臺北：臺灣學生書局，1980 年，第 43 頁。

〔註300〕《韓非子‧難勢》

智）、中（中人）、下（下愚）三等，上又分爲上上聖人、上中仁人、上下智人，中亦分爲中上、中中、中下三等，下亦同，共九等。先秦儒家的代表人物無一例外的排在上等，而法家代表人物商鞅、韓非僅列中上。班固對諸子思想學說進行了評價比較，對於儒家思想推崇備至，而對其它諸子卻皆有所批評。班固稱讚法家「信賞必罰，以輔禮制」，批評其去仁愛之理，棄教化之道，專任刑法，不利於宗法關係的維護。「及刻者爲之，則無教化，去仁愛，專任刑法而欲以致治，至於殘害至親，傷恩薄厚。」〔註301〕到東漢時期，王充《論衡·非韓》篇中肯定了韓非法治思想，他說：「韓非之術，明法尚功。賢，無益於國不加賞；不肖，無害於治不施罰。責功重賞，任刑用誅。」「養三軍之士，明賞罰之命，嚴刑峻法，富國強兵，此法度也。」肯定了法治是富國強兵不可缺少的必要條件，是制約臣民的嚴厲措施，「法明，民不敢犯也。設明法於邦，有盜賊之心，不敢犯矣；不測之者，不敢發矣。姦藏於胸中，不敢以犯罪法，罪法恐之也。」最後，總結出法治是解決糾紛、治理國家的行之有效的手段。「夫君猶火也，臣猶水也，法度釜也。」在肯定了韓非及法家思想重要性、作爲治國手段有效性的同時，王充也表明了他對法家集權與專制統治手段的否定。在《論衡·非韓》中他指出，「治國猶治身也。治一身，省恩德之行，多傷害之操，則交黨疏絕，恥辱至身。推治身以況治國，治國之道當任德也。韓子任刑獨以治世，是則治身之人任傷害也。」王充認爲韓非單獨任用刑法治理國家，會導致更甚的混亂，更談不上「享國久長，功傳於世。」同時，進一步指出韓非專講強國之術，不行仁義的弊端，「夫德不可獨任以治國，力不可直任以禦敵也。韓子之術不養德，偃王之操不任力。二者偏駁，各有不足。偃王有無力之禍，知韓子必有無德之患。」

誠然，在很多時候，韓非的法治論被冠以「嚴慈少恩」，「無教化，去仁愛」等字眼，但正如我們前面所講，韓非並不是一味片面的強調法治，也在用自己獨特的視角重申道德的不可或缺性，他甚至在某種程度上肯定道德的重要性。韓非雖然反對仁義認爲要使用嚴刑酷法治理國家，但同時也反對暴政。「存國者，非仁義也。仁者，慈惠而輕財者也；暴者，心毅而易誅者也。慈惠，則不忍；輕財，則好與。心毅，則憎心見於下；易誅，則妄殺加於人。不忍，則罰多宥赦；好與，則賞多無功·憎心見，則下怨其上；妄誅，則民

將背叛。故仁人在位，下肆而輕犯禁法，偷幸而望於上；暴人在位，則法令妄而臣主乖，民怨而亂心生。故曰：仁暴者，皆亡國者也。」〔註302〕保全國家雖然不是靠仁義道德但也不是胡亂的殺戮，殘暴的人當權妄行法令君主和百姓臣子就會離心離德，民眾就會怨聲載道而背叛，國家就會滅亡。因而根據實際情況減輕刑罰也是一種謀取國家強盛的治國策略。

　　總體而言，韓非的法治主張，缺乏必要的權力制衡思想和組織機制，他提出了「法不阿貴」，也承認君主有不受法律制裁的特權。「聖王之立法也，其賞足以功善，其威足以勝暴，其備足以必完法。」〔註303〕法律是君主實施統治的有力武器和工具。君主制定法律卻又超越法律，這既是韓非法治思想內在糾結的顯現，也是封建制度在當時的現實矛盾要求。

〔註302〕（清）王先慎：韓非子集解・八説〔M〕，北京：中華書局，1954年，第328～329頁。

〔註303〕《韓非子・守道》

餘　論

　　道自老子起，始成一重要哲學範疇，中經列子、楊朱、莊子等的承繼發展，義理玄妙，包容社會人生，及至稷下學者，將道、法相連，用以做治國之策。後期韓非，做《解老》、《喻老》，上承老子，中接稷下，以道爲根，融法、術、勢於一體，以明己之治國方略。本書以韓非道論思想研究爲題，非意韓非法治思想之不顧，乃藉此說明道在先秦的發展脈絡及在韓非思想中的意義與展開。

　　道是中國哲學最重要的範疇之一，古今學者爲詮釋或闡發這個道，不知已經耗廢了多少筆墨。金岳霖在《論道》中有這樣的看法：「每一個文化區有它的中堅思想，每一中堅思想有它的最崇高的概念，最基本的原動力。……中國思想中最崇高的概念似乎是道。所謂修道、行道、得道，都是以道爲最終目標。思想與情感兩方面的基本的原動力似乎也是道。……我在這裏當然不談定義，談定義則儒道墨彼此之間就難免「道其所道非吾所道的情形發生」，而其結果就是此道非彼道。不道之道，各家所欲言而不能盡的道，國人對之油然而生景仰之心的道，萬事萬物之所不得不由，不得不依，不得不歸的道才是中國思想中最崇高的概念，最基本的原動力。」〔註1〕中國哲學正是因爲有了包括道在內的一系列範疇，才形成了與西方哲學不同的特點。道之所以能由一個表示具體事物的概念抽象爲一個哲學範疇，首先在於其自身的字形結構及特有蘊義。《詩經》中以道喻理，道開始與其本義分離。《尚書》

〔註1〕金岳霖：論道〔M〕，北京：商務印書館，1987年，第16頁。

中的道則滲入了好惡、正直、法則、理義等含義。《左轉》、《國語》中的社會規律、人倫法則、自然規律逐漸向道融合，道向哲學範疇的昇華和抽象可以說已經完成。

最早把道做為最高哲學範疇，視為宇宙本原的是老子。他把道作為萬物之始基，「有物混成，先天地生。寂兮廖兮，獨立而不改，周行而不殆。可以為天下母，吾不知其名，字之日道。」〔註2〕孔孟則用道以表述他們所遵循的學術原則和做人、治國的規範。「子曰：『參乎！吾道一以貫之。』曾子曰：『唯』。子出，門人問曰：『何謂也？』曾子曰：『夫子之道，忠恕而已矣。』」〔註3〕戰國、兩漢、魏晉、隋唐時期皆展開對老子之道的理解，其中莊子、韓非、劉安、河上公、王弼、郭象、葛洪較為突出。如果說老子之道重在其本原性和統御性，那麼莊子則著重在道的同一性和無差別性，「道未始有封。」韓非將理引入道論中，「道者，萬物之所然也，萬理之所稽也」，「萬物各異理而道盡」，道不能離開具體事物的理，道盡在萬理之中。河上公把老子之道解為產生天地萬物的元氣，「道生萬物，生而不有」，「元氣生萬物而不有」。王弼、郭象均把道做無來理解。「道者，無之稱也，無不通也，無不由也，況之日道；寂然無體，不可為象。」〔註4〕葛洪認為道是玄，稱為玄道。「玄者，自然之始祖，而萬物之大宗也。眇昧乎其深也，故稱微焉；綿邈乎其遠也，故稱妙焉。」〔註5〕宋、元、明、清時期，張載、程顥、程頤、朱熹、陸九淵、羅欽順、王廷相、王夫之等對「道」均作了注解。張載把氣的變化過程稱為道，「偏滯於晝夜陰陽者物也，若道則兼體而無累也。以其兼體，故曰『一陰一陽』，又曰『一闔一闢』，又曰『通乎晝夜』。語其推行故曰『道』，語其不測故曰『神』，語其生生故曰『易』，其實一物，指事而異名爾。」〔註6〕二程、朱熹皆把道稱之為天理，是凌駕於氣之上的決定者，「離了陰陽更無道，所以陰陽者是道也。陰陽，氣也。氣是形而下者，道是形而上者，形而上者則是密也。」〔註7〕陸九淵與二程、朱熹一樣把道視之為獨立於事物之外的決定力量，但他把道做本心講。其後的羅欽順、王廷相、王夫之均認為道與萬事萬物不可分離，

〔註2〕《老子·二十五章》
〔註3〕《論語·里仁》
〔註4〕王弼：《論語釋疑·述而》
〔註5〕《抱朴子·暢玄》
〔註6〕《正蒙·乾稱》
〔註7〕《二程語錄》

道是其中的法則與規律,「道乃天地萬物公共之理」,〔註8〕「器而後有形,形而後有上。無形無下,人所言也。無形無上,顯然易易之理。」〔註9〕

　　老子之道「非常道」,其道之重心實論君主執政之道,處處以天道作爲君主的參照。至莊子,道由社會政治制度的構建轉向個人內在的心性修養;櫻下學派則假借黃老合流之趨而融合道、法,將現實的關注點又拉回到社會政治層面;至韓非,雖歸本黃老,但仍求老子之道源。這種爲當時社會秩序不斷承繼而尋求哲學依據的理論探索,深刻反映了春秋戰國時期人們對於動盪不安、秩序混亂社會的強烈不滿,表達了世人普遍渴求社會安定、有序的心理狀態。許倬雲主張,「司馬談的六家,選擇甚爲有道理,都爲了建立某種秩序,以統攝包容散亂的現象:陰陽家爲了自然的秩序,儒家爲了人倫的秩序,墨家爲了宗教的秩序,名家爲了邏輯的秩序,法家爲了統治的秩序,道家反秩序,卻也有一種反秩序的秩序。」〔註10〕金耀基也認爲中國文化存在一種「秩序情結」,強調「秩序情結」也就是「動亂情結」,「秩序與動亂是一物之二面。誠然,追求秩序與趨避動亂是中國一個突出的文化取向。」〔註11〕可見,社會秩序恢復與重建是春秋戰國時期政治思想的一大主題。就此而論,先秦諸子存在廣泛的政治共識。美國學者史華茲認爲先秦諸子共用的文化取向中包含了一種「秩序至上的觀念(無論在宇宙領域還是在人類領域)。

　　韓非對於儒家所謂的仁、義、禮、忠孝、信有近似於儒家的判斷標準,都是在宗法體系內以君權至上爲前提的。但在一斷於法,以刑去刑的苛法面前,這些閃耀者道德光環的字眼總是有些黯淡。在韓非眼中,他所探討的是社會本來怎樣的問題,而不是社會應該怎樣的問題。他所設計的政治秩序靠的不是法、術、勢本身,也不是道德價值,而是法、術、勢一體的合治功效。有人喜歡把韓非與馬基雅維利比較,但是史華茲認爲,馬基雅維利的思想是一種政治藝術而非政治科學,而法家似乎接近十九到二十世紀社會科學的模式構造者精神,簡單的將二者比較是不可取的。

　　現將本書之主要觀點概論如下:

　　道、德、理。韓非繼承和發展了老子道的思想,並對其進行了改造。他

〔註8〕　羅欽順:《困知記》卷下

〔註9〕　王夫之:《周易外傳·繫辭上》

〔註10〕　許倬雲:秦漢知識分子(求古編)〔M〕,北京:新星出版社,2006年,第363頁。

〔註11〕　金耀基:金耀基自選集〔M〕,上海:上海教育出版社,2002年,第262頁。

認為「道」是世界萬物的總根源，同時，又是世界萬物所以然的總根據，「道者，萬物之始」，「道者，萬物之所然也。」所以，事物的生死成敗無不是道的作用和表現，「萬物得之以死，得之以生；萬事得之以敗，得之以成。」道虛靜無形，才能「不制不形，柔弱隨時」。「德」是神不淫於外物而安於自身。神安於自身則身全，這就是所謂德。故「德」是指身全而無所失，也就是自然之身。自然之身是道之功，因為「道者，萬物之所以成也」，自然之身也是道所成，所以說是道之功。故「德」含有滿足於道之所成而不自求有成之意。「德」與「道」的聯繫是一種精神的聯繫，是精神上與道保持一致，不離開道而別有所圖。「德」就是精神上守道，行動上循道。如此再聯繫到「緣道理以從事」。因為「道理相應」，所以「德」（守道、循道）就表現為「覆理而普至」。「覆理」即審理之意。「覆理而普至」就是周遍地審察萬物之理。「德」與「理」的聯繫同樣是一種精神的聯繫，「德」是為了精神上跟道保持一致而審察物理。「理」是作為萬物之所然的「道」聯繫萬物的中介，是某物之所以成為某物的條理和規則。「理者，成物之文也……物有理不可以相薄，故理之為物之制。」「道」就是萬理中所包含的相符合、相一致的普遍的東西，是萬理的總概括，「道者，……萬理之所稽也，……萬物各異理而道盡。」可見，韓非之「理」是指事物的特殊規律，「道」則指事物的普遍規律，這種唯物主義的觀點，應是對中國哲學發展史上的一個貢獻。

性、情。人之性，在韓非看來，既談不上善，也談不上惡，而不過是一個基本的、自然的事實。他認為人之本性根本不可移易，由此對於儒家所宣揚的仁義之道不抱任何希望。要維護社會的穩定和正常的秩序，只有靠嚴刑峻法，外加之以權勢謀術。韓非指出凡是治理天下，一定要依據人之常情。人之常情，有喜好、厭惡，所以獎賞，刑罰可以使用；獎罰，刑罰可以使用，禁令法制就可以建立而治國之法亦可以完備。他同時指出，權柄可以決定臣民的生死，威勢足以制服眾人的不滿。只要賞罰得當，聽言以參，即使有些事不順民意，民眾也不會悖逆的。

君、道。韓非從道與萬物的一多關係充分論證了君臣之間尊卑貴賤的合理性，其思路遵循了先秦諸子普遍認同的「天人」同構路徑。人類社會「君不同於群臣」的等級秩序，根本依據就在於「道不同於萬物」的自然秩序。按照韓非的理論，道只能為君主所掌握，而道又是獨一無二的，它起著左右和支配一切的作用。在現實生活中，君主就是一切，至高無上，獨一無二。

其實，韓非子在此要表達的中心思想，在於從道與萬物的一多關係論證君尊臣卑關係對於秩序恢復的重要性，也就是說，此處主要內涵在於「君臣不同道」，君主相對於臣民而言，其尊貴地位就相當於「道」相對於「萬物」的關係。

　　道、法。「道」與「法」的關係，在先秦經過了由「道生法」到「因道全法」的發展過程。《經法・道法》開篇即說：「道生法。」道成為法的來源，一方面通過法使道有了社會性，可以在社會中發揮它的作用；另一方面也為現實的法律制度提供了合理性的根據，使法具有了不可侵犯的權威性。在韓非著來，道是完美無缺，純而又純的。它宏大無形，獨立不改，公正無私，規範劃一。雖然，韓非沒有像《經法》那樣直接明瞭地提出「道生法」的思想，但他卻提出了「因道全法」的主張。韓非認為，法必須「因道」而立，只有這樣，法才能從道那裏得到各種完美的屬性，這樣的法才是良法。如果是「釋道」而立法，法必然與道相悖，推行法治將是不可能的。衡量法的好壞，其標準僅在於看它是否「因道」。所謂「因道全法」，即得「道」之君，「因人之情」而製法，然後把人民交給「法」去管理，使人民覺得「禍福生乎道法，而不出乎愛惡，榮辱之責在乎己，而不在乎人」。〔註12〕對君主無怨惡之心，達到「無為而治」。

　　法治論。韓非法治論是其道論思想的現實觀照。它以道為其整個政治思想的哲學基礎，以人性好利為其出發點，主張君主治國應該抱法、用術、處勢；無書簡之文，棄倫常之禮，以法為教，以吏為師；以刑去刑，嚴刑重罰；君主要集權，獨斷。言其法治之結果，梁啓超曾言：「法家起戰國中葉，逮其末葉而大成，以道家之人生觀為後盾，而參用儒墨兩家正名核實之旨，成為一種有系統的政治學說，秦人用之以成統一之業。漢承秦規，得有四百年秩序的發展。蓋漢代政治家蕭何、曹參，政治家賈誼、晁錯等，皆用其道以規劃天下。及其末流，諸葛亮以偏安艱難之局，猶能使『吏不容姦，人懷自厲』（《三國志・諸葛亮傳》陳壽評語），其得力亦多出法家。信哉卓然成一家之言！直至今日，其精神之一部分，尚可以適用也。雖然，此果足為政治論之正則乎？則更有說。」〔註13〕

　　韓非是一個理想主義者，他往往以明君、明主、聖人等為治國者而展開

〔註12〕《慎子・佚文》
〔註13〕梁啓超：先秦政治思想史〔M〕，天津：天津古籍出版社，2003年，第177頁。

論述，期待在他們的治理下，出現太平盛世。「而聖人者，審於是非之實，察於治亂之情也。故其治國也，正明法，陳嚴刑，將以救群生之亂，去天下之禍，使強不淩弱，眾不暴寡，耆老得遂，幼孤得長，邊境不侵，君臣相親，父子相保，而無死亡繫虜之患，此亦功之至厚也」；〔註14〕「古之全大體者：望天地，觀江海，因山穀、日月所照、四時所行、雲布風動；不以智累心，不以私累己；寄治亂於法術，託是非於賞罰，屬輕重於權衡；不逆天理，不傷情性；不吹毛而求小疵，不洗垢而察難知；不引繩之外，不推繩之內；不急法之外，不緩法之內；守成理，因自然；禍福生乎道法，而不出乎愛惡；榮辱之責在乎己，而不在乎人。故致至安之世，法如朝露，純樸不散，心無結怨，口無煩言。故車馬不疲弊於遠路，旌旗不亂於大澤，萬民不失命於寇戎，雄駿不創壽於旗幢；豪傑不著名於圖書，不錄功於盤盂，記年之牒空虛。故曰利莫長於簡，福莫久於安」；〔註15〕「故明主之國，無書簡之文，以法為教；無先王之語，以吏為師；無私劍之捍，以斬首為勇。是境內之民，其言談者必軌於法，動作者歸之於功，為勇者盡之於軍。是故無事則國富，有事則兵強，此之謂王資。既畜王資而承敵國之釁，超五帝侔三王者，必此法也。」〔註16〕

我們欣賞韓非觀察社會的犀利眼光和入木三分的銳利筆鋒；我們也理解韓非為存韓之良苦用心和不善言辭之說難困窘，然而，我們更期冀的是法治時代的實現和先賢夢想般大同社會的來臨。

〔註14〕《韓非子‧姦劫弒臣》
〔註15〕《韓非子‧大體》
〔註16〕《韓非子‧五蠹》

參考文獻

書目（按時間先後順序排列）

1. （清）俞樾：諸子評議〔M〕，上海：商務印書館，1936 年。
2. 王世館：韓非子研究〔M〕，上海：商務印書館，1936 年。
3. 陳啓天：韓非子參考書輯要〔M〕，北京：中華書局，1945 年。
4. 戴望：管子校正〔M〕，北京：中華書局，1954 年。
5. 任繼愈：老子今譯〔M〕，北京：古籍出版社，1956 年。
6. 周鍾靈：韓非子的邏輯〔M〕，北京：人民出版社，1958 年。
7. （清）錢熙柞校：慎子〔M〕，北京：中華書局，1959 年。
8. 趙海金：韓非子研究〔M〕，臺北：正中書局，1967 年。
9. 楊榮國：中國古代思想史〔M〕，北京：人民出版社，1973 年。
10. 陳奇猷：韓非子集釋〔M〕，上、下，上海：上海人民出版社，1974 年。
11. 鍾哲：法家的傑出代表——韓非〔M〕，北京：人民出版社，1974 年。
12. 封思毅：韓非子思想散論〔M〕，臺北：臺灣商務印書館，1975 年。
13. 姚蒸民：韓非子通論〔M〕，臺北：三民書局，1978 年。
14. 王邦雄：韓非子的哲學〔M〕，臺北：東大圖書公司，1979 年。
15. 吳秀英：韓非子研議〔M〕，臺北：文史哲出版社，1979 年。
16. 〔英〕休謨：人性論〔M〕，北京：商務印書館，1980 年。
17. 周勳初：《韓非子》札記〔M〕，江蘇：江蘇人民出版社，1980 年。
18. 謝雲飛：韓非子析論〔M〕，臺北：臺北東大圖書公司，1980 年。
19. 容肇祖：韓非的著作考〔M〕，上海：上海古籍出版社，1982 年。
20. 徐漢昌：韓非子釋要〔M〕，臺北：黎明文化事業公司，1982 年。

21. 鄭良樹：韓非之著述及思想〔M〕，臺北：學生書局，1982年。

22. 任繼愈：中國哲學發展史（先秦）〔M〕，北京：人民出版社，1983年。

23. 王明：道家和道教思想研究〔M〕，北京：中國社會科學出版社，1984年。

24.（清）戴望校正：管子校正〔M〕，上海：上海書店出版社，1986年。

25. 張純、王曉波：韓非思想的歷史研究〔M〕，臺北：聯經出版事業公司，1986年。

26. 翦伯贊：先秦史〔M〕，北京：北京大學出版社，1988年。

27. 余明光：黃帝四經與黃老思想〔M〕，哈爾濱：黑龍江人民出版社，1989年。

28. 孫實明：韓非思想新探〔M〕，武漢：湖北人民出版社，1990年。

29. 閻笑非：韓非研究叢稿〔M〕，長春：吉林大學出版社，1991年。

30. 張覺：商君書全譯〔M〕，貴陽：貴州人民出版社，1992年。

31. 陳啓天：中國法家概論‧韓非‧韓非法治論‧法家政治哲學〔M〕，上海：上海書店，1992年。

32. 鄭良樹：韓非子知見數目〔M〕，臺北：商務印書館，1993年。

33. 高柏園：韓非哲學研究〔M〕，臺北：文津出版社，1994年。

34. 韓東育：天人‧人際‧身心——中國古代終極關懷思想研究〔M〕，長春：東北師範大學出版社，1994年。

35. 高明：帛書老子校注〔M〕，北京：中華書局，1996年。

36. 高專誠：專制主義之父——韓非子〔M〕，北京：中國華僑出版社，1996年。

37. 谷方：韓非與中國文化〔M〕，貴陽：貴州人民出版社，1996年。

38.〔英〕邊沁：政府片論〔M〕，北京：商務印書館，1997年。

39. 丁原明：黃老學論綱〔M〕，濟南：山東大學出版社，1997年。

40. 陳奇猷：韓非子新校注〔M〕，上海：上海古籍出版社，2000年。

41. 陳桐生：天柱斷裂之後——戰國文人心態史〔M〕，石家莊：河北教育出版社，2001年。

42. 董平：中國傳統文化與現代化〔M〕，北京：中國政法大學出版社，2001年。

43. 符方：韓非與中國文化〔M〕，貴州：貴州人民出版社，2001年。

44.〔美〕萊斯利‧里普森：政治學的重大問題〔M〕，北京：華夏出版社，2001年。

45. 劉澤華：中國古代政治思想史〔M〕，天津：南開大學出版社，2001年。

46. 錢穆：先秦諸子繫年〔M〕，北京：商務印書館，2001 年。

47. 錢穆：莊老通辯〔M〕，上海：生活·讀書·新知三聯書店，2002 年。

48. 周熾成：荀子韓非子的社會歷史哲學〔M〕，廣州：中山大學出版社，2002 年。

49. 崔向東：道德與中西法治〔M〕，北京：人民出版社，2002 年。

50. 崔大華：道家與中國文化精神〔M〕，鄭州：河南人民出版社，2003 年。

51. 陳鼓應：老子今注今譯〔M〕，北京：商務印書館，2003 年。

52. 丁德科：先秦儒道一統思想述論〔M〕，西安：陝西人民出版社，2003 年。

53. 侯外廬：中國古代社會史論〔M〕，石家莊：河北教育出版社，2003 年。

54. 劉乾先、韓建立等：韓非子譯注〔M〕，哈爾濱：黑龍江人民出版社，2003 年。

55. 石磊、董昕：商君書譯注〔M〕，哈爾濱：黑龍江人民出版社，2003 年。

56. 楊鴻烈：中國法律思想史〔M〕，北京：中國政法大學出版社，2004 年。

57. 張富祥：韓非子解讀〔M〕，濟南：泰山出版社，2004 年。

58. 韓星：先秦儒法源流述論〔M〕，北京：中國社會科學出版社，2004 年。

59. 侯外廬、趙紀彬、杜國庠：中國思想通史（第 1 卷）〔M〕，北京：人民出版社，2004 年。

60. 黎鳳翔：管子校注〔M〕，北京：中華書局，2004 年。

61. 龍大軒：道與中國法律傳統〔M〕，濟南：山東人民出版社，2004 年。

62. 韋政通：中國思想史〔M〕，上海：上海書店出版社，2004 年。

63. 周谷城：中國通史〔M〕，上海：上海人民出版社，2004 年。

64. 周少來：人性、政治與制度——應然政治邏輯及其問題研究〔M〕，北京：中國社會科學出版社，2004 年。

65. 周可真：哲學與文化研究〔M〕，南京：江蘇人民出版社，2005 年。

66. 魏義霞：七子視界——先秦哲學研究〔M〕，北京：中國社會科學出版社，2005 年。

67. 徐大同：西方政治思想史〔M〕，天津：天津人民出版社，2005 年。

68. 戴泰：《淮南子》治道思想研究〔M〕，廣州：中山大學出版社，2005 年。

69. 羅安憲：虛靜與逍遙——道家心性論研究〔M〕，北京：人民出版社，2005 年。

70. 周可真：明清之際新儒學——顧炎武思想研究〔M〕，北京：中國大百科全書出版社，2006 年。

71. 童書業：先秦七子思想研究〔M〕，北京：中華書局，2006 年。

72. 許建良：先秦道家的道德世界〔M〕，北京：中國社會科學出版社，2006年。

73. 〔古希臘〕亞里士多德：政治學〔M〕，北京：商務印書館，2006年。

74. 詹劍峰：老子其人其書及其道論〔M〕，武漢：華中師範大學出版社，2006年。

75. 張覺：韓非子校注〔M〕，長沙：嶽麓書社，2006年。

76. 張偉仁輯，陳金全注：先秦政法理論〔M〕，北京：人民出版社，2006年。

77. 楊玲：中和與絕對的抗衡：先秦法家思想比較研究〔M〕，北京：中國社會科學出版社，2007年。

78. 陳鼓應：黃帝四經今注今譯〔M〕，北京：商務印書館，2007年。

79. 焦循：孟子正義〔M〕，北京：中華書局，2007年。

80. 馬作武：中國法律思想史綱〔M〕，廣州：中山大學出版社，2007年。

81. 王長華：春秋戰國士人與政治〔M〕，石家莊：河北教育出版社，2007年。

82. 王曉波：道與法：法家思想和黃老哲學解析〔M〕，臺北：臺大出版中心，2007年。

83. 熊十力：韓非子評論與友人論張江陵〔M〕，上海：上海書店出版社.2007年。

84. 徐克謙：先秦思想文化論箚〔M〕，北京：中華書局，2007年。

85. 王叔岷：先秦道法思想講稿——王叔岷著作集〔M〕，北京：中華書局，2007年。

86. 武樹臣、李力：法家思想與法家精神〔M〕，北京：中國廣播影視出版社，2007年。

87. 張岱年：中國哲學大綱〔M〕，北京：中國社會科學出版社，2008年。

88. 郭沫若、王元化等：韓非子二十講〔M〕，北京：華夏出版社，2008年。

89. 李澤厚：中國思想史論〔M〕，上海：三聯書店，2008年。

90. 梁啓雄：韓子淺解〔M〕，北京：中華書局，2009年。

91. 張覺、韓非子：帝王的法術〔M〕，上海：上海古籍出版社，2009年。

92. 楊伯峻：孟子譯注〔M〕，北京：中華書局，2010年。

93. 高亨：老子注譯〔M〕，北京：清華大學出版社，2010年。

94. 劉笑敢：莊子哲學及其演變〔M〕，北京：中國人民大學出版社，2010年。

95. 牟宗三：中國哲學十九講〔M〕，長春：吉林出版集團，2010年。

96. 蔣重躍：韓非子的政治思想〔M〕，北京：北京師範大學出版社，2010年。

97. 〔美〕喬治·霍蘭·薩拜因：政治學說史〔M〕，上海：上海人民出版社，2010年。

98. 〔漢〕王充：論衡〔M〕，上海：上海古籍出版社，2010年。

99. 蕭公權：中國政治思想史〔M〕，北京：商務印書館，2011年。

100. 白鋼：中國政治制度通史〔M〕，北京：社會科學文獻出版社，2011年。

101. 高亨：商君書注譯〔M〕，北京：清華大學出版社，2011年。

102. 何勤華：法律文化史研究〔M〕，北京：商務印書館，2011年。

103. 呂思勉：先秦學術概論〔M〕，北京：中國人民大學出版社，2011年。

104. 施覺懷：韓非評傳〔M〕，南京：南京大學出版社，2011年。

105. 王弼：老子道德經注〔M〕，北京：中華書局，2011年。

106. 〔清〕顧炎武：日知錄〔M〕，上海：上海古籍出版社，2012年。

107. 張豈之：中國思想通史〔M〕，西安：西北大學出版社，2012年。

108. 班固：漢書〔M〕，北京：中華書局，2012年。

109. 郭沫若：十批判書〔M〕，北京：人民出版社，2012年。

110. 蔣國保、余秉頤：方東美哲學思想研究〔M〕，北京：北京大學出版社，2012年。

111. 〔法〕孟德斯鳩：論法的精神〔M〕，北京：光明日報出版社，2012年。

112. 錢穆：論語新解〔M〕，上海：生活·讀書·新知三聯書店，2012年。

113. 〔清〕王先謙：莊子集解〔M〕，北京：中華書局，2012年。

114. 張素貞：國家的秩序：韓非子〔M〕，北京：中國友誼出版公司，2013年。

115. 郭慶藩：莊子集釋〔M〕，北京：中華書局，2013年。

116. 蔣伯潛：諸子通考〔M〕，上海：上海古籍出版社，2013年。

117. 王文錦：禮記譯解〔M〕，北京：中華書局，2013年。

118. 〔清〕王先謙：荀子集解〔M〕，北京：中華書局，2013年。

119. 〔清〕王先慎：韓非子集解〔M〕，北京：中華書局，2013年。

120. 〔清〕段玉裁：說文解字注〔M〕，北京：中華書局，2013年。

121. 馮友蘭：中國哲學簡史〔M〕，天津：天津社會科學院出版社，2013年。

122. 葛兆光：中國思想史〔M〕，上海：復旦大學出版社，2013年。

123. 〔美〕史華茲：古代中國的思想世界〔M〕，南京：江蘇人民出版社，2013年。

124. 〔清〕孫詒讓：墨子閒詁〔M〕，北京：中華書局，2014年。

125. 徐復觀：中國人性論史‧先秦篇〔M〕，北京：九州出版社，2014 年。

126. （漢）司馬遷：史記〔M〕，北京：中華書局，2014 年。

127. 程樹德：論語集釋〔M〕，北京：中華書局，2014 年。

128. 蔣鴻禮：商君書錐指〔M〕，北京：中華書局，2014 年。

129. 梁啓超：先秦政治思想史〔M〕，上海：商務印書館，2014 年。

130. 呂思勉：先秦史〔M〕，南京：江蘇人民出版社，2014 年。

131. 〔意〕馬基雅維里著，呂健中譯：君主論〔M〕，北京：中華書局，2014 年。

132. 楊伯峻：論語譯注〔M〕，北京：中華書局，2015 年。

133. 胡適：中國哲學史大綱〔M〕，北京：中華書局，2015 年。

論文（2000 年至今的主要相關論文）

1. 李甦平：論韓非「法勢術」的哲學邏輯結構〔J〕，齊魯學刊，2000（01）：41～44。

2. 蔣重躍：韓非對傳統觀念文化的批判——兼論其政治實用主義本質〔J〕，遼寧大學學報（哲學社會科學版），2000（02）：61～65。

3. 周海燕：試述先秦的「法治」理論〔J〕，雲南法學，2000（02）：107～109。

4. 時永樂、王景明：《韓非子》校勘商榷〔J〕，古籍整理研究學刊，2000（02）：26～30＋38。

5. 肖興：《韓非子》的「皆」考察〔J〕，古漢語研究，2000（04）：40～47。

6. 劉永凱：評韓非子的《說難》〔J〕，零陵師範高等專科學校學報，2000（04）：14～16。

7. 杜新豔：《韓非子》中的「可」〔J〕，殷都學刊，2000（04）：98～100。

8. 靳平川：論韓非政治思想的邏輯線索〔J〕，求實，2001（S1）：70～71。

9. 武少民、鄭瑞俠：論韓非的歷史觀〔J〕，社會科學輯刊，2001（01）：108～112。

10 賴美琴：韓非政治哲學的排異性與其思維方式的絕對性〔J〕，現代哲學，2001（01）：77～81。

11. 陸昕：法家學說衰落探源〔J〕，社會科學論壇，2001（04）：37～39。

12. 湯一介：論中國先秦解釋經典的三種模式〔J〕，北京行政學院學報，2002（01）：66～72。

13. 李振綱：人性、霸道及權力意志——韓非子的法哲學論析〔J〕，燕山大學學報（哲學社會科學版），2002（03）：1～7。

14. 張道勤：試論韓非「生而好利」人性觀在其法術理論形成中的作用〔J〕，浙江大學學報（人文社會科學版），2002（04）：21～25。

15. 韓暉、郭寶軍：韓非子思想矛盾性淺析〔J〕，廣西右江民族師專學報，2002（05）：34～37。

16. 張翠萍：韓非子的「法治」思想及現實意義〔J〕，山西高等學校社會科學學報，2002（07）：23～25。

17. 徐祥民：申不害的法治思想及其局限性〔J〕，文史哲，2003（02）：33～37。

18. 周志武、高劍平：馬基雅維利與韓非子政治思想之比較〔J〕，廣西民族學院學報（哲學社會科學版），2003（S2）：152～155＋240。

19. 夏雲、顏旭：試論韓非子的尊君思想〔J〕，汕頭大學學報，2003（04）：30～38。

20. 林存光：韓非的政治學說述評〔J〕，政治學研究，2004（01）：53～60。

21. 檀莉：論韓非子「勢」的政治思想〔J〕，理論探索，2004（01）：85～86。

22. 周熾成：論韓非子不兩立的思維方式〔J〕，華南師範大學學報（社會科學版），2004（01）：3～6＋24。

23. 黃舜：從韓非法治思想的形成析其對孔子的認識轉變〔J〕，平頂山師專學報，2004（01）：86～88。

24. 周熾成：略論法家的智性傳統——兼與余英時先生商榷〔J〕，學術研究，2004（02）：12～16。

25. 孫季萍、徐承鳳：韓非子的權力制約思想〔J〕，煙臺大學學報（哲學社會科學版），2004（03）：299～303。

26. 孟慶麗：韓非子以「用」為本的言意論〔J〕，社會科學輯刊，2004（04）：139～142。

27. 蔣重躍：試論道法兩家歷史觀的異同〔J〕，文史哲，2004（04）：73～80。

28. 郝啟秋：韓非子法思想研究〔J〕，安陽師範學院學報，2004（04）：43～46。

29. 王愛平：從韓非子看道法合流及其對傳統政治文化的影響〔J〕，南開學報，2004（06）：101～105。

30. 王保國：法家利民學說的政治學評析——以商鞅、韓非思想為中心〔J〕，鄭州大學學報（哲學社會科學版），2004（06）：84～87。

31. 高建立：墨子尚同說的專制性特徵解析——兼及尚同說對韓非君主專制思想的影響〔J〕，河南師範大學學報（哲學社會科學版），2005（01）：16～19。

32. 車淑婭：論《韓非子》中的「之」〔J〕，山西師大學報（社會科學版），2005（02）：140～143。

33. 宋洪兵：論先秦身教政治理論的演變——兼論韓非的「術治」思想〔J〕，政治學研究，2005（04）：96～105。

34. 陳宇、周拯：韓非子與西塞羅法治思想比較研究〔J〕，重慶工商大學學報（社會科學版），2005（04）：107～110。

35. 顧世群、潘素潔：從思想源流看儒、法專制主義之分殊〔J〕，廣西社會科學，2005（10）：193～195。

36. 周春生：「法」與「道」——韓非政治法律思想源流辨析〔J〕，上海師範大學學報（哲學社會科學版），2005（4）：41～47。

37. 江貽隆、陸建華：韓非之禮學〔J〕，江漢論壇，2006（01）：94～96。

38. 萬江紅、張遠芝：韓非子與馬基雅維里社會思想比較〔J〕，理論觀察，2006（01）：49～50。

39. 馮兵：韓非子的治國思想探微〔J〕，青海師範大學學報（哲學社會科學版），2006（03）：57～61。

40. 趙葉花：試論韓非子對老子思想的繼承和發展〔J〕，太原師範學院學報（社會科學版），2006（03）：25～27。

41. 周熾成：法家政治思想中的現實主義和個人主義傾向〔J〕，學術研究，2006（04）：30～34。

42. 商原李剛：道、法人性論之維的現代審視〔J〕，哲學研究，2006（05）：43～48＋127～128。

43. 楊貴生：韓非子與馬基雅維利的政治思想比較〔J〕，黔東南民族師範高等專科學校學報，2006（05）：7～9。

44. 張覺、馬靜：論韓非的人性「自利」觀——兼駁對韓非思想的種種誤解〔J〕，上海財經大學學報，2006（05）：18～25。

45. 劉長江：先秦時期德治與法治關係辨析〔J〕，四川文理學院學報（社會科學），2006（06）：81～84。

46. 武曉耕：同途殊歸——韓非子與馬基雅維里思想之比較〔J〕，哈爾濱學院學報，2006（10）：82～85。

47. 甄自恒：社會秩序的強力性重構：耕戰與賞罰——韓非子的現實旨趣〔J〕，學術交流，2006（10）：27～30。

48. 宋洪兵：韓非子政治思想再研究綱要——共識視域中政治價值與政治措施的有機融合〔J〕，東北師大學報（哲學社會科學版），2007（02）：38～43。

49. 秦茂森：荀韓人性思想之比較〔J〕，內蒙古農業大學學報（社會科學版），2007（03）：22～23＋26。

50. 洪琢：韓非法治思想及其消極後果〔J〕，南京理工大學學報（社會科學版），2007（03）：60～65。

51. 王吉梅：韓非法治思想對後世的影響〔J〕，重慶科技學院學報（社會科學版），2007（04）：55～56。

52. 徐瑩：莊子與韓非子人性論思想之比較〔J〕，內蒙古農業大學學報（社會科學版），2007（04）：351～353。

53. 耿雪萍、李潔：韓非子和馬基雅維里法治思想的異同探析〔J〕，河北青年管理幹部學院學報，2007（04）：83～86。

54. 李穎：道爲法家之本根——論韓非思想的哲學依據〔J〕，湘潭師範學院學報（社會科學版），2007（05）：23～26。

55. 周熾成：法家的道理之論：從管子到韓非子〔J〕，華南師範大學學報（社會科學版），2007（06）：3～8＋19。

56. 孫學峰、楊子瀟：韓非子的國家間政治思想〔J〕，國際政治科學，2008（02）：81～97＋4。

57. 楊志才：非道德主義的道德——評韓非子的政治道德觀〔J〕，焦作師範高等專科學校學報，2008（03）：42～45。

58. 韋正翔：墨家和法家思想與西方趨利思想的關係分析〔J〕，中國人民大學學報，2008（04）：77～81。

59. 張覺：《韓非子》所記古代史實辯證〔J〕，東南大學學報（哲學社會科學版），2008（04）：77～80。

60. 向明瑞：韓非子學說的特質〔J〕，太原師範學院學報（社會科學版），2008（05）：26～29。

61. 楊玲：法家：反智還是崇智？〔J〕，甘肅高師學報，2008（06）：18～21。

62. 王水珍：馬基雅維里和韓非子法制思想的異同辨析〔J〕，法制與社會，2008（08）：52。

63. 關立新：韓非子歷史哲學的現代審視〔J〕，學術交流，2009（03）：7～11。

64. 安媛媛：論韓非法治思想與君主專制〔J〕，法制與經濟（下旬刊），2009（06）：40～41。

65. 段兢松：韓非的「君權觀」芻議〔J〕，重慶科技學院學報（社會科學版），2009（10）：46～47。

66. 梁劍：墨子、荀子與韓非子國家觀的邏輯學理考究〔J〕，理論月刊，2009（10）：56～58。

67. 王順然：「禮仁」與「禮法」——從孔子到荀子再到韓非的簡要考察〔J〕，孔子研究，2010（01）：66～69。

68. 王澤民：韓非子管理思想述略〔J〕，西北民族大學學報（哲學社會科學版），2010，（01）：110～115。

69. 姚日曉、杜玉儉：韓非子經典闡釋思想研究〔J〕，中北大學學報（社會科學版），2010（01）：17～21。

70. 顏世安：荀子、韓非子、莊子性惡意識初議〔J〕，南京大學學報（哲學‧人文科學‧社會科學版），2010（02）：63～78＋159。

71. 周熾成：韓非子之學的復興與新法家的產生：20世紀初、中期的歷史回顧〔J〕，華南師範大學學報（社會科學版），2010（02）：129～135。

72. 郭美星、覃麗豔：試論先秦法家之堯舜觀及其對後世的影響──以《韓非子》爲中心〔J〕，牡丹江大學學報，2010（03）：12～14。

73. 馮建輝：韓非子政治哲學芻議〔J〕，中共南昌市委黨校學報，2010（04）：34～37。

74. 蔣重躍：從詞語的不同內涵看中國古代的政治變革──試析《韓非子》的忠、賢、仁〔J〕，河北學刊，2010（05）：63～66。

75. 向達：歷史場域中的張力──韓非子的思想淵源探析〔J〕，四川行政學院學報，2010（06）：55～58。

76. 梁雪霞：析韓非子術論的特徵及影響〔J〕，牡丹江大學學報，2010（10）：3～5。

77. 汪蕾：韓非子的中央集權制國家建構思想〔J〕，重慶科技學院學報（社會科學版），2010（19）：48～50。

78. 宋洪兵：古代中國「王霸並用」觀念及其近代形態〔J〕，求是學刊，2011（02）：147～152。

79. 高丹：淺論《韓非子》對儒家孝道的消解〔J〕，南昌教育學院學報，2011（04）：22～24。

80. 劉亮：最近十年之《韓非子》思想研究述評〔J〕，管子學刊，2011（04）：119～125。

81. 趙俊崗：《君主論》與《韓非子》政治思想的異同〔J〕，衡水學院學報，2011（05）：78～81。

82. 白彤東：韓非子與現代性──個綱要性的論述〔J〕，中國人民大學學報，2011（05）：49～57。

83. 張文琪：韓非子的政治心理學思想〔J〕，天水行政學院學報，2011（06）：29～32。

84. 王運佳：試比較《道法》與《韓非子》之異同〔J〕，牡丹江大學學報，2011（10）：3～5＋8。

85. 陳炎：韓非子與馬基雅維里的政治哲學〔J〕，復旦學報（社會科學版），2012（01）：49～55。

86. 李培志：帛書《黃帝書》與《韓非子》「齊家」思想比較——兼論《黃帝書》的產生年代〔J〕，吉首大學學報（社會科學版），2012（02）：57～62＋112。

87. 劉明武、任慧娟：天文‧人文‧法律——從自然法到人文法〔J〕，中國政法大學學報，2012（04）：5～13。

88. 劉亮：西方古代自然法學說與《韓非子》思想之比較〔J〕，齊魯學刊，2012（05）：33～38。

89. 白彤東：韓非子：第一個現代政治哲學家〔J〕，世界哲學，2012（06）：33～37。

90. 耿文娟：春秋戰國時期法家管理思想研究〔J〕，蘭臺世界，2013（03）：16～17。

91. 李慶喜：韓非子「無爲而治」思想對現代企業管理的意義〔J〕，長江論壇，2013（03）：44～47。

92. 周慶峰：解構與承繼：《韓非子》法治理念的時代轉換〔J〕，政法學刊，2013（03）：66～71。

93. 宋洪兵：論熊十力的「韓非學」研究——兼及「瞭解之同情」何以可能？〔J〕，求是學刊，2013（05）：14～22。

94. 魏豔楓：德教與刑罰——荀子與韓非性惡觀比較〔J〕，東北師大學報（哲學社會科學版），2013（06）：251～253。

95. 張順、馬驪：韓非子權力制約觀的當代啓示〔J〕，社會科學家，2013（11）：140～143。

96. 熊燦斌：先秦法家韓非的法治學說評析〔J〕，蘭臺世界，2013（15）：22～23。

97. 王建：韓非子「法治」思想研究〔J〕，蘭臺世界，2013（33）：135～136。

98. 盧偉豪：韓非子「三位一體」的法家哲學體系論略〔J〕，蘭臺世界，2013（36）：140～141。

99. 王群韜：《韓非子》中的「道法」思想探析〔J〕，桂林師範高等專科學校學報，2014（03）：29～34。

100. 林光華：由「道」而「理」：從《解老》看韓非子與老子之異同〔J〕，人文雜誌，2014（04）：1～8。

101. 夏增民：論韓非子的政治價值觀〔J〕，咸陽師範學院學報，2014，05：4～9。

102. 吳春雷：司馬守衛.韓非子和柏拉圖：「治」思想中「君」與「法」關係之辯〔J〕，大連海事大學學報（社會科學版），2014（05）：78～83。

103. 宋洪兵：老子、韓非子的「自然」觀念及其政治蘊含〔J〕，江淮論壇，2015（02）：80～86。

104. 趙立慶、王敏光：先秦哲學視域中的個體性思想引論——以墨子與韓非子爲線索〔J〕，廣西師範大學學報（哲學社會科學版），2015（02）：37〜42。

105. 劉佳璿：韓非子的「法」、「勢」、「術」與現代管理〔J〕，蘭臺世界，2015（18）：158〜159。

碩博士論文

1. 郭雪翔：論韓非「務法不務德」的教化思想〔D〕，首都師範大學，2001年。

2. 劉洋：闡釋與重構——《韓非子》研究新論〔D〕，浙江大學，2004年。

3. 徐榮盤：韓非子的人性論——追思韓非子「治國」的邏輯起點〔D〕，中央民族大學，2005年。

4. 馬世年：《韓非子》的成書及其文學研究〔D〕，西北師範大學，2005年。

5. 楊玲：先秦法家思想比較研究——以《管子》、《商君書》、《韓非子》爲中心〔D〕，浙江大學，2005年。

6. 柴永昌：韓非子「術論」及其淵源考辨〔D〕，陝西師範大學，2006年。

7. 周田田：韓非子政治思想與社會整合〔D〕，武漢理工大學，2006年。

8. 王小丹：韓非的重刑思想研究——一種法律文化學的視角〔D〕，中南民族大學，2007年。

9. 耿立進：韓非對儒家德治思想的批判及當代啓示〔D〕，廣西師範大學，2007年。

10. 宋洪兵：韓非子政治思想再研究〔D〕，東北師範大學，2007年。

11. 蔣振江：《韓非子》「說林」、「儲說」研究〔D〕，南京師範大學，2007年。

12. 楊愛華：韓非倫理思想研究〔D〕，湖北大學，2008年。

13. 張小玲：商鞅韓非「法治」思想比較研究〔D〕，重慶大學，2008年。

14. 顧正磊：韓非子「法」的歷史內涵及其現代意義〔D〕，蘇州大學，2008年。

15. 曾麒玥：韓非子法的思想研究〔D〕，浙江大學人文學院，2008年。

16. 吳永冬：淺析韓非的人性思想及其運用〔D〕，華中科技大學，2008年。

17. 唐河英：韓非子「無爲」思想研究〔D〕，中山大學，2009年。

18. 盤曉未：韓非子政治哲學研究——「禮崩樂壞」下的秩序重構〔D〕，中央民族大學，2009年。

19. 李笑岩：先秦黃老之學淵源與發展〔D〕，山東大學，2009年。

20. 翟雲飛：韓非「法術勢」管理觀探析〔D〕，瀋陽師範大學，2009年。

21. 張曉梅：戰國匕首——韓非子寓言研究〔D〕，蘇州大學，2009 年。

22. 關立新：《韓非子》思想研究〔D〕，黑龍江大學，2009 年。

23. 宋宏：《韓非子》寓言研究〔D〕，四川師範大學，2009 年。

24. 高娟：《韓非子》中的「法」與「情」——兼論對當代管理的啟示〔D〕，北京師範大學，2009 年。

25. 徐全：《韓非子》法治思想研究〔D〕，湖北大學，2009 年。

26. 汪國梁：《韓非子》道法淵源考辨〔D〕，南京大學，2009 年。

27. 金佩霞：《韓非子》寓言探析〔D〕，寧夏大學，2009 年。

28. 賀培姍：試論韓非子思想中的「術」〔D〕，吉林大學，2009 年。

29. 王屾：《韓非子》中政治領袖心理研究〔D〕，東北師範大學，2009 年。

30. 張伯晉：法家倫理思想體系的最終建構——以韓非與《韓非子》爲研究對象〔D〕，吉林大學，2010 年。

31. 武兆芳：韓非子歷史觀研究〔D〕，河北大學，2010 年。

32. 李爲：《韓非子》的道法思想研究〔D〕，重慶大學，2010 年。

33. 周家新：《韓非子》校詁商榷〔D〕，曲阜師範大學，2010 年。

34. 張濱：韓非子《解老》《喻老》研究〔D〕，山東師範大學，2010 年。

35. 楊玲：《韓非子》常用詞研究〔D〕，南京大學，2010 年。

36. 陳冬：先秦儒法思想繼承改造考——韓非對儒家思想之繼承與改造〔D〕，華東師範大學，2010 年。

37. 高雲飛：試探墨子與韓非子君主專制思想的路徑選擇〔D〕，河北師範大學，2011 年。

38. 劉義平：韓非子權力觀研究〔D〕，湖南大學，2011 年。

39. 朱雲龍：韓非子「德育」思想理論研究〔D〕，成都理工大學，2011 年。

40. 李海梅：韓非子人性思想再研究〔D〕，河北大學，2011 年。

41. 馬冬豔：韓非子法哲學思想管窺〔D〕，河北大學，2011 年。

42. 王宏強：君·道關係視角下的《韓非子》「智」論〔D〕，東北師範大學，2011 年。

43. 周亞輝：韓非子性惡論對其權力思想的影響〔D〕，華南師範大學，2011 年。

44. 竇兆銳：韓非子法、術、勢結構設計新詮〔D〕，東北師範大學，2011 年。

45. 劉榮暉：法家、兵家思想的近緣性與商鞅、韓非思想研究〔D〕，河南大學，2011 年。

46. 袁瑩：韓非術治思想的行政學闡釋〔D〕，湘潭大學，2011 年。

47. 李雪：韓非與馬基雅維利的領導術思想比較研究〔D〕，湘潭大學，2011年。

48. 劉超瑾：韓非子非道德主義思想初探〔D〕，南昌大學，2012年。

49. 孫婧文：論韓非子的「道德」觀〔D〕，湘潭大學，2012年。

50. 許建立：韓非子《解老》《喻老》篇闡微〔D〕，山東大學，2012年。

51. 謝文伍：韓非子法治思想及其當代價值〔D〕，西南政法大學，2012年。

52. 康亞利：《韓非子》與秦漢政治文化建構〔D〕，鄭州大學，2012年。

53. 劉寧：韓非以法治國思想研究〔D〕，山東大學，2012年。

54. 胡漢青：馬基雅維利與韓非子的非道德主義權力觀之比較〔D〕，江西師範大學，2012年。

55. 石基：《韓非子・內外儲說》的史料、史學價值〔D〕，吉林大學，2012年。

56. 張敏：「世異則事異，事異則備變」——韓非子政治思想的合理性研究〔D〕，蘭州大學，2012年。

57. 劉江華：韓非子的官員選用思想〔D〕，北京師範大學，2012年。

58. 張麗蘋：《韓非子》倫理思想研究〔D〕，東南大學，2012年。

59. 陳瓊：論韓非子的權力制約思想及其現代啟示〔D〕，華中師範大學，2012年。

60. 劉雨：馬基雅維利與韓非子政治設計比較研究〔D〕，內蒙古大學，2013年。

61. 馬一禾：《韓非子》「說林」、「儲說」研究〔D〕，鄭州大學，2013年。

62. 韓婷婷：《韓非子》論證結構分析〔D〕，安徽大學，2013年。

附錄 1：韓非生平簡表

可參見陳啓天《韓非子年表》、陳千鈞《韓非年表》、容肇祖《韓非子年表》、陳奇猷《韓非年表》等。

（韓非子生年不詳，各家說法不一，現取錢穆《先秦諸子繫年》中的推算法，定爲生於公元前 280 年，卒於公元前 233 年，年壽 48 足歲）。

前 280 年（韓釐王十五年）一歲　《史記·老子韓非子列傳》：「韓非者，韓之諸公子也。」諸爲眾多之意，是韓姓眾多公子中的一員，也可以是韓王的同室公子。

前 278 年（韓釐王十七年）三歲　秦強大，在七雄中具有舉足輕重的作用，周君臨朝，毗鄰的韓國直接受到秦國的威脅。

前 275 年（韓釐王二十年）六歲　韓爲秦所敗，斬首四萬餘。韓國難深重。韓非始讀家有之的商、管之書和孫吳之書，也讀各類雜書。

前 270 年（韓桓惠王二年）十一歲　秦任范雎爲客卿，定遠交近攻之策，指出：「閉關十五年，不敢窺兵於山東，穰侯爲謀不忠」，「穰侯越韓、魏而攻齊，非計也。」進攻的矛頭直指韓國。而對韓國國勢的風雨飄搖，少年韓非心急如焚。

前 262 年（韓桓惠王十年）十九歲　此前接連三年秦對韓攻城略地，這一年，秦將白起率兵攻韓，一下攻取五十城。韓國上黨郡守降趙。韓國統治層開始分崩離析，估計也在此前後，青年韓非開始上書，所謂：「非見韓之消弱，數以書於韓王。」

前 259 年（韓桓惠王十年）二十二歲　韓獻垣雍於秦。秦攻趙，盡有韓上黨。

　　前 257 年（韓桓惠王十五年）二十四歲　魏信陵君無忌，楚春申君黃歇救趙，秦將鄭安平降趙，秦在河東大敗。韓非「數以書諫韓王，韓王不能用」，在此期間，韓非埋頭著書。

　　前 256 年（韓桓惠王十六年）二十五歲　秦拔韓陽城，負黍，斬首四萬。

　　前 254 年（韓桓惠王十八年）二十七歲　天下朝秦，韓王亦入朝。韓非、李斯師事荀卿。

　　前 253 年（韓桓惠王十八年）二十八歲　荀子離開稷下來到楚國，春申君任命其爲蘭陵令。

　　前 251 年（韓桓惠王二十一年）三十歲　秦昭襄王卒，韓王衰経入弔祠。

　　前 249 年（韓桓惠王二十三年）三十二歲　秦拔韓成皋、滎陽。韓獻鞏於秦。

　　前 247 年（韓桓惠王二十五年）三十四歲　秦悉拔韓上黨，李斯學成告辭老師荀子，西行入秦。在此前後韓非也返回韓國，潛心寫作。

　　前 244 年（韓桓惠王二十八年）三十七歲　秦拔韓十三城。

　　前 239 年（韓王安元年）四十二歲　韓桓惠王卒，子王安立。

　　前 237 年（韓王安三年）四十四歲　韓入鄭國間秦事發，秦王遷怒於一切士人，下逐客令。李斯力諫，取消逐客令。「李斯因說秦王，請先取韓以恐他國。」

　　前 236 年（韓王安四年）四十五歲　李斯奉秦王命道韓國。在此過程中會見了韓非，韓非出示《孤憤》、《五蠹》等篇章，李斯看後，將作品帶入秦國，傳至秦王手中。《史記》說的「人或傳書至秦」可能就是李斯。韓王在危機關頭召見韓非，「與韓非謀弱秦」。

　　前 235 年（韓王安五年）四十六歲　秦王見《孤憤》、《五蠹》之書，曰：「嗟乎，寡人得見此人與之遊，死不恨矣！」李斯曰：「此韓非之所著書也。」秦因急攻韓。

　　前 234 年（韓王安六年）四十七歲　秦攻韓，韓急，使韓非使秦。

　　前 233 年（韓王安七年）四十八歲　秦王下吏治非，李斯使人遺藥，令非自殺。「韓非欲自陳，不得見。秦王後悔之，使人赦之，非已死矣。」

　　韓王請爲臣。

附錄 2:《史記・韓世家》

　　韓之先與周同姓,姓姬氏。其後苗裔事晉,得封於韓原,曰韓武子。武子後三世有韓厥,從封姓爲韓氏。

　　韓厥,晉景公之三年,晉司寇屠岸賈將作亂,誅靈公之賊趙盾。趙盾已死矣,欲誅其子趙朔。韓厥止賈,賈不聽。厥告趙朔令亡。朔曰:「子必能不絕趙祀,死不恨矣。」韓厥許之。及賈誅趙氏,厥稱疾不出。程嬰、公孫杵臼之藏趙孤趙武也,厥知之。

　　景公十一年,厥與郤克將兵八百乘伐齊,敗齊頃公于鞌,獲逢丑父。於是晉作六卿,而韓厥在一卿之位,號爲獻子。

　　晉景公十七年,病,卜,大業之不遂者爲祟。韓厥稱趙成季之功,今後無祀,以感景公。景公問曰:「尚有世乎?」厥於是言趙武,而復與故趙氏田邑,續趙氏祀。

　　晉悼公之七年,韓獻子老。獻子卒,子宣子代。宣子徙居州。

　　晉平公十四年,吳季札使晉,曰:「晉國之政卒歸於韓、魏、趙矣。」晉頃公十二年,韓宣子與趙、魏共分祁氏、羊舌氏十縣。晉定公十五年,宣子與趙簡子侵伐范、中行氏。宣子卒,子貞子代立。貞子徙居平陽。

　　貞子卒,子簡子代。簡子卒,子莊子代。莊子卒,子康子代。康子與趙襄子、魏桓子共敗知伯,分其地,地益大,大於諸侯。

　　康子卒,子武子代。武子二年,伐鄭,殺其君幽公。十六年,武子卒,子景侯立。

　　景侯虔元年,伐鄭,取雍丘。二年,鄭敗我負黍。

　　六年,與趙、魏俱得列爲諸侯。

九年，鄭圍我陽翟。景侯卒，子列侯取立。

列侯三年，聶政殺韓相俠累。九年，秦伐我宜陽，取六邑。十三年，列侯卒，子文侯立。是歲魏文侯卒。

文侯二年，伐鄭，取陽城。伐宋，到彭城，執宋君。七年，伐齊，至桑丘。鄭反晉。九年，伐齊，至靈丘。十年，文侯卒，子哀侯立。

哀侯元年，與趙、魏分晉國。二年，滅鄭，因徙都鄭。

六年，韓嚴弒其君哀侯。而子懿侯立。

懿侯二年，魏敗我馬陵。五年，與魏惠王會宅陽。九年，魏敗我澮。十二年，懿侯卒，子昭侯立。

昭侯元年，秦敗我西山。二年，宋取我黃池。魏取朱。六年，伐東周，取陵觀、邢丘。

八年，申不害相韓，脩術行道，國內以治，諸侯不來侵伐。

十年，韓姬弒其君悼公。十一年，昭侯如秦。二十二年，申不害死。二十四年，秦來拔我宜陽。

二十五年，旱，作高門。屈宜臼曰：「昭侯不出此門。何也？不時。吾所謂時者，非時日也，人固有利不利時。昭侯嘗利矣，不作高門。往年秦拔宜陽，今年旱，昭侯不以此時恤民之急，而顧益奢，此謂『時絀舉贏』。」二十六年，高門成，昭侯卒，果不出此門。子宣惠王立。

宣惠王五年，張儀相秦。八年，魏敗我將韓舉。十一年，君號為王。與趙會區鼠。十四，秦伐敗我鄢。

十六年，秦敗我脩魚，虜得韓將鰒、申差於濁澤。韓氏急，公仲謂韓王曰：「與國非可恃也。今秦之欲伐楚久矣，王不如因張儀為和於秦，賂以一名都，具甲，與之南伐楚，此以一易二之計也。」韓王曰：「善。」乃警公仲之行，將西購於秦。楚王聞之大恐，召陳軫告之。陳軫曰：「秦之欲伐楚久矣，今又得韓之名都一而具甲，秦韓并兵而伐楚，此秦所禱祀而求也。今已得之矣，楚國必伐矣。王聽臣為之警四境之內，起師言救韓，命戰車滿道路，發信臣，多其車，重其幣，使信王之救己也。縱韓不能聽我，韓必德王也，必不為雁行以來，是秦韓不和也，兵雖至，楚不大病也。為能聽我絕和於秦，秦必大怒，以厚怨韓。韓之南交楚，必輕秦；輕秦，其應秦必不敬：是因秦、韓之兵而免楚國之患也。」楚王曰：「善。」乃警四境之內，興師言救韓。命戰車滿道路，發信臣，多其車，重其幣。謂韓王曰：「不穀國雖小，已悉發之

矣。願大國遂肆志於秦，不穀將以楚殉韓。」韓王聞之大說，乃止公仲之行。公仲曰：「不可。夫以實伐我者秦也，以虛名救我者楚也。王恃楚之虛名，而輕絕彊秦之敵，王必爲天下大笑。且楚韓非兄弟之國也，又非素約而謀伐秦也。已有伐形，因發兵言救韓，此必陳軫之謀也。且王已使人報於秦矣，今不行，是欺秦也。夫輕欺彊秦而信楚之謀臣，恐王必悔之。」韓王不聽，遂絕於秦。秦因大怒，益甲伐韓，大戰，楚救不至韓。十九年，大破我岸門。太子倉質於秦以和。

二十一年，與秦共攻楚，敗楚將屈丐，斬首八萬於丹陽。」是歲，宣惠王卒，太子倉立，是爲襄王。

襄王四年，與秦武王會臨晉。其秋，秦使甘茂攻我宜陽。五年，秦拔我宜陽，斬首六萬。秦武王卒。六年，秦復與我武遂。九年，秦復取我武遂。十年，太子嬰朝秦而歸。十一年，秦伐我，取穰。與秦伐楚，敗楚將唐眜。

十二年，太子嬰死。公子咎、公子蟣虱爭爲太子。時蟣虱質於楚。蘇代謂韓咎曰：「蟣虱亡在楚，楚王欲內之甚。今楚兵十餘萬在方城之外，公何不令楚王築萬室之都雍氏之旁，韓必起兵以救之，公必將矣。公因以韓楚之兵奉蟣虱而內之，其聽公必矣，必以楚韓封公也。」韓咎從其計。

楚圍雍氏，韓求救於秦。秦未爲發，使公孫昧入韓。公仲曰：「子以秦爲且救韓乎？」對曰：「秦王之言曰『請道南鄭、藍田，出兵於楚以待公』，殆不合矣。」公仲曰：「子以爲果乎？」對曰：「秦王必祖張儀之故智。」楚威王攻梁也，張儀謂秦王曰：『與楚攻魏，魏折而入於楚，韓固其與國也，是秦孤也。不如出兵以到之，魏楚大戰，秦取西河之外以歸。』今其狀陽言與韓，其實陰善楚。公待秦而到，必輕與楚戰。楚陰得秦之不用也，必易與公相支也。公戰而勝楚，遂與公乘楚，施三川而歸。公戰不勝楚，楚塞三川守之，公不能救也。竊爲公患之。司馬庚三反於郢，甘茂與昭魚遇於商於，其言收璽，實類有約也。」公仲恐，曰：「然則奈何？」曰：「公必先韓而後秦，先身而後張儀。公不如亟以國合於齊楚，齊楚必委國於公。公之所惡者張儀也，其實猶不無秦也。」於是楚解雍氏圍。

蘇代又謂秦太后弟羋戎曰：「公叔伯嬰恐秦楚之內蟣虱也，公何不爲韓求質子於楚？楚王聽入質子於韓，則公叔伯嬰知秦楚之不以蟣虱爲事，必以韓合於秦楚。秦楚挾韓以窘魏，魏氏不敢合於齊，是齊孤也。公又爲秦求質子於楚，楚不聽，怨結於韓。韓挾齊魏以圍楚，楚必重公。公挾秦楚之重以積

德於韓，公叔伯嬰必以國待公。」於是蟣虱竟不得歸韓。韓立咎爲太子。齊、魏王來。

十四年，與齊、魏王共擊秦，至函谷而軍焉。十六年，秦與我河外及武遂。襄王卒，太子咎立，是爲釐王。

釐王三年，使公孫喜率周、魏攻秦。秦敗我二十四萬，虜喜伊闕。五年，秦拔我宛。六年，與秦武遂地二百里。十年，秦敗我師於夏山。十二年，與秦昭王會西周而佐秦攻齊。齊敗，湣王出亡。十四年，與秦會兩周間。二十一年，使暴鳶救魏，爲秦所敗，鳶走開封。

二十三年，趙、魏攻我華陽。韓告急於秦，秦不救。韓相國謂陳筮曰：「事急，原公雖病，爲一宿之行。」陳筮見穰侯。穰侯曰：「事急乎？故使公來。」陳筮曰：「未急也。」穰侯怒曰：「是可以爲公之主使乎？夫冠蓋相望，告敝邑甚急，公來言未急，何也？」陳筮曰：「彼韓急則將變而佗從，以未急，故復來耳。」穰侯曰：「公無見王，請今發兵救韓。」八日而至，敗趙、魏於華陽之下。是歲，釐王卒，子桓惠王立。

桓惠王元年，伐燕。九年，秦拔我陘，城汾旁。十年，秦擊我於太行，我上黨郡守以上黨郡降趙。十四年，秦拔趙上黨，殺馬服子卒四十餘萬於長平。十七年，秦拔我陽城、負黍。二十二年，秦昭王卒。二十四年，秦拔我城皋、滎陽。二十六年，秦悉拔我上黨。二十九年，秦拔我十三城。

三十四年，桓惠王卒，子王安立。

王安五年，秦攻韓，韓急，使韓非使秦，秦留非，因殺之。

九年，秦虜王安，盡入其地，爲潁州郡。韓遂亡。

太史公曰：韓厥之感晉景公，紹趙孤之子武，以成程嬰、公孫杵臼之義，此天下之陰德也。韓氏之功，於晉未睹其大者也。然與趙、魏終爲諸侯十餘世，宜乎哉！

韓氏之先，實宗周武。事微國小，春秋無語。後裔事晉，韓原是處。趙孤克立，智伯可取。既徙平陽，又侵負黍。景趙俱侯，惠又僭主。秦敗修魚，魏會區鼠。韓非雖使，不禁狼虎。

附錄 3：韓國大事記

前 403 年：周命晉大夫韓虔、魏斯、趙籍爲諸侯。

前 400 年：韓聯同魏趙伐楚，至桑丘。鄭圍韓陽翟。

前 394 年：韓救魯於齊。

前 391 年：秦伐韓宜陽，取六邑。

前 385 年：韓伐鄭，取陽城；伐宋，執宋公。

前 380 年：齊伐燕，取桑丘。韓聯同魏、趙伐齊，至桑丘。

前 378 年：韓聯同魏、趙伐齊，至靈丘。

前 376 年：韓聯同魏、趙三家廢晉靜公，分其地。

前 375 年：韓滅鄭，徙都新鄭。

前 366 年：秦敗韓師、魏師於洛陽。

前 362 年：魏敗韓師、趙師於澮。

前 358 年：秦敗韓師於西山。

前 353 年：韓伐東周，取陵觀、廩丘。

前 351 年：韓昭侯以申不害爲相。

前 341 年：韓被魏伐。齊救韓，馬陵之戰。

前 337 年：韓申不害卒。

前 335 年：秦伐韓，拔宜陽。

前 333 年：合從。

前 323 年：韓、燕皆稱王。

前 318 年：楚、趙、魏、韓、燕同伐秦，攻函谷關。秦人出兵逆之，五
　　　　　國之師皆敗走。

前 317 年：秦敗韓師於脩魚，斬首八萬級，虜其將麛、申差於觀澤。

前 316 年：侵秦，敗北。

前 314 年：被秦敗於岸門，韓太子倉入質於秦以和。

前 312 年：秦、韓、魏南襲楚，至鄧。

前 308 年～307 年：秦將甘茂破韓國宜陽，斬首六萬。

前 306 年：秦以武遂復歸之韓。楚王與齊、韓合從。

前 303 年：秦復取韓武遂。齊、韓、魏以楚負其從親，合兵伐楚，秦救
　　　　　楚，三國引兵去。

前 301 年：秦會韓、魏、齊兵伐楚，敗楚。

前 296 年：齊、韓、魏、趙、宋同擊秦，至鹽氏而還。

前 293 年：韓、魏伐秦。秦白起擊敗魏師、韓師，斬首二十四萬級，拔
　　　　　五城。

前 291 年：秦伐韓，拔宛。

前 290 年：韓入武遂地二百里於秦。

前 286 年：秦敗韓師於夏山。

前 284 年：樂毅領燕、秦、魏、韓、趙聯合伐齊。

前 275 年：秦相國穰侯伐魏。韓暴鳶救魏，穰侯大破之，斬首四萬。

前 273 年：魏趙聯合伐韓華陽。秦救韓，殺魏趙兵十四萬。秦王欲令韓
　　　　　、魏與秦一起伐楚，未行。

前 265 年：齊趙聯合伐韓，取注人。

前 264 年：秦伐韓，拔九城，斬首五萬。

前 263 年：秦武安君伐韓，取南陽；攻太行道，絕之。

前 262 年：秦伐韓，拔野王。上黨路絕，韓獻上黨與趙。

前 256 年：秦伐韓，取陽城、負黍，斬首四萬。

前 254 年：韓王入朝於秦。

前 249 年：秦伐韓，取成皋、滎陽，成為秦國的三川郡。

前 246 年：韓使水工鄭國為間於秦。

前 244 年：蒙驁伐韓，取十二城。

前 241 年：楚、趙、魏、韓、衛合從以伐秦，楚王為從長，春申君用事
　　　　　，取壽陵。至函谷，秦師出，五國之師皆敗走。

前 233 年：韓王向秦納地效璽，請為藩臣，使韓非聘秦。

前 231 年：韓向秦獻南陽地。

前 230 年：秦滅韓，虜韓王安，以其地置潁川郡。韓亡。

楚漢爭霸時期，韓國曾復國，後被滅。

附錄 4：韓國世系表

次序	諡號	姓名	在位時間	年數	備　註
1	韓武子	韓萬			曲沃桓叔的庶子，被封於韓
2	韓賕伯	？			
3	韓定伯	韓簡			
4	？	韓輿			
5	韓獻子	韓厥			
6	韓宣子	韓起	？～前514年		
7	韓貞子	韓須	前514年～？		
8	韓簡子	韓不信			
9	韓莊子	韓庚			
10	韓康子	？	？～前425年		前453年，與趙、魏滅智伯瑤，三分智地
11	韓武子	韓啓章	前424年～前409年	16	
12	韓景侯	韓虔	前408年～前400年	9	前403年，被周威烈王冊封爲諸侯，稱侯

次序	謚號	姓名	在位時間	年數	備 註
13	韓烈侯	韓取	前 399 年～前 387 年	13	又作韓武侯
14	韓文侯	韓猷	前 386 年～前 377 年	10	
15	韓哀侯	韓屯蒙	前 376 年～前 374 年	3	
16	韓共侯	韓若山	前 374 年～前 363 年	12	又作韓懿侯、韓莊侯
17	韓釐侯	韓武	前 362 年～前 333 年	30	又作韓昭侯、韓昭僖侯、韓昭釐侯
18	韓威侯	韓康	前 332 年～前 312 年	21	前 323 年稱王，又作韓宣王、韓宣惠王
19	韓襄王	韓倉	前 311 年～前 296 年	16	又作韓襄哀王、韓悼襄王
20	韓釐王	韓咎	前 295 年～前 273 年	23	
21	韓桓惠王	韓然	前 272 年～前 239 年	34	又作韓惠王
22	（韓廢）	韓安	前 238 年～前 230 年	9	前 230 年，秦滅韓

後　記

　　博士論文的出版，有些幸運，也有些惶恐。

　　幸運的是 2014 年某日，接到了我的博士生導師周可眞先生的電話，詢問我近一段時間的科研情況，我如實以告。先生隨後告訴我，有一家臺灣的出版社向先生約稿，先生推薦了我的博士論文予以出版，問我意下如何。我旋即答應，滿心歡喜。2009 年博士畢業後，我在近幾年的整理完善中，有把博士論文出版的想法。先生的一番通話與支持使得我的願望大大提前。接下來的出版約談工作異常順利，在楊嘉樂等編輯的協助下，很快就與花木蘭文化出版社簽署了出版協議。

　　這一切都得益於先生的提攜與指導。先生於我，亦師亦友。自 2006 年拜入先生門下攻讀中國哲學專業博士研究生以來，先生的諄諄教導不僅指引我學術前行的方向，也在開拓和啓迪著我人生歷程的進展。每隔一段時間，我總會前往先生居處，繼續向先生求教、取經。先生幾近花甲之年，仍勤筆不輟，開拓創新。每念於此，自感己之慵懶與退步。此次博士論文的出版，權且作爲我在學術上對先生的一個階段性彙報，以期在得到先生的指點後取得更大的進步。

　　惶恐的是我的博士論文寫作對象是韓非子———一個在先秦至關重要且對後世影響深遠的法家集大成式人物。國內外諸多的專家學者和同仁已做了大量而精細的研究，我在整理中繼續求索，在借鑒中深入剖析，在積纍中緩慢完善。先生曾言「韓非是值得一個國學研究者終身研究的課題」，博士論文的草就，只是一個階段的暫時休整。論文的出版，又是一個階段新的開始。雖幾經修改，但仍會存在缺陷與遺憾，在忐忑中求教於諸多前輩專家。

感謝花木蘭文化出版社諸位工作人員的大力協助，使本書能順利出版。
親朋好友的支持、關心和鼓勵也使我得寫作歷程倍感溫馨。諸多專家學者研
究成果的借鑒、引用和參考亦讓我獲益匪淺。

一路風雨，幸得有你。

雙手合十，心中永記。

劉小剛

二○一五年十月十日書於

江蘇理工學院景行樓